令和5年版

公 務 員 白 書

（令和4年度年次報告書）

人 事 院 編

人事院は、国家公務員法第24条の規定に基づいて、毎年、国会と内閣に対して、業務の状況を報告することとされている。

　本書は、令和４年度の人事院の業務状況の報告書である。

は じ め に

　人事院は、公務の民主的かつ能率的な運営を国民に対し保障するという国家公務員法の基本理念の下、人事行政の公正の確保と職員の利益の保護等その使命の達成に努めてきており、人事院勧告制度を始めとする公務員制度は、行政運営の基盤として重要な機能を果たしている。

　令和４年８月の人事院勧告では、行政の担い手となる「人」をどうするか、という点に着目しつつ、公務人材の確保、公正な人事評価と人への投資、勤務環境の整備、適正な給与の確保について課題と対応策を示した。

　近年、若年層職員の退職者数は増加傾向にあり、民間企業等との人材獲得競争がし烈になる中で国家公務員採用試験の申込者数も減少傾向にあるなど、公務における人材の確保は厳しい状況にある。このような状況を打開するため、本院は、採用試験改革を推進するとともに、多様な経験と高い専門性を有する民間人材の誘致に取り組んでいる。さらに、職員の Well-being の実現を図り、一人一人が意欲とやりがいを持って生き生きと働き続けられる職場環境を整えることにより、公務全体のパフォーマンスが向上するとともに公務職場の魅力が高まり、より多くの人材をひきつける。このような好循環を生み出す人事行政の実現に向けて取組を進めている。

　同時に、公務員制度については、社会と公務の変化に合わせた現在の仕組みの「アップデート」に加え、公務員の新たな行動規範の確立や公務における人への投資の在り方等を通じ、公務員の職務の品質をいかに向上させるか、いわば「アップグレード」の必要性にも迫られている。

　本報告書の構成は、２編からなり、第１編は「人事行政」全般について、第２編は「国家公務員倫理審査会の業務」の状況について記述している。このうち第１編は３部からなり、第１部は、上述の四つの課題への対応を始めとした令和４年度における人事行政の主な動きについて記述している。次いで第２部では、「公務組織の人材マネジメントにおけるデータやデジタルの活用の可能性」と題し、民間企業や諸外国等において、データやデジタルを活用して個々の職員の希望や事情に応じたきめ細かな人材マネジメントを実現している事例を収集し、公務において検討に着手すべき論点の整理を行っている。第３部では、令和４年度の人事院の業務状況について、各種資料を掲載して記述している。

　本報告書により、人事行政及び公務員に対する理解が一層深まることを願うものである。

目　次

第1編　第1部
第1編　第2部
第1編　第3部
第2編
参考資料
長期統計等資料

第2部　公務組織の人材マネジメントにおけるデータやデジタルの活用の可能性

第1編 第1部
第1編 第2部
第1編 第3部
第2編
参考資料
長期統計等資料

第1編 第1部
第1編 第2部
第1編 第3部
第2編
参考資料
長期統計等資料

第3章　倫理法等違反への厳正かつ迅速な対応

公務員の種類と数

　公務員の全体像を概観するために、一般職国家公務員のほか、特別職国家公務員や地方公務員を含む公務員全体の種類と数を示せば次のとおりである。

　日本国憲法第15条は「公務員を選定し、及びこれを罷免することは、国民固有の権利である。」（第1項）とし、「すべて公務員は、全体の奉仕者であつて、一部の奉仕者ではない。」（第2項）と定めている。ここにいう「公務員」とは、国会議員、大臣、裁判官を始め立法、行政、司法の各部に属する全ての職員を含み、かつ、地方公共団体についても、長、議長その他の職員の全てを含む概念であり、広く国及び地方の公務に従事する者の全てを指すと解されている。

　公務員は、国の公務に従事する国家公務員と地方の公務に従事する地方公務員に大きく二分される。国家公務員は、一般職と特別職とに大別されるが、後者の特別職国家公務員は、国家公務員法第2条に列挙されており、大まかに分類すれば、政務を担当するもの（内閣総理大臣、国務大臣等）、権力分立の憲法原則に基づき、その人事制度の設計を立法部、司法部に委ねることに合理性があるもの（裁判官及び裁判所職員、国会職員等）、職務の性質上、別個の身分取扱いの基準によることが適当であるもの（防衛省職員）、その他職務の特殊性により、採用試験や身分保障等の一般の公務員に係る原則を適用することが不適当なもの（宮内庁職員、各種審議会委員等）に分けることができる。

　一般職国家公務員には、公務の公正、中立な実施を担保する意味から、成績主義の原則、身分保障、厳正な服務に関する規定等の諸規定が国家公務員法上に定められている。また、その勤務条件の決定という観点からは、労働協約締結権を有する行政執行法人の職員と労働協約締結権を有しない「一般職の職員の給与に関する法律（給与法）」の適用を受ける職員及び検察官（裁判官との処遇均衡を重視して決定）に分類される。

　地方公務員については、国家公務員とほぼ同様の整理がなされているが、国では一般職とされる非常勤の顧問、参与等についても、特別職として整理されているなど、若干の違いがある。

　一般職国家公務員は、郵政民営化、国立大学法人化、非特定独立行政法人化（平成27年4月1日以降は中期目標管理法人及び国立研究開発法人）等により非公務員化が進み、昭和40年代以降80万人を超える水準で推移していたその数は、現在（令和5年度末予算定員）、常勤職員で約29.2万人にまで減少している（次頁（参考）参照）。これに特別職約29.8万人を加えた国家公務員全体では約59.0万人である。また、常勤の国家公務員及び地方公務員の数は約339.3万人である。なお、国家公務員及び地方公務員の種類と数を示せば、次のとおりである（特別職国家公務員及び地方公務員等に関する公務員制度関係法制については、巻末参考資料7参照）。

国家公務員及び地方公務員の種類と数

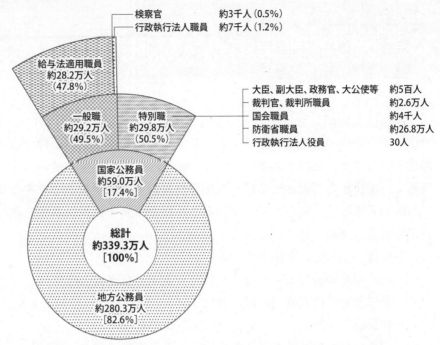

検察官　　　　　　　　　約3千人 (0.5%)
行政執行法人職員　　　約7千人 (1.2%)

給与法適用職員
約28.2万人
(47.8%)

一般職
約29.2万人
(49.5%)

特別職
約29.8万人
(50.5%)

大臣、副大臣、政務官、大公使等　約5百人
裁判官、裁判所職員　　　　　　　約2.6万人
国会職員　　　　　　　　　　　　約4千人
防衛省職員　　　　　　　　　　　約26.8万人
行政執行法人役員　　　　　　　　30人

国家公務員
約59.0万人
[17.4%]

総計
約339.3万人
[100%]

地方公務員
約280.3万人
[82.6%]

(注) 1　国家公務員の数は、2を除き、令和5年度末予算定員である。
　　 2　行政執行法人の役員数は「令和4年度独立行政法人等の役員に就いている退職公務員等の状況の公表」における令和4年10月1日
　　　　現在の常勤役員数であり（内閣官房内閣人事局資料）、行政執行法人の職員数は、「令和5年行政執行法人の常勤職員数に関する報
　　　　告」における令和5年1月1日現在の常勤職員数である（総務省資料）。
　　 3　地方公務員の数は、「令和3年4月1日地方公務員給与実態調査結果」における一般職に属する地方公務員数である（総務省資料）。
　　 4　数値は端数処理の関係で合致しない場合がある。
　　 5　このほかに、一般職国家公務員の非常勤職員（行政執行法人の職員等を除く）の数は、「一般職国家公務員在職状況統計表（令和4
　　　　年7月1日現在）」により約15.9万人である（内閣官房内閣人事局資料）。
　　 6　国家公務員の内訳の構成比（　）は、国家公務員約59.0万人を100としたものである。

（参考）一般職国家公務員数の推移

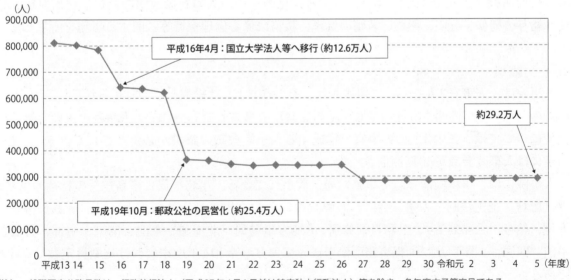

(注)　一般職国家公務員数は、行政執行法人（平成27年4月1日前は特定独立行政法人）等を除き、各年度末予算定員である。

人事院の所掌事務及び組織

　人事院は、国家公務員法に基づき昭和23年12月に創立された中央人事行政機関であり、①公務員人事管理の公正性を確保すること、②労働基本権制約に対する代償として職員の利益の保護を図ること、及び③人事行政の専門機関として、社会一般の情勢に的確に対応した施策を推進し、国民から信頼される効率的な行政運営を確保することを主な使命としている。このため内閣の所轄の下、他から指揮されることなく中立・公正に職務を執行するとともに、国会に対する勧告も認められている。

　人事院は、その役割を果たすため、
- ・　勤務環境の整備などを通じた公務の能率的な運営の確保等
- ・　多様な有為の人材の確保、育成等
- ・　社会経済情勢に適応した適正な給与の実現等
- ・　職員の利益の保護を通じた公正な人事管理の確保
- ・　能力・実績に基づく人事管理の推進
- ・　公務員及び人事行政に対する国民の理解の促進
- ・　職員の職務に係る倫理の保持を通じた国民の信頼の確保

を目標として、時代の要請に応える人事行政の実現に努めている。

〈所掌事務〉

　人事院は、国家公務員法、一般職の職員の給与に関する法律その他の法律に基づいて、勤務条件の改善勧告、法令の制定改廃に関する意見の申出、人事行政改善の勧告、採用試験、任免、給与、研修、分限、懲戒、苦情の処理、職務に係る倫理保持等に関する事務を所掌している。

〈組　　織〉

　人事院は、人事官3人をもって組織され、そのうち1人は総裁として命ぜられる。人事官は、国会の同意を経て内閣より任命され、その任命は天皇より認証される。人事院の重要な権限の行使については、この3人の人事官で構成する人事院会議の議決が必要とされている。令和4年度には人事院会議が40回開催された。

　人事院には、事務機構として事務総局が置かれている。事務総局は事務総長の総括の下に5課（総務、企画法制、人事、会計、国際）、2室（公文書監理、情報管理）、4局（職員福祉、人材、給与、公平審査）、公務員研修所、8地方事務局（北海道、東北、関東、中部、近畿、中国、四国、九州）及び沖縄事務所から成っており、令和4年度末における職員定数は605人である。

　また、人事院には、職務に係る倫理の保持に関する事務を所掌させるため、国家公務員倫理審査会が置かれており、会長及び委員4人をもって組織されている。国家公務員倫理審査会には、事務機構として事務局が置かれており、令和4年度末における職員定数は12人である（巻末参考資料3参照）。

引用法令の略称（制定順）

略称	正式名称
国　公　法	国家公務員法
給　与　法	一般職の職員の給与に関する法律
補　償　法	国家公務員災害補償法
派　遣　法	国際機関等に派遣される一般職の国家公務員の処遇等に関する法律
法　人　格　法	職員団体等に対する法人格の付与に関する法律
育　児　休　業　法	国家公務員の育児休業等に関する法律
勤　務　時　間　法	一般職の職員の勤務時間、休暇等に関する法律
任期付研究員法	一般職の任期付研究員の採用、給与及び勤務時間の特例に関する法律
倫　理　法	国家公務員倫理法
官民人事交流法	国と民間企業との間の人事交流に関する法律
任　期　付　職　員　法	一般職の任期付職員の採用及び給与の特例に関する法律
法科大学院派遣法	法科大学院への裁判官及び検察官その他の一般職の国家公務員の派遣に関する法律
留学費用償還法	国家公務員の留学費用の償還に関する法律
自己啓発等休業法	国家公務員の自己啓発等休業に関する法律
配偶者同行休業法	国家公務員の配偶者同行休業に関する法律
規　　　則	人事院規則
指　　　令	人事院指令

第1編

人事行政

第1部　人事行政この1年の主な動き

　社会情勢が急速に変化する中で、質の高い行政サービスを国民に提供し続けるためには、行政がいつの時代にも求められる役割を的確に果たせるよう、これを支える公務組織が能率的で活力のある組織であり続ける必要がある。そのためには、時代環境に適応できる能力を有する多様な有為の人材を行政の担い手として継続的に確保し、計画的な育成を行うとともに、職員一人一人がやりがいを持って職務を遂行し、その能力を十全に発揮できる職場環境を整えることが必要不可欠である。あわせて、グローバル社会の中で世界の動向に目を向け、国際協力を進めることや各国公務の事例から学びを得ることが重要である。

　人事院は、このような認識の下、公務全体のパフォーマンスを向上させ、公務の魅力を高め、更に有為な人材を公務にひきつけるという好循環を生み出すことができるよう、令和4年度において、以下の諸課題について具体的な取組を進めた。

第1章　人材の確保

◉　公務組織の中核を中長期的に担うことが期待される優秀な人材を継続的に確保していくため、申込者数の増加に向けた採用試験制度の改革に取り組んだ。具体的には、
・　総合職春試験の実施時期の前倒し
・　教養区分の受験可能年齢引下げ
・　幅広い専門分野の人材が受験しやすい総合職試験の実現
・　合格有効期間の延長
・　受験しやすい基礎能力試験の実現　等
について検討を進め、令和5年3月までに方針を決定し、必要な制度改正等を行った。

◉　各府省における民間との人材交流を円滑にするため、採用面では、任期付職員の採用について、各府省限りで採用できる範囲を拡大したほか、官民人事交流について、交流基準の見直し及び審査事務の合理化を進めた。

◉　また、給与面では、民間企業等からの採用時の柔軟な給与決定等についての周知、特定任期付職員に支給される業績手当の支給手続の見直し、優秀な若手・中堅職員の抜てきを行う場合の給与決定についての枠組みの整備などを進めた。

1　採用試験制度の改革

　民間企業等との激しい人材獲得競争の中で、国家公務員採用試験の申込者数は長期的な減少傾向にあり、採用試験制度の改革は喫緊の課題となっている。

　令和3年度に人事院が実施した就職活動を終えた学生を対象とする意識調査によると、国家

公務員を志望しなかった理由として、「採用試験の勉強や準備が大変」との回答が最も多く、また、民間企業等から採用内定を得た時期が早期化していることも明らかになった。各府省や大学関係者からも、「学生の間で採用試験に対する負担感が大きくなっている」、「民間企業の採用時期と比べ国家公務員採用試験の時期が遅い」といった意見が寄せられていた。

こうした状況を踏まえ、人事院としても、採用試験制度の改革について、適切な能力実証の観点に十分留意しつつ、学生等にとってより受験しやすくなるよう見直していくこととした。令和4年度に措置した主な施策は以下のとおり。

(1) 総合職春試験の実施時期の前倒し

春に実施する総合職試験について、民間企業のスケジュールを踏まえた採用試験日程とすることが重要との認識の下、各府省の官庁訪問を民間企業の内々定解禁日（6月1日）と同時期に行うことができるようにするため、試験実施時期を段階的に前倒しすることとし、令和5年は第1次試験を4月9日（日）に実施（6月8日（木）最終合格者発表）し、令和6年以降は第1次試験を3月中下旬（令和6年は3月17日（日））に実施（5月下旬最終合格者発表）することを決定し、公表した。

(2) 総合職試験（大卒程度試験）「教養区分」の受験可能年齢の引下げ

年々進む民間企業の採用活動の早期化に抜本的に対応していくことが重要との認識の下、毎年秋に実施している総合職試験（大卒程度試験）「教養区分」について、令和5年の試験から、受験可能年齢を1歳引き下げて「19歳以上」とし、大学2年生の秋から受験できるよう、令和4年12月に人事院規則等の改正を行い、公表した。

(3) 幅広い専門分野の人材が受験しやすい総合職試験の実現

多様かつ優秀な人材を確保していくためには、多様な専門分野に対応した試験体系を整備することが必要である。あわせて、専門分野にかかわりなく受験できる試験区分をより受験しやすくすることが必要である。

このため、人文系の専門分野に対応することが重要との認識の下、総合職試験（院卒者試験）「行政区分」に人文系のコースを、総合職試験（大卒程度試験）に「政治・国際・人文区分」を設けるとともに、出題分野及び内容についてこれらの区分等に対応したものとし、令和6年の試験から実施できるよう、令和5年3月に人事院規則等の改正を行い、公表した。

また、専門分野にかかわらず受験できる総合職試験（大卒程度試験）「教養区分」について、令和5年の試験から、第1次試験地を全国9都市に拡充することを決定し、公表した（令和4年は札幌市、東京都、大阪市及び福岡市の4都市で実施。令和5年は仙台市、名古屋市、広島市、高松市及び那覇市を追加）。

(4) 採用試験の合格有効期間の延長

民間企業での勤務や博士課程進学といった経験を積んだ者が、再度採用試験を受け直すことなく各府省の官庁訪問を受けられるよう、令和5年の試験から、春に実施する総合職試験、一般職試験（大卒程度試験）、財務専門官採用試験、国税専門官採用試験及び労働基準監督官採用試験の合格有効期間を5年に、総合職試験（大卒程度試験）「教養区分」の合格有効期間を6年6箇月にそれぞれ延長することとし、令和4年12月に人事院規則の改正を行い、公表した。

(5) 受験しやすい基礎能力試験の実現

　民間企業等との人材獲得競争が特に激しい理系人材を確保していくためには、国家公務員と民間企業を併願する学生にとってより受験しやすい採用試験とする必要があるとの認識の下、令和6年の基礎能力試験から、春に実施する総合職試験（大卒程度試験）、一般職試験（大卒程度試験）及び専門職試験（大卒程度試験）について出題数を40題（知能分野：27題、知識分野：13題）から30題（知能分野：24題、知識分野：6題）に削減するとともに、知識分野については単に知識を問うような出題を避けて時事問題を中心とし、普段から社会情勢等に関心を持っていれば対応できるような内容とするほか、試験時間を短縮するなどの対応策を行うこととし、令和5年3月に公表した。

(6) その他の施策

　上記施策に加え、総合職試験「行政区分」、「政治・国際・人文区分」、「法律区分」及び「経済区分」の専門試験（記述式）の解答題数を令和6年の試験から削減することとし、令和5年3月に人事院公示の改正を行い、公表した。また、令和6年の試験から、高卒程度試験を含む全ての基礎能力試験の知識分野において「情報」分野の問題を出題することとし、令和5年3月に公表した。

2　民間との人材交流の円滑化

　行政の直面する課題が複雑化・高度化する中、こうした課題に的確に対処していくためには、公務部内における人材育成はもとより、公務と民間との間の人材の流動性を高め、民間の知見を積極的に公務に取り入れていくことが重要である。こうした観点から、人事院は、各府省において民間との人材交流が円滑に行われるよう支援するための取組を積極的に進めてきている。

(1) 柔軟・迅速な採用等に向けた取組

　任期付職員法に基づく任期付職員の採用について、高度デジタル人材に係る特定任期付職員としての採用及び本府省の課長級・室長級への一般任期付職員の採用に関して、人事院の明示する公務及び任用の公正性の確保等に関する要件を満たす場合には人事院に協議することなく各府省限りで採用できることとした（令和4年7月26日施行）。

　また、官民人事交流の交流基準において、同一の企業から所管関係のある同一部局（局単位）に連続3回までとしている制限について、局単位を課単位とするなどの見直しを行った。あわせて、各府省の負担を軽減し、手続の迅速化を図るための審査事務の合理化を実施した（令和5年1月1日施行）。

(2) 柔軟・迅速な給与の決定に向けた取組

　デジタル庁において特定任期付職員として任用される職員の給与について、一定の要件の下で人事院に協議することなく同庁限りで特例的な俸給月額に決定できることとする通知を同庁に対して発出した（令和4年7月1日施行）。

　また、各府省における柔軟な給与決定を支援する観点から、現行制度においても、給与決定に当たり民間企業等での在職期間を国家公務員として勤務した期間と同等に評価することや前職の給与等を考慮することが可能な仕組みであること等を明文化し、判断目安や運用事例等も併せて通知した（令和4年9月12日発出）。

　さらに、特に高い業績を挙げた特定任期付職員に支給される業績手当について、支給要

件を明示して人事院に協議することなく各府省限りで支給できることとした（令和4年11月18日施行）。

　このほか、部内職員も含めた機動的かつ柔軟な人員配置に資するよう、本府省の課長補佐や係長について抜てき任用を行う場合においても、在級期間にかかわらず、そのポストの標準的な職務の級に応じた級に昇格させることを各府省限りで可能とする枠組みを整備した（令和5年4月1日施行）。

　上記の取組に加えて、各府省において採用志望者に対して事前に給与水準を明示することを支援するための給与計算支援ツールを作成し提供したほか、民間人材の採用に関する各府省からの相談や照会にワンストップで対応する「民間人材採用サポートデスク」の運用を開始するなど、様々な取組を進めてきている。

第2章　人材の育成と能力・実績に基づく人事管理の推進等

◉　マネジメント能力向上のため、行政研修（課長級）におけるコース新設や、係長・課長補佐級職員を対象とした基礎的な研修教材の作成に取り組んだ。また、若年層等のキャリア形成支援や実務経験採用者への支援等に向けて、研修を充実させた。

◉　人事評価制度の見直しを受け、改正した任用、給与等の関連規則を令和4年10月に施行した。各府省において新たな基準に基づき、高い能力・実績のある人材の登用やメリハリのある処遇がなされるよう、制度解説動画の提供等を通じて制度の周知徹底等を図った。あわせて、人事評価に対する職員の納得感の向上に資するよう各府省が実施する研修を支援するため、各府省の新任評価者を対象に、評価・育成能力の向上を図る研修を実施した。

1　研修を通じた人材の育成

（1）マネジメント能力の向上等に係る取組

　　人事院は、昨年度に引き続き、マネジメント能力のかん養を図るための研修の充実に向けた取組を行うこととし、具体的には、行政研修（課長級）において、課長としてのマネジメント力を向上させるための「課長力向上コース」を新設し、試行した。また、係長級や課長補佐級などの職員についても、マネジメントに係る基礎的な知識やスキルを身に付けることが、能率的で活力あるチームづくりに主体的に取り組む力の向上につながることから、コーチング、リーダーシップ、コミュニケーション等に関する研修教材の作成などに取り組んだ。

　　あわせて、若年層の職員を中心に、成長を実感しながら活躍することができるよう、自身のキャリア形成について考え、仕事や能力開発への意欲を向上させる機会となる研修を充実させることとし、30歳台職員を対象とする研修の実施に加え、20歳台職員を対象とする「キャリア支援研修20」の試行などを行った。

　　さらに、民間企業での実務経験を有する職員等の採用が増加傾向にあることを踏まえ、これらの職員に対しても、早期に公務になじみ能力を発揮できるよう研修教材等の充実などを通じて支援した。

　　女性職員の登用拡大に向けては、性別や家庭の事情などに係る無意識の思い込み（アンコンシャス・バイアス）にとらわれずに人事配置や人材育成等が行われることが重要であることから、女性職員に加えその直属上司等も参加する研修等を通じて意識改革を推進した。

（2）研修の実施形式の工夫等に係る取組

　　行政研修については、初任行政研修や3年目フォローアップ研修等において、過去2年間実施できなかった実地での現場訪問プログラムや、オンラインと対面を組み合わせた研修を実施することで研修内容の充実に努めた。具体的な例としては、ウェブ会議システムの機能を活用し班別での討議を行うなど、オンラインにおいても参加型カリキュラムの充実に積極的に取り組んだほか、地方や海外在住の講師からの指導や地方出先機関職員の参加機会の拡充など、オンラインの長所を生かした試みを行うとともに、対面研修を復活さ

せることで、研修員同士の直接的な対話による相互理解や政策立案に関する視野の拡大、府省と官民を越えたネットワークの拡大に資する機会を提供した。

テーマ別研修等については、各府省からのニーズの高い研修を中心に、より多くの職員が受講できるよう、オンライン教材の充実・活用等を図るとともに、それぞれの研修について、その趣旨や目的に応じた目標設定やフィードバックの方法などを工夫しながら実効性を高められるよう努めた。

（3）派遣研修の充実に係る取組

行政官長期在外研究員制度では、派遣期間を原則2年間としているが、より多くの職員に柔軟に留学機会を付与する観点から、諸外国の1年制の大学院に1年間派遣する仕組み（1年コース）を新たに設けた（令和5年度の選抜審査を経て、令和6年度に派遣を開始する予定）。

2　能力・実績に基づく人事管理の推進等

人事評価については、内閣人事局において、令和3年9月に制度の見直しが行われ、人材育成やマネジメント強化のツールとして人事評価を活用することなど一部の規定は同年10月に施行された。令和4年10月からは、職員の能力・実績をよりきめ細かく的確に把握するため、幹部職員以外の職員の評語区分の段階を5段階から6段階に細分化するなどの規定が施行された。

人事院においては、この新たな6段階の評語区分に基づく評価結果をより適切に任用、給与等に反映するための関連規則を令和3年12月に改正し、令和4年10月に施行した。また、改正後の新たな基準に基づき、各府省において高い能力・実績のある人材の登用やメリハリのある処遇がなされるよう、制度解説動画や有識者による講演動画を作成し、提供するなど、制度の周知徹底と運用支援を行った。あわせて、人事評価を活用した人材育成や人事評価に対する職員の納得感の向上に資するよう、管理職員の評価・育成能力の向上に向けて各府省が実施する研修を支援するため、内閣人事局と連携し、各府省の新任評価者を対象に、評価・育成能力の向上を図る研修を実施した。

第3章　勤務環境の整備

◎　令和4年4月に新設した勤務時間調査・指導室による調査等を通じて、超過勤務の縮減に向けた取組を行った。

◎　超過勤務の縮減に係る各府省アンケートを実施し、国会対応業務に関する結果を令和5年3月に、業務量に応じた要員確保及び人事・給与関係業務に関する結果を同年4月に公表するとともに、関係各方面への働きかけを行った。

◎　令和4年1月から令和5年3月にかけて開催した「テレワーク等の柔軟な働き方に対応した勤務時間制度等の在り方に関する研究会」において中間報告及び最終報告が取りまとめられた。中間報告を踏まえ、フレックスタイム制及び休憩時間制度を柔軟化するための規則等の改正を行った（同年4月1日施行）。

◎　職員の健康増進を担う各府省の健康管理体制の充実を検討するため、官民の実態等の調査を開始した。ストレスチェックの更なる活用を促進し、「こころの健康相談室」のオンライン相談窓口を開設するなど、心の健康づくりの更なる推進に取り組んだ。

◎　改正後の育児休業法に基づく新たな育児休業など両立支援制度を整備するとともに、これらが職員に広く活用されるよう、周知啓発、各府省に対する支援・指導に取り組んだ。

◎　ハラスメント防止対策の徹底のため、幹部・管理職員ハラスメント防止研修の見直しや各府省の相談体制等に係る実情・課題を把握するためのアンケート調査を行った。

1　長時間労働の是正

（1）超過勤務の上限規制の運用状況

　　国家公務員の超過勤務については、規則15－14（職員の勤務時間、休日及び休暇）により、超過勤務を命ずることができる上限を設定している。ただし、大規模災害への対処等の重要な業務であって特に緊急に処理することを要する業務（以下「特例業務」という。）に従事する職員に対しては、上限を超えて超過勤務を命ずることができるが、その場合には、各省各庁の長は、当該超過勤務に係る要因の整理、分析及び検証を行わなければならないこととしている。

　　各府省において上限を超えた職員について、令和3年度の状況を人事院が把握したところ、その状況は表1から表3のとおりである。本府省の他律的業務の比重の高い部署（以下「他律部署」という。）においては、28.1％の職員が上限を超えており、また、上限の基準別では、1箇月について100時間未満の上限を超えた職員が14.1％、2箇月から6箇月の平均で80時間以下の上限を超えた職員が19.9％となっていた。

表1　上限を超えて超過勤務を命ぜられた職員の割合（他律部署）

全体	本府省	本府省以外
15.6%	28.1%	2.9%

※数値は、他律部署における年度末定員の総数を100とした場合のもの（次表についても同様）。

〔基準別で見た場合〕

基準（上限）	全体	本府省	本府省以外
1月100時間未満	7.7%	14.1%	1.1%
年720時間以下	6.8%	12.7%	0.8%
2〜6月平均80時間以下	10.7%	19.9%	1.2%
月45時間超は年6回まで	11.9%	21.5%	2.1%

表2　上限を超えて超過勤務を命ぜられた職員の割合（自律部署）

全体	本府省	本府省以外
6.8%	13.1%	6.4%

※数値は、自律部署における年度末定員の総数を100とした場合のもの（次表についても同様）。

〔基準別で見た場合〕

基準（上限）	全体	本府省	本府省以外
1月45時間以下	6.1%	12.3%	5.8%
年360時間以下	4.1%	7.9%	3.9%

表3　他律部署の指定状況

全体	本府省	本府省以外
26.6%	78.4%	15.9%

※数値は、全部署（他律部署及び自律部署）における年度末定員の総数を100とした場合のもの。

　上限を超えた職員が従事した主な特例業務としては、大規模災害への対処、重要な政策に関する法律の立案、他国又は国際機関との重要な交渉のほか、新型コロナウイルス感染症対策関連業務、予算・会計関係業務、人事・給与関係業務、国会対応業務等があった。

　令和3年度においては、他律部署において「国会対応業務」により上限を超えた職員割合は、依然として最も大きい状況であった。

（2）超過勤務の縮減に向けた取組

　人事院は、令和4年4月に、超過勤務の縮減に向けた指導を徹底するため、勤務時間調査・指導室を新設した。令和4年度においては、本府省の35機関、地方の42官署に対して、勤務時間の管理等に関する調査を実施した。同調査においては、対象となる職員ごとに客観的な記録（在庁時間）と超過勤務時間を突合し、大きなかい離があればその理由を確認するなどして、客観的な記録を基礎とした超過勤務時間の適正な管理について指導を行った。

　本府省の35機関に対する調査については、合計で約2,200人の直近1月分の在庁時間と超過勤務時間のデータを突合した。その結果、超過勤務時間はおおむね適正に管理されていたものの、超過勤務手当の追給や返納を行った事例等があった。また、長時間の超過勤務を行う職員に対する医師の面接指導については、多くの府省において、その担当部署か

ら対象者に打診をしたものの受診していない状況が確認されたため、面接指導が確実に実施されるよう、各府省に指導を行った。

このほか、同室の調査や制度の運用状況の聴取の機会などを通じて、各府省に対し、特例業務について業務の実態に即して課室よりも細かく指定するよう指導を行うとともに、特例業務の範囲が必要最小限となるよう指導を行った。また、各府省のマネジメントに責任を有する者に対して、管理職員等のマネジメントに関する助言等を行うとともに、超過勤務の縮減に向けた各府省の主な取組を収集・整理した上で各府省に情報提供した。

さらに、超過勤務縮減の観点から、関係各方面への働きかけに向けて、国会対応業務等の超過勤務への影響や業務量に応じた要員確保の状況等を把握するため、各府省に対してアンケートを実施した。

国会対応業務に係る各府省アンケートの結果については、令和5年3月に公表するとともに、人事院総裁が4月3日及び4日に衆議院議長及び参議院議長を訪問して説明した。また、業務量に応じた要員確保及び人事・給与関係業務に係る各府省アンケートの結果については、同月に公表するとともに、人事院総裁が同月25日に国家公務員制度担当大臣を訪問して、国会対応業務に係る各府省アンケート結果とともに説明して御協力をお願いした。人事院としては、引き続き、関係各方面の御理解と御協力をお願いしていくこととしている。

【国会対応業務に係る各府省アンケート結果の概要】

・令和3年度の国会対応業務に関する超過勤務の状況について、「前年度（2年度）から状況は変わっていない」が多い。

・国会対応業務について改善を希望する事項として、多く挙げられたもの

　質問通告の早期化・内容の明確化、質疑時間を考慮した質問通告数、質問主意書に係る回答期限の緩和、作業期間を考慮した資料要求の回答期限の設定、準備期間を考慮したレク日時の設定、レク内容を明確にした依頼等

【業務量に応じた要員確保及び人事・給与関係業務に係る各府省アンケート結果の概要】

〔1．業務量に応じた要員確保の状況〕

・令和3年度において、恒常的な人員不足が生じていなかったとするところは10府省等。それ以外の34府省等中、恒常的な人員不足の部署があった理由として、「定員が不足していたため」を挙げたのは30府省等、「欠員補充が困難であったため」を挙げたのは12府省等。

・定員管理を担当する部局への要望として、多く挙げられたもの

　定員の増加・新設（現行の国家公務員のワークライフバランスの推進のための定員の増加など）、合理化目標数の緩和等

〔2．人事・給与関係業務の超過勤務への影響〕

・令和3年度の人事・給与関係業務に関する超過勤務の状況について、「前年度（2年度）と同程度」を挙げたのは19府省等、「前年度と比較して増加」を挙げたのは18府省等。

・人事・給与関係業務の制度官庁等への要望として、多く挙げられたもの

　各種調査の簡素化、作業依頼の重複の解消、人事・給与関係業務情報システムの機能性・操作性の向上、各種制度の簡素化等

2 テレワーク等の柔軟な働き方に対応した勤務時間制度等の検討

　官民を問わずテレワークによる働き方が広がってきていることを踏まえ、令和4年1月から令和5年3月にかけて、学識経験者により構成する「テレワーク等の柔軟な働き方に対応した勤務時間制度等の在り方に関する研究会」（座長：荒木尚志東京大学大学院法学政治学研究科教授）を計15回開催した。研究会においては、関係者からのヒアリング等を交えながら、テレワーク、フレックスタイム制、勤務間インターバルといった検討事項について議論が行われた。令和4年7月12日には、フレックスタイム制及び休憩時間制度の柔軟化を早期に実施すべきとの中間報告が取りまとめられた。これを踏まえた措置を実施するため、令和5年1月20日、必要な規則等の改正を行った（同年4月1日施行）。さらに、同年3月27日には、より柔軟なフレックスタイム制等による働き方、テレワーク、勤務間インターバルの在り方について最終報告が取りまとめられた。

（1）中間報告の概要

　テレワークやフレックスタイム制の活用による柔軟な働き方の推進は、職員一人一人の能力発揮やワーク・ライフ・バランスの実現、健康確保に資するものであり、ひいては職員のエンゲージメントを高め、公務能率向上や多様な有為の人材誘致・活用にもつながるものである。研究会においては、このような観点から検討事項について議論が行われ、このうち早期に実施すべき事項として、フレックスタイム制及び休憩時間制度の柔軟化について提言が行われた。

ア　フレックスタイム制の柔軟化

① 勤務時間の割振りの基準（1日の最短勤務時間数、コアタイム及びフレキシブルタイム）について、一定の幅を持った形で柔軟化し（基本的枠組み）、各府省がその範囲内で業務の実情等に応じて府省・部署ごとに最適な割振り基準のパターンを設定できるようにする。

表4　フレックスタイム制の柔軟化

（一般の職員の場合）

勤務時間の割振り基準	柔軟化後	柔軟化前
1日の最短勤務時間数	2～4時間で各省各庁の長が定める時間 （これを下回ることができる日（※）を週1日まで設定可）	6時間
コアタイム	毎日（上記※の日を除く） 2～4時間で各省各庁の長が定める時間 9時～16時の間に設定	毎日 5時間 9時～16時の間に設定
フレキシブルタイム	5時～22時	7時～22時

② 勤務時間の割振り基準について、各府省が人事院と協議して、基本的枠組みよりも更に柔軟なパターンを設定できるようにする。

③ 単位期間に係る当初の割振りを行う期限を「できる限り単位期間が始まる日の前日の1週間前の日まで」から「単位期間の開始以前」に見直す。

イ　休憩時間制度の柔軟化

① 官執勤務制及びフレックスタイム制の場合、休憩時間を置く時間帯にかかわらず、連続する正規の勤務時間が6時間30分を超えることとなる前に休憩時間を置くことができるようにする。

②　フレックスタイム制の場合、職員の申告を考慮して休憩時間を置くことができるようにする。

(2) 規則等の改正

研究会の中間報告を受けて、令和4年8月8日の人事院勧告時の報告においては、フレックスタイム制及び休憩時間制度の柔軟化について、中間報告の提言の内容を基本として、規則等の改正などの必要な措置を速やかに講ずることを表明した。

その後、関係各方面と調整を進め、令和5年1月20日、規則15－14（職員の勤務時間、休日及び休暇）を改正する規則等を公布・発出し、同年4月1日から施行した。

また、規則等の施行に向けて、部内規定や表計算アプリによる申告様式の例、職員向け周知用資料を作成して提供し、各府省における円滑な実施を支援した。

(3) 最終報告の概要

最終報告では、公務において最も重要な目的・理念は質の高い公務の提供とその持続であることが指摘され、その実現に向けて、第一に、ディーセント・ワークを推進するため、職員の業務負荷を軽減し、勤務環境を向上させる施策を実施すること、第二に、個人の尊重の観点から、公務においてより柔軟な働き方を推進することが求められるとされた。これらを踏まえて、今後、公務における働き方に関して推進すべき施策として、より柔軟な働き方、テレワーク、勤務間インターバルについて、主に次のとおり見解が示された。

ア　より柔軟な働き方

① フレックスタイム制の拡充

・ 選択的週休3日の対象職員の拡大

・ 勤務開始後の勤務時間の変更

・ 非常勤職員の1日の勤務時間の上限見直し

② 夏季休暇の使用可能期間及び年次休暇の使用単位の見直し

イ　テレワーク

① 業務上支障がない限り、基本的に職員が希望する場合には、テレワーク勤務をすることができるよう基準を明確化

② テレワーク時の勤務管理、長時間労働対策、健康管理等について考え方を整理。テレワークの円滑な運用のためマネジメント支援やシステム整備が必要

ウ　勤務間インターバル

① 勤務間インターバル確保について各省各庁の長の責務を早期に法令上明記

② 最終的には、全職員を対象に、原則11時間のインターバル確保を目指す。

③ 当面は現行制度の運用改善等を推進し、現状・課題を把握。課題解消に向けた取組を試行として段階的に実施した上で、本格的実施のための制度的措置を検討

また、勤務間インターバルや柔軟な働き方に関する施策を実効的なものとするためには、超過勤務の縮減が必要不可欠であることから、政府全体の取組として、一層の業務改革や適正な人員体制の確保に取り組むことを求めている。さらに、特に国会対応業務に従事する職員については、行政側の自助努力による業務合理化だけでは、勤務間インターバルの確保は困難であることから、研究会として、勤務間インターバルの趣旨や国会対応業務の改善について、国会の理解・協力を強く求めている。

❸ 健康づくりの推進

　職員の健康増進は職員のWell-being実現の土台である。今後、高齢層職員や女性職員の割合が増加していくことも念頭に置きつつ職員の健康管理施策を一層推進する必要があるが、そのための健康管理体制は必ずしも十分とは言えない。このため、本院としては、各府省における健康管理医、健康管理者及び健康管理担当者の配置状況や、心身の健康に係る各種相談体制の実態を調査し、各府省における健康管理体制を充実させるための方策についての検討を始めた。

　また、公務においては、心の疾病による長期病休者の数が長期病休者全体の7割を超えた。心の疾病による長期病休者率（職員数に占める心の疾病による長期病休者数の割合）は、令和3年度（1.70％）は平成28年度（1.27％）と比べて約1.3倍となっており、メンタルヘルス対策の重要性が増している。なお、年齢階層別にみると、全ての階層で増加しているが、特に20歳台の増加の割合が高く、令和3年度（2.25％）は平成28年度（1.33％）と比べて約1.7倍となっている。

　職員の心の不健康な状態を未然に防止するため創設されたストレスチェック制度について、有識者から意見を聴取し、令和4年2月に、エンゲージメントの状況等を確認できる調査項目を追加して実施することや同制度を活用して職場環境改善をより効果的に行うことなどを内容とする報告書を取りまとめた。これを踏まえ、ストレスチェックの更なる活用、メンタルヘルス施策の推進に向けた健康管理体制の充実等の具体的な取組について、各府省への通知や研修等において周知を図ってきたところであり、引き続きこれらの取組を促していく。

　さらに、人事院が設けている「こころの健康相談室」については、相談を希望する職員や各府省の担当者がより相談しやすい体制となるよう、本年度より一部の窓口においてオンライン相談を導入したところである。令和5年度には、全ての窓口でオンライン相談に対応できるよう体制を拡充するとともに、その活用を周知することにより、心の健康づくりを一層推進する。

❹ 仕事と生活の両立支援

　人事院は、令和3年8月、男性職員による育児の促進や女性職員の活躍促進を更に進めるため、育児休業の取得回数制限を緩和するための育児休業法の改正について意見の申出を行った。あわせて、妊娠、出産、育児等と仕事の両立支援のため、人事院規則等の改正により、休暇・休業等に関する措置を一体的に講じることを表明した。

　意見の申出に基づき、育児休業法が改正され、令和4年10月1日から施行された。この改正により、育児休業を子の3歳の誕生日の前日までの間（非常勤職員にあっては原則子の1歳の誕生日の前日までの間）に原則2回まで（改正前：原則1回まで）取得することが可能となるとともに、この原則2回までとは別に、子の出生後8週間以内に育児休業を2回まで（改正前：1回まで）取得すること等が可能となった。また、人事院規則等の改正により措置を講じることを表明した事項のうち、子の出生後8週間以内の育児休業の請求期限の短縮、育児参加のための休暇の対象期間の拡大、期末手当・勤勉手当における在職期間等の算定の見直し、非常勤職員の子が1歳以降の育児休業の取得の柔軟化等を実施するため、同年6月17日、規則19－0（職員の育児休業等）を改正する規則等を公布・発出し、同年10月1日から施行した。

　これらの制度が職員に広く活用されるよう、両立支援制度を利用しやすい勤務環境を整備す

るため、職員向けのリーフレットや管理職員向けの研修教材の提供等、その内容を充実させて周知啓発や各府省に対する支援・指導に取り組んだ。令和5年2月には、出生サポート休暇の活用に当たって、不妊治療に関する基本的な知識や職場で配慮するために必要な情報等について、職員の理解・関心を深めることを目的に、不妊治療に関する有識者等を招き、不妊治療と仕事の両立支援をテーマとしたシンポジウムを会場とオンラインの同時開催で実施した。

⑤ ハラスメント防止対策

　ハラスメント防止対策については、人事院規則に基づき、研修の実施、苦情相談体制の整備等の対策を講じているところであるが、苦情相談についてみると、令和3年度に人事院が受け付けた苦情相談のうち相談内容として最も多いのが「パワー・ハラスメント、いじめ・嫌がらせ」で、全体の事案数の30.4％となっている。このため、引き続き、地方機関を含めた全ての職場においてハラスメント防止対策を徹底することが必要である。

　防止対策においては、幹部・管理職員の役割が極めて重要であることから、「幹部・管理職員ハラスメント防止研修」について、組織マネジメントの観点も反映したより実効性のあるものとなるよう研修内容を見直して、本府省及び地方機関の課長級以上の職員等を対象に令和5年度から実施することとし、研修の具体的な内容の企画等を進めた。

　また、ハラスメント事案の迅速・適切な解決に向けては、各府省においてハラスメントに関する相談に対応する担当者の専門性の向上や担当者が適切に対応できる体制整備が必要であることから、それらの実現に向けて、各府省における相談体制等に係る実情・課題を把握するため、本府省及び地方機関に勤務するハラスメント相談員（ハラスメントに関する相談に対応する担当者）を対象として、相談員の選定・周知の状況、研修受講状況、在任年数、相談を受ける件数等に係るアンケート調査を実施した。今後、この結果も踏まえて必要な対応を検討していくこととしている。

<table>
<tr><td>第4章</td><td>適正な公務員給与の確保等</td></tr>
</table>

◉　令和4年8月8日、国会及び内閣に対し、国公法に定める情勢適応の原則に基づき、公務員の給与水準を民間企業従業員の給与水準と均衡させるため（民間準拠）、月例給及び特別給を引き上げることを内容とする報告及び勧告を行った。

◉　政府においては、令和4年10月7日、人事院勧告どおり給与改定を行うこと等を閣議決定した。「一般職の職員の給与に関する法律等の一部を改正する法律」（令和4年法律第81号）は、令和4年11月11日に成立し、同月18日に公布、施行（令和5年度以降の期末手当・勤勉手当に関する改定については令和5年4月1日に施行）された。

◉　令和4年11月、高度な専門性や能力を有する人材の活躍をより一層支援するため、博士課程修了者等の初任給基準の見直しや、特定任期付職員に支給される業績手当の支給手続の見直し、優秀な若手・中堅職員の抜てきを行う場合の給与決定についての枠組みの整備等の給与制度の改正を行った。

1　勧告・報告

　令和4年8月8日、人事院は国会及び内閣に対し、一般職の職員の給与について報告し、給与の改定について勧告を行った。

（1）公務と民間の給与比較に基づく給与改定等

ア　月例給

　　人事院は給与勧告を行うに当たり、毎年、「国家公務員給与等実態調査」及び「職種別民間給与実態調査」を実施し、国家公務員及び民間企業従業員の4月分の月例給を把握している。その上で、一般の行政事務を行っている国家公務員（行政職俸給表（一）適用職員）と民間においてこれに類似すると認められる事務・技術関係職種の従業員について、主な給与決定要素である役職段階、勤務地域、学歴、年齢を同じくする者同士の給与を比較している（ラスパイレス方式）。

　　令和4年は、「職種別民間給与実態調査」を、例年と同様、企業規模50人以上、かつ、事業所規模50人以上の民間事業所を調査対象として実施した。また、「国家公務員給与等実態調査」においては、給与法が適用される常勤職員約25万人の給与の支給状況等について全数調査を行った。

　　両調査により得られた令和4年4月分の給与について、前記のラスパイレス方式により国家公務員給与と民間給与との較差を算出したところ、国家公務員給与が民間給与を平均921円（0.23％）下回っていたことから、民間給与との均衡を図るため、月例給の引上げ改定を行うこととした。

イ　特別給

　　令和3年8月から令和4年7月までの1年間において、民間事業所で支払われた特別給は、年間で所定内給与月額の4.41月分に相当しており、国家公務員の期末手当・勤勉手当の年間の平均支給月数（4.30月）が民間事業所の特別給の支給割合を0.11月分下回っていたことから、支給月数を0.10月分引き上げ、4.40月分とすることとした。

（2）給与改定等

ア　俸給表

　　一般的な行政事務を行っている職員に適用される行政職俸給表(一)について、令和4年4月1日に遡って平均0.3%引き上げることとした。具体的には、民間企業における初任給の動向等を踏まえ、総合職試験及び一般職試験（大卒程度）に係る初任給について3,000円、一般職試験（高卒者）に係る初任給について4,000円、それぞれ引き上げることとした。また、これを踏まえ、20歳台半ばまでの職員が在職する号俸に重点を置き、初任の係長級（3級）の若手職員にも一定の改善が及ぶよう、30歳台半ばまでの職員が在職する号俸について、所要の改定を行うこととした。

　　その他の俸給表については、行政職俸給表(一)との均衡を基本に所要の改定を行うこととした。なお、専門スタッフ職俸給表及び指定職俸給表については、今回の俸給表改定が若年層を対象としたものであることから改定を行わないこととした。

イ　特別給

　　前記のとおり、国家公務員の期末手当・勤勉手当の年間の平均支給月数が、民間事業所の特別給の支給割合を0.11月分下回っていたことから、支給月数を0.10月分引き上げることとした。引上げ分の期末手当・勤勉手当への配分に当たっては、民間の特別給の支給状況等を踏まえつつ、勤務実績に応じた給与を推進するため、勤勉手当に配分することとした。

ウ　その他

（ア）　博士課程修了者等の初任給基準の見直し

　　博士人材が活躍する環境を社会全体で整備する取組が進められていることや、官民を問わず人材獲得競争が厳しい技術系の人材を公務において確保する必要があることなどを踏まえ、博士課程修了者等の処遇を改善するため、令和4年中に初任給基準の改正を行い、令和5年4月から実施することとした。なお、これに伴い、在職者についても所要の措置を講ずることとした。

（イ）　テレワークに関する給与面での対応

　　テレワークの実施に係る光熱・水道費等の職員の負担軽減等の観点から、テレワークを行う場合に支給する新たな手当について、具体的な枠組みの検討を進めていくこととした。検討に当たっては、テレワークに関する民間企業及び公務の動向を引き続き注視しつつ、手当の支給に関する事務負担等にも留意し、関係者との調整を行いながら、通勤手当の取扱いを含め、措置内容をまとめていくこととした。

（3）社会と公務の変化に応じた給与制度の整備

　　能率的で活力があり、一人一人が躍動できる公務組織の実現に向けて人材の確保や勤務環境の整備などの取組を進める中で、給与面においても、下記の課題に対応できるように、給与制度のアップデートに向けて一体的に取組を進めることとした。

　　取組に当たっては、令和5年に骨格案、令和6年にその時点で必要な措置の成案を示し、措置を講ずることを目指すこととした。また、定年引上げ完成を見据えた更なる措置等に向けて、その後も対応を図っていくこととした。

【給与上対応すべき課題】	【取組事項】
・若い世代の誘致・確保 ・積極的な中途採用や機動的で柔軟な配置・登用のニーズ ・採用者の年齢・経歴や採用後のキャリアパスの多様化 ・働き方が多様化する中での職員の活躍支援や公務組織の全国展開の体制確保等の要請	・若年層を始めとする人材の確保等の観点を踏まえた公務全体のあるべき給与水準 ・多様な人材の専門性等に応じた給与の設定 ・65歳定年を見据えた60歳前・60歳超の給与カーブ ・初任層、中堅層、管理職層などキャリアの各段階における能力・実績や職責の給与への的確な反映 ・定年前再任用等をめぐる状況を踏まえた給与 ・社会や公務の変化に応じた諸手当の見直し

（真ん中に → 矢印）

❷　給与勧告の取扱い等

（1）給与勧告の取扱い

　　政府は、給与関係閣僚会議を令和4年8月8日及び10月7日に開催して給与勧告の取扱いを協議し、同日の閣議において、人事院勧告どおり給与改定を行うことが決定された。また、同日、「一般職の職員の給与に関する法律等の一部を改正する法律案」が閣議決定され、第210回国会に提出された。同法律案は、衆議院内閣委員会、参議院内閣委員会における審査を経て、11月11日の参議院本会議で可決・成立し、同月18日に「一般職の職員の給与に関する法律等の一部を改正する法律」（令和4年法律第81号）（以下「給与法等改正法」という。）が公布された。給与法等改正法に基づく給与改定については、令和5年度以降の期末手当・勤勉手当に関する改定を除き同日から施行され、俸給表に関する改定は、令和4年4月1日に遡及して適用された。令和5年度以降の期末手当・勤勉手当に関する改定については、令和5年4月1日から施行された。

（2）規則の改正

　　給与法等改正法に基づく給与改定に関し、以下の規則の改正を行った。

ア　俸給表関係

　　俸給表の引上げ改定に伴い、職員が昇格等をした場合に決定される号俸を変更するため、規則9-8（初任給、昇格、昇給等の基準）の一部を改正した。

イ　特別給関係

　　勤勉手当の支給月数が引き上げられたことに伴い、令和4年12月期及び令和5年度以降の成績率の基準を定めるため、規則9-40（期末手当及び勤勉手当）の一部を改正した。

　　これらの規則は給与法等改正法の公布日に公布・施行し、アは令和4年4月1日に遡及して適用した。ただし、イのうち令和5年度以降の勤勉手当に関する規則改正は、令和5年4月1日から施行した。

❸　高度な専門性や能力を有する人材の活躍をより一層支援するための給与制度改正

　　令和4年11月、高度な専門性や能力を有する人材の活躍をより一層支援するため、第1章「人材の確保」で述べた特定任期付職員に支給される業績手当の支給手続の見直し等のほか、博士課程修了者等の初任給基準の見直し等の改正を行った（（1）（3）（4）については令和5年4月1日から、（2）については令和4年11月18日から施行）。

（1）博士課程修了者等の初任給基準の見直し

　　博士人材が活躍する環境を社会全体で整備する取組が進められていることや、官民を問

わず人材獲得競争が厳しい技術系の人材を公務において確保する必要があることなどを踏まえ、博士課程修了者等の有する専門性を適切に評価し、より高い初任給の決定ができる仕組みを整備（初任給基準表の見直し）し、併せて在職者についても所要の調整措置を講じるため、規則9－8等の一部を改正した。

（2）特定任期付職員業績手当の支給手続の見直し

特に高い業績を挙げた特定任期付職員に支給される業績手当について、支給要件を明示し、各府省限りでの支給を可能とするため、事務総長通知の一部を改正した。

（3）若手・中堅職員の抜てきを行う場合における給与決定（昇格）の枠組みの整備

従来から枠組みが用意されていた本府省の管理職に加えて、本府省の課長補佐や係長について抜てき任用を行う場合においても、在職期間にかかわらず、そのポストの標準的な職務の級に応じた級に昇格させることを各府省限りで可能とする枠組みを整備（在級期間表の見直し）するため、規則9－8の一部を改正した。

（4）医療職俸給表(三)級別標準職務表の見直し

国家公務員の看護師について、職務の実態等を踏まえ、管理的立場にある看護師や特に高度の知識経験に基づき困難な業務を処理する看護師を適切に評価し、これらの看護師がキャリアアップに伴いより高い職務の級に昇格できる環境を整備（級別標準職務表の見直し）するため、規則9－8の一部を改正した。

第5章　グローバル社会における人事行政分野の取組

◎　人事行政分野において国際社会に貢献する観点から国際交流を推進するとともに、他国の経験や取組から示唆を得ることを目的として様々な事業を展開した。

◎　人事行政に関する諸外国等の最新の実情について、情報交換を行い、国民にも広く知ってもらうため、シンガポール、オランダ及びデンマークから、各国の政府職員を迎え、「デジタル化と人事管理」をテーマとする一連のオンライン講演会を実施した。

◎　人事行政分野における日中韓三国の協力関係を強化するため、中国及び韓国の中央人事行政機関と日中韓人事行政ネットワークを構築し、各種協力事業を実施している。令和4年度は、トップ会談、局長級会談、「公平審査・苦情相談制度」をテーマとする共催シンポジウム、若手・中堅職員合同研修を、それぞれオンライン形式で実施した。

◎　ASEAN、日本、中国及び韓国の間で公務員制度・公務員人事管理に関する地域間協力を推進することを目的として開催されるASEAN＋3公務協力会議（ASEAN Cooperation on Civil Service Matters＋3）の枠組みの下、2年に一度開催される閣僚級会合に出席し、令和5年に日・ASEAN友好協力50周年記念事業を実施することを提案した。

　内外の情勢変化が激しく、行政を取り巻く環境が複雑・高度化していく中、行政組織としてその時々の情勢に適切に適応していくためには、常に世界の動向に目を向け、新しい多様な考え方に触れ、柔軟に取り込んでいく国際性と開放性を持つ必要がある。

　人事院では、人事行政分野において国際社会に貢献する観点から国際交流を推進するとともに、我が国の公務員制度が直面する課題に関し、他国の経験や取組から示唆を得ることを目的として事業を展開している。令和4年度は、日中韓人事行政ネットワークやASEAN＋3公務協力会議（ASEAN Cooperation on Civil Service Matters＋3）の枠組みの下における協力活動の推進のほか、我が国にとって重要課題である行政のデジタル化に関し、政府におけるデジタル人材の確保、デジタル化に伴う人事管理や働き方への影響について他国の先進事例を収集することを念頭に、以下の事業などを実施した。

（1）日中韓人事行政ネットワーク事業

　人事行政分野における日中韓三国の協力枠組みとして、平成17年1月に、中国人事部（現：国家公務員局）及び韓国中央人事委員会（現：人事革新処）との間で日中韓人事行政ネットワークを発足させ、協力関係の強化に努めている。

ア　第9回トップ会談

　令和5年2月22日、中国が実施を担当し、第9回トップ会談をオンライン形式で開催した。川本裕子人事院総裁、徐啓方（シュ・チーファン）中国国家公務員局長、金勝鎬（キム・スンホ）韓国人事革新処長が出席し、これまでの協力活動を振り返りながら、今後の具体的な協力の方向性を確認するとともに、新たな協力覚書に合意・調印した。これにより、本ネットワークは協力関係を一層強化する方向で継続されることとなった。あわせて、「新時代の発展のための公務員の改革と革新」をテーマとして、それぞれの取組について意見交換を行った。

イ　第10回局長級会談

　　令和4年9月、日本が実施を担当し、三国の中央人事行政機関の局長級職員による第10回局長級会談をオンラインで開催した。人事院事務総局総括審議官、中国国家公務員局弁公庁二級巡視員、韓国人事革新処公務員労使協力官が出席し、今後3年間の協力の枠組みとなる第10次協力計画を策定するとともに、トップ会談の開催に向けた事前協議を行った。

ウ　第14回三国共催シンポジウム

　　令和4年6月、日本が実施を担当し、「公平審査・苦情相談制度」をテーマに第14回三国共催シンポジウムをオンラインで開催した。人事院公平審査局審議官、中国国家公務員局公務員管理第三局副局長、韓国人事革新処訴請審査委員会行政課長が出席し、職員への不利益処分に対する審査請求などの公平審査制度や、勤務条件等についての苦情相談制度に関する各国の制度やその背景にある考え方についての発表及び意見交換を行った。

エ　第14回三国若手・中堅職員合同研修

　　令和4年9月、中国が実施を担当し、第14回三国若手・中堅職員合同研修をオンライン形式で行った。三国の中央人事行政機関からそれぞれ3名の若手・中堅職員が参加し、各国の人事行政について発表を行い、意見交換を行った。

(2) ASEAN諸国との間の国際協力

　　ASEANでは、公務員制度・公務員人事管理に関する地域間協力を推進することを目的に、ASEAN公務協力会議（ASEAN Cooperation on Civil Service Matters）というネットワークを構築している。人事院は、このネットワークに日本、中国及び韓国の三国を含めたASEAN＋3公務協力会議に、我が国の代表として参画し、各種協力事業の実施を支援している。

　　令和4年度は、第6回ASEAN＋3公務協力会議閣僚級会議が8月にベトナムで開催され、令和3年から令和7年までの行動計画について、各国提案事業の実施状況報告や新規事業の提案等が行われた。我が国からは、日・ASEAN友好協力50周年である令和5年にASEAN＋3公務協力会議加盟国の代表者を日本に招いて国際シンポジウム等を開催することを提案し、加盟国間で合意された。

(3) 国際講演会

　　諸外国政府機関等との交流を通じ、人事行政に関する最新の実情について、情報交換を行い、国民にも広く知ってもらうことを目的として、毎年度、諸外国の政府機関職員等を招き、講演会を開催している。令和4年度は、デジタル化の推進が我が国としての重要課題であることも踏まえ、電子政府の取組や柔軟な働き方についての取組が進んでいるシンガポール、オランダ、デンマークの各国政府職員に本国からの講演を依頼し、オンライン講演会を開催した。いずれの講演会も、視聴者の利便性を考慮し、講演後一定期間、録画配信を行った。

ア　シンガポール

　　令和5年1月に、シンガポール政府技術庁（GovTech）人事リーダーシップチームのマネージャーであるデズモンド・テオ氏を迎えて、「シンガポール政府におけるデジタル人材の誘致・育成・定着戦略」をテーマとした講演会を開催した。

講演及び質疑応答では、エリート教育や流動的な労働市場を背景として、学生への奨学金を通じた早い段階での人材発掘、各職員の適性やキャリア志向に合わせて専門的な人材を育成するための複線的なキャリアパスの提示、定着しやすい職場環境の醸成、ソーシャル・ネットワーク・サービスなどを駆使した公務のブランディング戦略など、様々な観点からの取組が紹介された。

イ　オランダ

令和5年3月に、オランダ内務・王国関係省から講演者を迎えて、「オランダ政府におけるデジタルツールを活用した働き方」をテーマとした講演会を開催した。

講演及び質疑応答では、オランダ政府における人材戦略、職員が自由に勤務する場所・時間・方法を選べるハイブリッド・ワークの推進状況と今後の展望、ハイブリッド・ワークを可能とするためのオフィス環境・テレワーク環境の工夫、デジタル人材の確保のためのブランディングの取組などが紹介された。

ウ　デンマーク

令和5年3月に、デンマーク公共財務管理庁から講演者を迎えて、「デンマーク政府におけるデジタルツールを活用した人事管理」をテーマとした講演会を開催した。

講演及び質疑応答では、採用、研修、勤務時間管理、従業員満足度調査などの様々な場面でデジタルツールの活用が進められていること、データを統一的に管理する統合システムを導入し、既存のシステムと連携することによりデータ管理の効率化が図られていることなどが紹介された。

第2部 公務組織の人材マネジメントにおけるデータやデジタルの活用の可能性

はじめに

　公務組織においては、近年、民間企業等との人材獲得競争がし烈になる中で国家公務員採用試験の申込者数は減少傾向にあり、若年層職員の退職者数が増加しているなど、人材の確保は極めて厳しい状況にある。また、公務組織に所属する職員一人一人の働き方に関する価値観やライフスタイルが多様化してきている。こうした状況下にあって、将来にわたって質の高い行政サービスを国民に提供し続けるためには、公務組織が内外の優秀な人材から選ばれる組織である必要があることは言うまでもなく、とりわけこれからの行政を担う若年層を公務組織にひきつけていくことが重要である。本報告では、そのために人事行政に求められることについて検討を深めることとした。

　具体的には、第一に、令和2年度「公務職場に関する意識調査」について、特に若年層職員の公務職場に対する問題意識を把握するため、自由記述欄の再分析を行った。第二に、民間企業従業員と比較した国家公務員の意識の特徴を把握する観点から、国家公務員500人、民間企業従業員500人を対象とした「働く人の意識に関するアンケート～企業と公務の比較～」を新たに実施した。第三に、日頃、若年層職員に接している各府省の人事担当部局へヒアリングを実施し、人事運営上の幅広い課題認識を確認した。

　これらの調査結果やヒアリングから把握した課題の中には、例えば業務量削減や業務効率化に関するものなど、人事院がこれまでも「公務員人事管理に関する報告」等において述べてきた内容もあり、これらについては引き続き不断の取組を推進することが必要である。

　一方で、詳細は本文において述べるが、今回の調査から、個々の職員の希望や事情に応じたきめ細かな人材マネジメントを行っていくことが今後の行政を担う若年層を公務組織にひきつける上で重要であることが示された。同時に、各府省へのヒアリングからは、多くの府省においてこの点の重要性を既に認識してはいるものの、現有の人事担当部局や管理職員の人員体制にはそれを実現できるだけの余裕がない実態が認められた。

　したがって、これからの公務組織にとって、個々の職員への配慮と効率性が両立した人材マネジメントを行うことが急務である。

　人事院は、この課題への対応に当たり、人材マネジメントにおいてもデータやデジタルを活用していくことが有効であると考える。そこで本報告では、民間企業や外国政府等におけるデータやデジタルの活用の先行事例を収集し、公務組織への活用に関する知見を得ることとした。

　本報告においては、第1章では公務組織をめぐる状況を概観し、第2章で「公務職場に関する意識調査」や新規に実施したアンケートの結果及び各府省人事担当部局に対するヒアリングの概要をまとめ、第3章で民間企業や外国政府等の人材マネジメントにおけるデータやデジタ

ルの活用の具体事例を紹介している。第4章では、それらの事例等を踏まえ、公務組織の人材マネジメントにおけるデータやデジタルの活用について、まず検討に着手すべき論点等を中心に取りまとめている。

　本報告を執筆するに当たり、アンケート調査に回答いただいた方々、ヒアリングに御協力いただいた各府省人事担当部局、民間企業、地方公共団体、外国政府の方々には感謝申し上げたい。

第1章 公務組織をめぐる状況

第1節 働き方をめぐる環境の多様化

　社会全体として、男性雇用者と無業の妻からなる世帯数が減少する一方で、雇用者の共働き世帯数が増加している（図1-1）。また、近年、一般職国家公務員について、男性の育児休業取得率は急速に増加し、直近のデータでは60％を超えているなど、育児をパートナーと分担しながら働くことが一般的になっている（図1-2）。令和4年版「男女共同参画白書」によれば、「昭和の時代、多く見られたサラリーマンの夫と専業主婦の妻と子供、または高齢の両親と同居している夫婦と子供という3世代同居は減少し、単独世帯が男女全年齢層で増加している。人生100年時代、結婚せずに独身でいる人、結婚後、離婚する人、離婚後、再婚する人、結婚（法律婚）という形を取らずに家族を持つ人、親と暮らす人、配偶者や親を看取った後ひとり暮らしをする人等、様々であり、一人ひとりの人生も長い歳月の中でさまざまな姿をたどっている。」とされ、個々人の生活の在り方は多様化している。

　近年、各府省においては、テレワークやフレックスタイム制の活用による柔軟な働き方も進展してきた。テレワークについては、新型コロナウイルス感染症の感染拡大に伴い普及し、内閣官房内閣人事局（以下「内閣人事局」という。）が国家公務員を対象に実施した「令和3年度働き方改革職員アンケート結果」（令和4年4月）によれば、アンケート回答者（本府省等職員）の約6割は月1回以上テレワークを実施している（図1-3）。

　また、フレックスタイム制については、平成28年4月1日に、フレックスタイム制を利用できる職員が原則全職員に拡充され、直近の利用状況は表1のとおりである（令和3年10月時点）。府省ごとにばらつきが見られるものの、積極的に活用が図られている府省もある。さらに、令和5年4月1日からは、人事院規則の改正により、1日の最短勤務時間やコアタイム、休憩時間等をより柔軟に設定することが可能となった。また、人事院が開催した「テレワーク等の柔軟な働き方に対応した勤務時間制度等の在り方に関する研究会」（座長：荒木尚志東京大学大学院法学政治学研究科教授）最終報告においても、選択的週休3日の対象職員の拡大や年次休暇の使用単位の見直し等が提言されており、今後、職員の働き方は更に柔軟なものとなっていくと考えられる。

　令和4年9月に人事院が公表した「総合職試験等からの新規採用職員に対するアンケート調査結果」によると、優秀な人材を確保するために必要な取組として「職場全体の超過勤務や深夜勤務の縮減を図る」（64.3％）、「フレックスタイム制やテレワークの活用等による働き方改革を推進する」（42.5％）を挙げており、ワーク・ライフ・バランスに対する意識の高まりや働き方に対するニーズの多様化が読み取れる（図1-4）。特にこれからの行政を担う若年層（40歳未満の層をいう。以下同じ。）の職員（以下「若年層職員」という。）を中心に、仕事だけではなく、妊娠、出産、育児、介護、社会活動、学び直し、余暇等自身の生活も重視する職員が今後更に増加すると考えられる。

　今後の公務組織においても、このように個々の職員のライフスタイル、ライフステージに応じた多様な働き方に対するニーズに対応していく必要がある。

図1-1　共働き等世帯数の年次推移

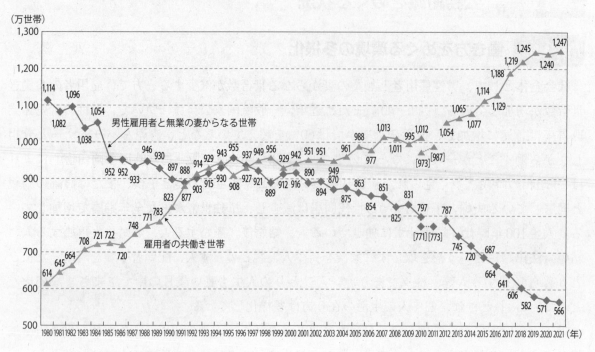

資料：1980〜2001年は総務省統計局「労働力調査特別調査」、2002年以降は総務省統計局「労働力調査（詳細集計）（年平均）」
（注）1　「男性雇用者と無業の妻からなる世帯」とは、2017年までは、夫が非農林業雇用者で、妻が非就業者（非労働力人口及び完全失業者）の世帯。2018年以降は、就業状態の分類区分の変更に伴い、夫が非農林業雇用者で、妻が非就業者（非労働力人口及び失業者）の世帯
　　　2　「雇用者の共働き世帯」とは、夫婦ともに非農林業雇用者の世帯
　　　3　2010年及び2011年の［　］内の実数は、岩手県、宮城県及び福島県を除く全国の結果
　　　4　「労働力調査特別調査」と「労働力調査（詳細集計）」とでは、調査方法、調査月などが相違することから、時系列比較には注意を要する。
出典：厚生労働省「令和4年版厚生労働白書」

図1-2　一般職国家公務員の育児休業取得率（常勤職員）

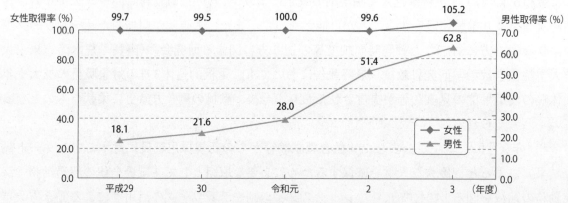

（注）　令和3年度の「取得率」は、令和3年度中に子が生まれた職員（育児休業の対象職員に限る）の数（a）に対する同年度中に新たに育児休業をした職員数（b）の割合（b/a）。（b）には、令和2年度以前に子が生まれたものの、当該年度には取得せずに、令和3年度になって新たに取得した職員が含まれるため、取得率が100%を超えることがある。
出典：人事院「仕事と家庭の両立支援関係制度の利用状況調査（令和3年度）」

図1-3　国家公務員のテレワーク実施率

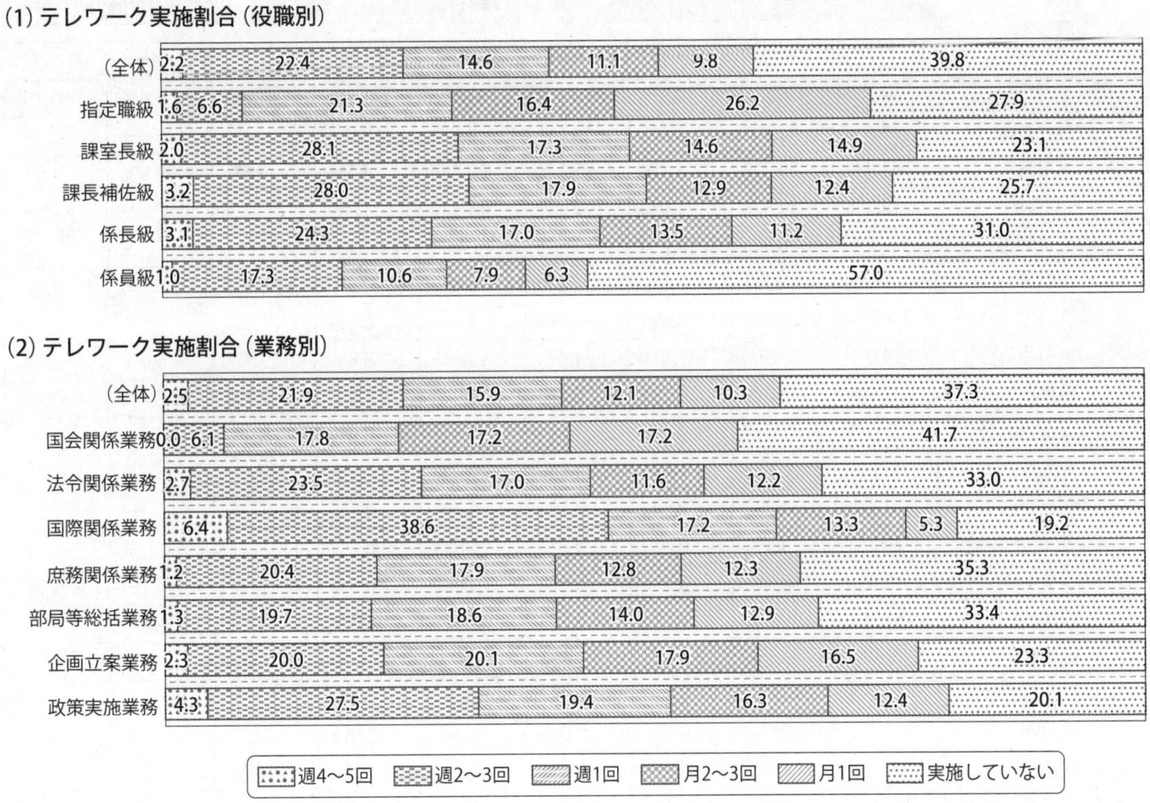

(1) テレワーク実施割合（役職別）

	週4～5回	週2～3回	週1回	月2～3回	月1回	実施していない
(全体)	2.2	22.4	14.6	11.1	9.8	39.8
指定職級	1.6　6.6	21.3	16.4	26.2		27.9
課室長級	2.0	28.1	17.3	14.6	14.9	23.1
課長補佐級	3.2	28.0	17.9	12.9	12.4	25.7
係長級	3.1	24.3	17.0	13.5	11.2	31.0
係員級	1.0	17.3	10.6	7.9	6.3	57.0

(2) テレワーク実施割合（業務別）

	週4～5回	週2～3回	週1回	月2～3回	月1回	実施していない
(全体)	2.5	21.9	15.9	12.1	10.3	37.3
国会関係業務	0.0　6.1	17.8	17.2	17.2		41.7
法令関係業務	2.7	23.5	17.0	11.6	12.2	33.0
国際関係業務	6.4	38.6	17.2	13.3	5.3	19.2
庶務関係業務	1.2	20.4	17.9	12.8	12.3	35.3
部局等総括業務	1.3	19.7	18.6	14.0	12.9	33.4
企画立案業務	2.3	20.0	20.1	17.9	16.5	23.3
政策実施業務	4.3	27.5	19.4	16.3	12.4	20.1

凡例：週4～5回　週2～3回　週1回　月2～3回　月1回　実施していない

(注)　1　回答者は本府省等に勤務する職員のみ
　　　2　主に従事している業務を回答。行政職俸給表（一）適用者で非管理職のみ回答
出典：内閣人事局「令和3年度働き方改革職員アンケート結果」を元に人事院作成

表1　一般職国家公務員のフレックスタイム制の利用状況調査結果

府省名	合計			本府省			本府省以外		
	計	一般	育・介	計	一般	育・介	計	一般	育・介
全体	7.7%	6.8%	0.9%	10.0%	8.3%	1.7%	7.2%	6.4%	0.7%
会計検査院	15.6%	12.8%	2.8%	15.6%	12.8%	2.8%	—	—	—
人事院	63.4%	59.7%	3.7%	65.1%	60.5%	4.6%	59.6%	57.9%	1.6%
内閣官房	12.2%	11.3%	1.0%	12.2%	11.3%	1.0%	—	—	—
内閣法制局	1.2%	0.0%	1.2%	1.2%	0.0%	1.2%	—	—	—
内閣府	8.5%	7.7%	0.8%	7.2%	6.4%	0.8%	10.8%	9.9%	0.9%
宮内庁	4.4%	4.1%	0.3%	4.8%	4.6%	0.1%	1.1%	0.0%	1.1%
公正取引委員会	59.0%	51.5%	7.5%	61.6%	52.8%	8.8%	49.4%	46.9%	2.5%
警察庁	1.9%	1.8%	0.1%	0.1%	0.0%	0.0%	2.9%	2.7%	0.2%
個人情報保護委員会	1.5%	1.5%	0.0%	1.5%	1.5%	0.0%	—	—	—
金融庁	72.5%	70.6%	1.9%	72.5%	70.6%	1.9%	—	—	—
消費者庁	7.2%	4.7%	2.5%	7.2%	4.7%	2.5%	—	—	—
カジノ管理委員会	24.8%	24.8%	0.0%	24.8%	24.8%	0.0%	—	—	—
デジタル庁	0.3%	0.0%	0.3%	0.3%	0.0%	0.3%	—	—	—
復興庁	61.5%	60.9%	0.7%	78.7%	77.8%	1.0%	24.7%	24.7%	0.0%
総務省	2.9%	2.1%	0.8%	2.6%	1.6%	1.0%	3.3%	2.7%	0.6%
公害等調整委員会	12.8%	12.8%	0.0%	12.8%	12.8%	0.0%	—	—	—
消防庁	0.0%	0.0%	0.0%	0.0%	0.0%	0.0%	0.0%	0.0%	0.0%
法務省	1.4%	1.2%	0.2%	0.3%	0.1%	0.1%	1.4%	1.2%	0.2%
出入国在留管理庁	1.3%	0.7%	0.6%	0.0%	0.0%	0.0%	1.5%	0.8%	0.7%
公安審査委員会	0.0%	0.0%	0.0%	0.0%	0.0%	0.0%	—	—	—
公安調査庁	1.3%	0.2%	1.1%	0.3%	0.0%	0.3%	1.6%	0.3%	1.3%
外務省	6.6%	4.2%	2.4%	6.3%	4.1%	2.3%	50.0%	25.0%	25.0%
財務省	16.6%	14.2%	2.4%	5.8%	4.8%	1.0%	18.3%	15.7%	2.7%
国税庁	5.6%	5.2%	0.4%	46.8%	46.4%	0.4%	4.8%	4.4%	0.4%
文部科学省 スポーツ庁 文化庁	3.1%	2.2%	1.0%	2.7%	1.6%	1.1%	7.7%	7.7%	0.0%
厚生労働省 中央労働委員会	3.8%	3.2%	0.5%	1.9%	1.0%	0.9%	4.1%	3.6%	0.5%
農林水産省	8.1%	6.9%	1.2%	1.5%	0.7%	0.8%	10.6%	9.2%	1.4%
林野庁	11.3%	10.1%	1.2%	0.8%	0.3%	0.5%	12.9%	11.5%	1.4%
水産庁	2.0%	1.1%	0.9%	2.0%	1.0%	1.0%	2.1%	1.4%	0.7%
経済産業省	5.7%	3.6%	2.1%	5.0%	2.5%	2.5%	6.7%	5.1%	1.5%
資源エネルギー庁	1.6%	0.7%	0.9%	1.6%	0.7%	0.9%	—	—	—
特許庁	22.3%	12.7%	9.6%	22.3%	12.7%	9.6%	—	—	—
中小企業庁	1.6%	1.6%	0.0%	1.6%	1.6%	0.0%	—	—	—
国土交通省	13.6%	12.5%	1.1%	4.3%	3.4%	0.8%	14.9%	13.8%	1.2%
観光庁	0.0%	0.0%	0.0%	0.0%	0.0%	0.0%	—	—	—
気象庁	12.0%	10.4%	1.5%	7.3%	4.9%	2.4%	14.3%	13.2%	1.1%
運輸安全委員会	9.4%	8.8%	0.6%	9.4%	8.8%	0.6%	—	—	—
海上保安庁	1.1%	0.6%	0.5%	0.9%	0.4%	0.4%	1.2%	0.6%	0.5%
環境省	7.6%	6.2%	1.4%	1.4%	0.1%	1.3%	12.8%	11.4%	1.4%
原子力規制委員会	3.9%	3.1%	0.8%	3.8%	2.9%	0.8%	6.7%	6.7%	0.0%
防衛省	0.0%	0.0%	0.0%	0.0%	0.0%	0.0%	—	—	—

（注）1　令和3年10月1日時点の常勤職員（育児短時間勤務職員等及び休職・休業中等の定員外職員を除く。）の状況を把握したもの
　　　2　外務省の在外公館については調査対象としていない。
　　　3　表頭の「育・介」とは、育児又は介護を行う職員を指す。
出典：テレワーク等の柔軟な働き方に対応した勤務時間制度等の在り方に関する研究会第3回資料

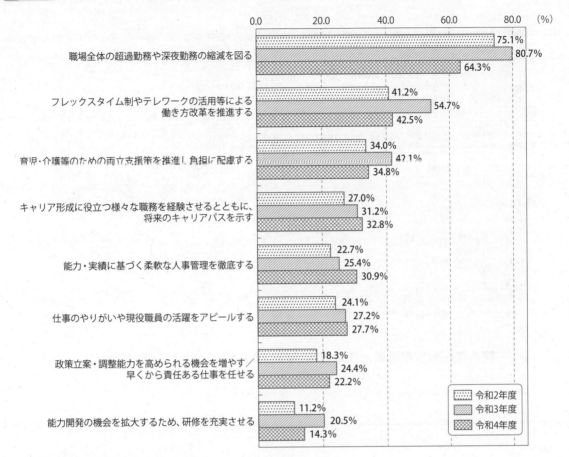

図1-4　公務の魅力向上及び優秀な人材の獲得につながると思われる取組

職場全体の超過勤務や深夜勤務の縮減を図る
- 75.1%
- 80.7%
- 64.3%

フレックスタイム制やテレワークの活用等による働き方改革を推進する
- 41.2%
- 54.7%
- 42.5%

育児・介護等のための両立支援策を推進し、負担に配慮する
- 34.0%
- 42.1%
- 34.8%

キャリア形成に役立つ様々な職務を経験させるとともに、将来のキャリアパスを示す
- 27.0%
- 31.2%
- 32.8%

能力・実績に基づく柔軟な人事管理を徹底する
- 22.7%
- 25.4%
- 30.9%

仕事のやりがいや現役職員の活躍をアピールする
- 24.1%
- 27.2%
- 27.7%

政策立案・調整能力を高められる機会を増やす／早くから責任ある仕事を任せる
- 18.3%
- 24.4%
- 22.2%

能力開発の機会を拡大するため、研修を充実させる
- 11.2%
- 20.5%
- 14.3%

凡例：令和2年度／令和3年度／令和4年度

（注）　調査対象者は、当該年度の初任行政研修を受講した職員。有効回答数は令和2年度634人、令和3年度698人、令和4年度650人
出典：人事院「総合職試験等からの新規採用職員に対するアンケート調査結果（令和4年9月）」

第2節　国家公務員における人材確保の状況

　国家公務員における人材確保の状況について、国家公務員採用試験の見直しを行った平成24年度以降の国家公務員採用試験の申込者数の推移を見ると、図1－5のとおり、総合職試験（院卒者試験・大卒程度試験）及び一般職試験（大卒程度試験）のいずれも減少傾向にある。

　また、採用後10年未満の職員の離職状況を見ると、図1－6－1のとおり、総合職試験採用職員の令和2年度の退職者数は平成25年度と比べ33人（43.4％）増加しており、在職年数別（採用後1年未満、3年未満、5年未満及び10年未満）の退職者数の推移を見ると、3年未満、5年未満及び10年未満の退職者数が増加している。採用年度別に在職年数別の退職率をみると、図1－6－2のとおり、5年未満退職率は平成25年度採用者の5.1％から平成28年度採用者は10.0％に増加するなど、若年層職員の退職者数・退職率は近年増加している。

　さらに、図1－7のとおり、内閣人事局が実施した「令和3年度働き方改革職員アンケート結果」によれば、数年以内の離職意向がある者は6％近くに上り、特に30歳未満において男性は13.5％、女性は11.4％となるなど、若年層において割合が高くなっている。

第1編　第2部　公務組織の人材マネジメントにおけるデータやデジタルの活用の可能性

図1-5　総合職試験及び一般職試験（大卒程度試験）の申込者数推移（平成24年度以降）

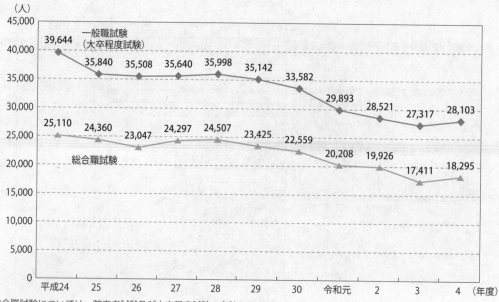

（注）　総合職試験については、院卒者試験及び大卒程度試験の合計である。

図1-6-1　総合職試験採用職員・採用後10年未満の在職年数別の退職者数

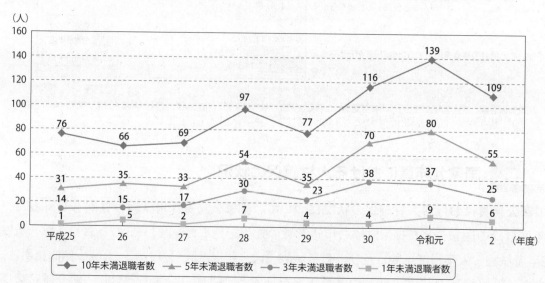

（注）1　調査の対象は、総合職試験採用職員（人事院が行う総合職採用試験からの採用者のみ。旧Ⅰ種試験名簿からの採用者を含む。）における令和3年3月31日までの状況
　　　2　採用後10年未満の退職者には、5年未満、3年未満及び1年未満の退職者を含む。
　　　3　在職年数別の採用後1年未満には、例えば、令和2年4月1日採用で令和3年3月31日に辞職した者を計上
出典：人事院「総合職試験採用職員の退職状況に関する調査」（令和4年5月）

図1-6-2　総合職試験採用職員・採用年度別・在職年数別の退職率

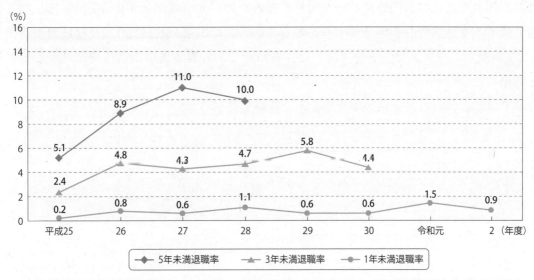

(注)　1　調査の対象は、総合職試験採用職員（人事院が行う総合職採用試験からの採用者のみ。旧Ⅰ種試験名簿からの採用者を含む。）における令和3年3月31日までの状況
　　　2　在職年数別の採用後1年未満には、例えば、令和2年4月1日採用で令和3年3月31日に辞職した者を計上
　　　3　5年未満退職率は、各採用年度の採用者数における5年未満退職者数の割合
　　　4　3年未満退職率は、各採用年度の採用者数における3年未満退職者数の割合
　　　5　退職率とは、各年度の採用者総数における令和3年3月31日までの退職者数の割合をいう。
出典：人事院「総合職試験採用職員の退職状況に関する調査」（令和4年5月）

図1-7　数年以内の離職意向

(1) 勤務継続意向（全体）

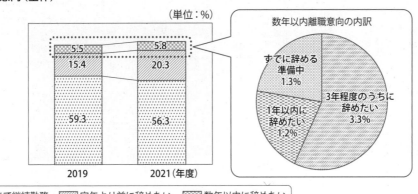

凡例：□ 定年まで継続勤務　▨ 定年より前に辞めたい　▦ 数年以内に辞めたい

(2) 数年以内の離職意向（年代別）

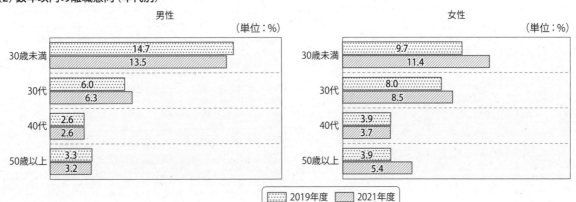

凡例：□ 2019年度　▨ 2021年度

(注)　「3年程度のうち/1年以内に辞めたい」「すぐに辞める準備中」の回答（非管理職のみ）
出典：内閣人事局「令和3年度働き方改革職員アンケート結果」を元に人事院作成

　このような状況を踏まえ、これからの行政を担う若年層を組織にひきつけて定着させていくための具体的な対応の方向性について知見を得るため、人事院が令和2年度に実施した「公務職場に関する意識調査」を再分析するとともに、新たに国家公務員500人及び民間企業従業員500人を対象としたアンケートを実施した。あわせて、各府省人事担当部局に対するヒアリングを実施した。

　次章では、これらの調査結果等を踏まえた考察を述べる。

第2章　選ばれる組織となるために

第1節　令和2年度「公務職場に関する意識調査」の再分析

　人事院は、令和3年2月、日本国内に勤務する各府省の一般職の国家公務員（常勤職員）約28万人を対象に「公務職場に関する意識調査」（以下「職員意識調査」という。）を行い（有効回答数：61,532人）、調査結果を令和2年度年次報告書第1編第2部において報告した。同報告書では、「公共に奉仕する職場風土」、「法令の理解・遵守」及び「ハラスメント防止」の領域については職員から肯定的な評価がなされている一方、「組織マネジメント」（特に同領域のうち「業務量に応じた人員配置」、「業務の効率化」及び「人事評価の能力伸長への活用」の質問項目）や「適正な業務負荷」の領域については職員、特に若年層職員において否定的な傾向が見られたことを報告した。

　本節では、職場に対する若年層職員の意識を具体的に把握し、課題を浮き彫りにする観点から、職員意識調査の質問項目のうち、「府省庁の職場満足度」（所属組織に対する満足の度合い）、「府省庁の職場推奨度」（所属組織を職場として推奨できる度合い）の評定が5段階評定（5：まったくその通り、4：どちらかといえばその通り、3：どちらともいえない、2：どちらかといえば違う、1：まったく違う）でいずれも2以下である回答者（以下「低評価グループ」という。）と、いずれも4以上である回答者（以下「高評価グループ」という。）に分類し、若年層職員による回答内容に着目して再分析を行った（若年層職員の回答者数：19,431人）。

　分析においては、中川・湯本・森（2003）[1]に基づき、専門用語自動抽出ツールを用いて、「府省庁の職場満足度」の評定理由及び「公務の課題」に関する自由記述式の設問への回答に出現する単語の出現頻度や連接頻度に基づいて単語の抽出を行った。さらに、抽出された単語が含まれる回答について、記載内容を実際に確認した上で、「府省庁の職場満足度」の評定理由や「公務の課題」の内容に直結している単語について順位付けを行い、低評価グループ・高評価グループ間での共通点や相違点を確認した。

1　「府省庁の職場満足度」の評定理由の分析

　若年層職員の低評価グループ、高評価グループごとに「府省庁の職場満足度」の評定理由に直結する単語を抽出した結果は表2−1のとおりであり、同表中に出現する単語の実際の記述内容の例は表2−2（低評価グループ）及び表2−3（高評価グループ）のとおりである（低評価グループの人数：1,099人、高評価グループの人数：946人）。

　低評価グループでは、「業務量（1）」、「残業（3）」、「仕事量（6）」、「超過勤務（8）」など業務量に関連する単語、「異動（2）」、「人事異動（7）」など人事異動に関連する単語のほか、「評価（5）」、「管理職（9）」などの単語が抽出された（括弧内の数字はグループ内の順位）。

　一方、高評価グループでは、「環境（2）」、「人間関係（3）」、「休暇（8）」、「職場環境（10）」など職場環境に関連する単語や「やりがい（4）」、「国民（6）」、「社会（7）」という単語が抽出された。

　また、業務内容に関連する単語は、低評価グループ（「業務内容（4）」）、高評価グループ

---

[1] 中川裕志、湯本紘彰、森辰則（2003）「出現頻度と連接頻度に基づく専門用語抽出」『自然言語処理』2003年10巻1号、pp.27-45

（「業務内容（1）」、「仕事内容（5）」、「内容（9）」）の両方で抽出されており、いずれのグループも業務内容に高い関心を持っていることがうかがえる。

表2-1　「府省庁の職場満足度」の評定理由に関する単語　上位10位

順位	低評価グループ	高評価グループ
1	業務量	業務内容
2	異動	環境
3	残業	人間関係
4	業務内容	やりがい
5	評価	仕事内容
6	仕事量	国民
7	人事異動	社会
8	超過勤務	休暇
9	管理職	内容
10	給与	職場環境

（注）関連する単語ごとに色分けしている。

表2-2　低評価グループによる「府省庁の職場満足度」の評定理由の主な記述内容の例

カテゴリ	主な記述内容例
業務量	業務量の増大に反した定員削減、残業を前提とした業務量、業務量の偏り
人事異動	人事異動に本人の希望が反映されない、キャリア形成に結び付かない異動、異動が多く専門性が育たない、能力がいかせない異動
業務内容	業務内容に誇りが持てない、業務内容に関心が持てない
評価	上司からの人事評価結果に不満
管理職	管理職のマネジメント能力不足、管理職の古い体質や考え方
給与	給与が業務量に見合っていない、給与水準が低い

表2-3　高評価グループによる「府省庁の職場満足度」の評定理由の主な記述内容の例

カテゴリ	主な記述内容例
業務内容	業務内容にやりがいを感じる、業務内容に関心がある、業務内容が成長につながる
職場環境	人間関係が良好で風通しが良い、休暇が取得しやすい、テレワークの推進によりワーク・ライフ・バランスが充実した環境
やりがい・国民・社会	国民の生活に直結する仕事でやりがいがある、社会への貢献や達成感を感じてやりがいがある

2　「公務の課題」の分析

　若年層職員の低評価グループ、高評価グループごとに「公務の課題」として記載されている単語を抽出した結果は表2－4のとおりであり、同表中に出現する単語の実際の記述内容の例は表2－5（低評価グループ・高評価グループに共通して抽出されたもの）及び表2－6（低評価グループ）のとおりである（低評価グループの人数：1,046人、高評価グループの人数：962人）。

　「評価（低1、高7）」、「人事評価（低5）」など人事評価に関連する単語、「業務量（低2、高2）」、「残業（低4、高6）」、「人員（低6、高9）」、「効率化（低10、高4）」、「超過勤務（高8）」

など業務量に関連する単語、「環境（低3、高1）」、「職場環境（高3）」など職場環境に関連する単語は低評価グループ、高評価グループに共通して抽出された（括弧内の「低」は低評価グループ、「高」は高評価グループを指す。）。

　また、低評価グループにおいては「管理職（7）」「人材（8）」「給与（9）」が抽出された。

表2-4　「公務の課題」に関する単語　上位10位

順位	低評価グループ	高評価グループ
1	評価	環境
2	業務量	業務量
3	環境	職場環境
4	残業	効率化
5	人事評価	国民
6	人員	残業
7	管理職	評価
8	人材	超過勤務
9	給与	人員
10	効率化	業務内容

（注）関連する単語ごとに色分けしている。

表2-5　低評価グループ・高評価グループに共通して抽出された「公務の課題」の主な記述内容の例

カテゴリ	主な記述内容例
人事評価	実力の高い人材の適切な評価、ルーティンワークなどの仕事が評価されないことに対する問題意識、人事評価の透明性や納得性の確保、評価者の評価能力の向上、部下が上司を評価する360度評価の導入
業務量	業務量に応じた人員の配置、業務配分の偏りの改善、業務効率化の促進、業務のスクラップ・アンド・ビルド、上司による部下の業務量の把握とコントロール
職場環境	上司や同僚とのコミュニケーションを円滑に行える環境、若手の意見が反映される環境、失敗を恐れずに挑戦できる環境、ワーク・ライフ・バランスを実現できる環境、IT環境や施設・設備などの職場環境の整備

表2-6　低評価グループによる「公務の課題」の主な記述内容の例

カテゴリ	主な記述内容例
管理職	管理職のパワハラの撲滅、業務管理や評価における管理職のマネジメント能力の向上、業務効率化やワーク・ライフ・バランスの推進など管理職の意識改革、管理職を対象にした研修の充実、きめ細やかな人事評価やマネジメント等が求められ管理職の業務量が増大
人材	優秀な人材の確保と育成、人材の定着促進、多様な人材の確保、人材の流動性、専門人材の登用、人材を大切にする風潮が希薄、公務員として求められる能力を明確にした上での人材配置
給与	業務量に見合った給与の支給、残業代の支給、給与水準の引上げ・手当の拡充

【コラム】世代で見る意識

　若年層職員と40歳以上職員との意識の違いを確認することを目的として、職員意識調査における40歳以上職員の低評価グループの「公務の課題」の再分析を行い、若年層職員の低評価グループと結果を比較した（40歳以上職員の低評価グループの人数：1,443人）。結果は、表2-7のとおりである。

表2-7　「公務の課題」に関する単語　上位10位
（若年層・40歳以上それぞれの低評価グループ）

順位	若年層	40歳以上
1	評価	評価
2	業務量	人事評価
3	環境	人事
4	残業	環境
5	人事評価	管理職
6	人員	業務量
7	管理職	人員
8	人材	職場環境
9	給与	国民
10	効率化	人事異動

（注）関連する単語ごとに色分けしている。

　「公務の課題」に関する自由記述式の設問への回答において、抽出された単語は、40歳以上職員では若年層職員と比べて主に次のような違いがある。
　・「業務量」という単語の順位が低くなり、「残業」、「効率化」という単語が10位以内に出現しなくなる。
　・「給与」という単語は10位以内に出現しなくなる。
　・「国民」という単語が10位以内に出現する。
　・「人事」、「人事異動」という単語が10位以内に出現する。
　以上から、若年層職員と40歳以上職員を比較すると、若年層職員では「残業」、「給与」という単語が出現しており、自身の日々の勤務状況や待遇に対してより関心が強いこと、一方、40歳以上職員では「国民」という単語が出現しており、自身の仕事と国民とのつながりをより意識していることがうかがえる。
　40歳以上職員では「人事」、「人事異動」という単語が出現する。自由記述欄を確認したところ、これらの単語と併せて「転居」、「転勤」、「広域異動」という単語も用いられていたことも踏まえると、40歳以上職員は、特に転居を伴う人事異動に対して課題意識を有していることが推測される。
　また、若年層職員、40歳以上職員いずれにおいても「評価」や「管理職」という単語が抽出されたことに着目すると、年代にかかわらず、管理職員のマネジメント能力について課題意識を有していることがうかがえる。

第2節　「働く人の意識に関するアンケート〜企業と公務の比較〜」の実施

　令和5年3月、国家公務員500人、民間企業従業員500人を対象として「働く人の意識に関するアンケート〜企業と公務の比較〜」（以下「意識比較アンケート」という。）を実施し、職場や仕事に対する意識について国家公務員と民間企業従業員との比較等を行った。

1　調査方法

・調査実施期間は、令和5年3月2日から3月6日までとした。

・専用のウェブサイト上で回答する方法とし、回答は無記名によることとした。

・各設問に対し、回答者の状況や考えに最も当てはまるものを複数の選択肢から一つ選択する方式とした。

※割合については、小数第2位を四捨五入しているため、内訳の合計が100.0とならない場合がある。

2　回答者属性（性別、年齢、勤務地）

　回答者の属性別の内訳は、図2-1から図2-3のとおりである。

　民間企業従業員については、企業規模による傾向の違いも把握するため、回答者が所属する企業全体の従業員数（「50人未満」から「5000人以上」までの5区分）ごとの内訳を示した。

図2-1　回答者の性別

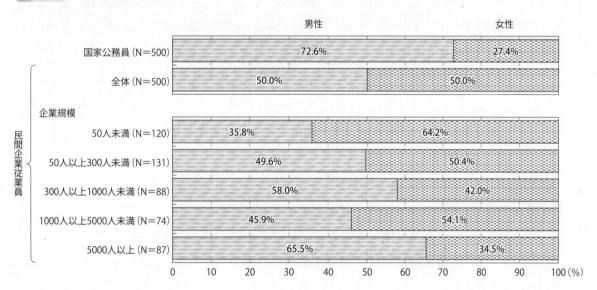

第1編

第2部

公務組織の人材マネジメントにおけるデータやデジタルの活用の可能性

図2-2　回答者の年齢層

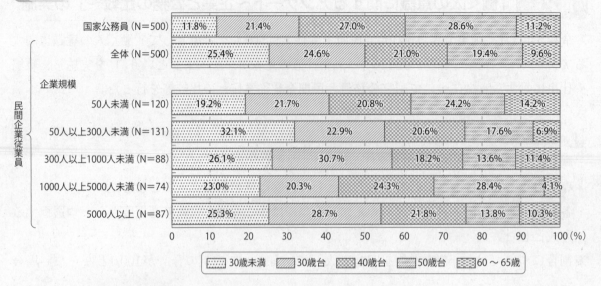

図2-3　回答者の勤務地

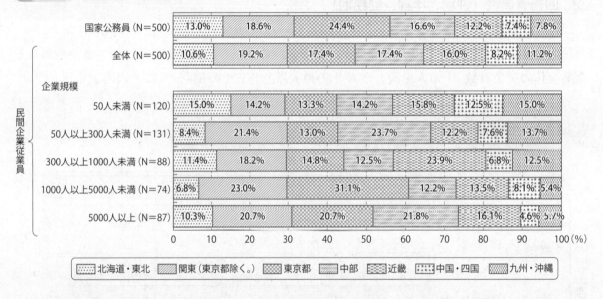

3　調査結果

（1）「職場満足度」と「職場推奨度」の状況

　　職場満足度を問う設問（問：あなたは、いまの職場で働くことに満足している。）への
回答において、国家公務員と民間企業従業員との間で大きな違いは見られなかった（図2
－4）。

図2-4　「あなたは、いまの職場で働くことに満足している。」という質問への回答状況

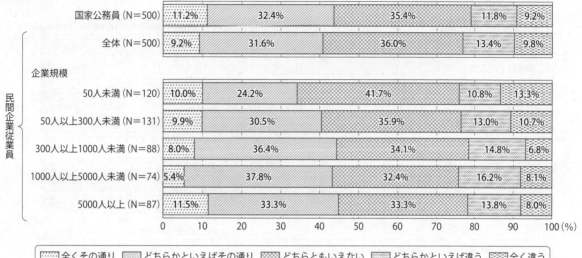

職場推奨度を問う設問（問：あなたは、現在の職場を親しい友人や知人に勧めたいと思う。）への回答において、民間企業従業員は、企業規模が大きいほど、肯定的回答（「全くその通り」又は「どちらかといえばその通り」をいう。以下同じ。）の割合が高い傾向が見られた。国家公務員は、従業員300人以上の企業に所属する民間企業従業員と比べると、肯定的回答の割合が低かった（図2-5-1）。

また、年齢層別で比べると、民間企業従業員は、おおむね高い年齢層ほど、肯定的回答の割合が低く、否定的回答（「全く違う」又は「どちらかといえば違う」をいう。以下同じ。）の割合が高い傾向が見られた。一方、国家公務員では、40歳台までは高い年齢層ほど、肯定的回答の割合が低く、否定的回答の割合は高かった（図2-5-2）。

図2-5-1　「あなたは、現在の職場を親しい友人や知人に勧めたいと思う。」という質問への回答状況

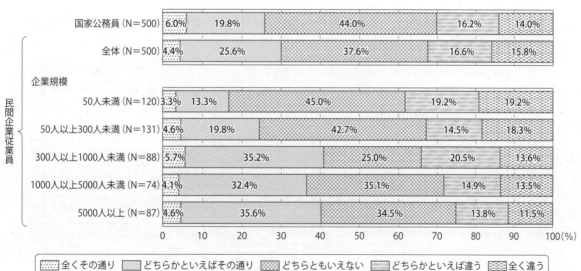

図2-5-2　「あなたは、現在の職場を親しい友人や知人に勧めたいと思う。」という質問への回答状況（年齢層別）

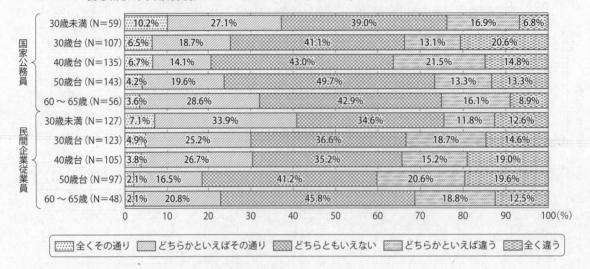

凡例：全くその通り　どちらかといえばその通り　どちらともいえない　どちらかといえば違う　全く違う

（2）「業務量」、「人事異動」及び「人事評価」に関連する項目

　　前節で述べた職員意識調査の再分析結果において、若年層職員の低評価グループでは、「業務量」、「人事異動」、「評価（人事評価）」という単語が「府省庁の職場満足度」の評定理由に関する自由記述欄に多く見られた。これらに関連する項目についての調査結果は以下のとおりである。

ア　業務効率化と人員配置への評価

　　業務効率化への評価を問う設問（問：あなたの職場では、業務効率化の取組みが積極的に行われている。）への回答において、民間企業従業員は、おおむね、企業規模が大きいほど、肯定的回答の割合が高く、否定的回答の割合が低い傾向が見られた。国家公務員は、従業員300人以上の企業に所属する民間企業従業員と比べると、肯定的回答の割合が低かった（図2－6）。

図2-6　「あなたの職場では、業務効率化の取組みが積極的に行われている。」という質問への回答状況

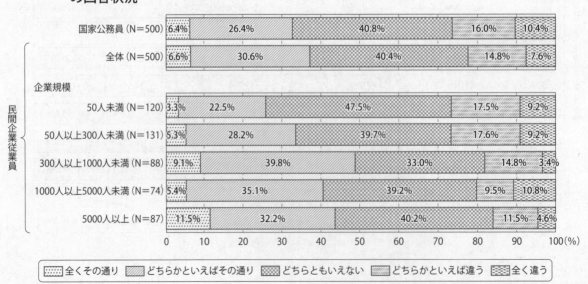

凡例：全くその通り　どちらかといえばその通り　どちらともいえない　どちらかといえば違う　全く違う

　　人員配置への評価を問う設問（問：あなたの職場では、適切な人員配置が行われている。）への回答において、民間企業従業員は、企業規模により回答に大きな違いは見られなかった。国家公務員は、民間企業従業員と比べ、肯定的回答の割合が低く、否定的回答の割合が高い結果となった（図2-7-1）。

　　また、年齢層別で比べると、国家公務員は、40歳台までの否定的回答の割合がそれぞれの同年齢層の民間企業従業員より高かった（図2-7-2）。

図2-7-1　「あなたの職場では、適切な人員配置が行われている。」という質問への回答状況

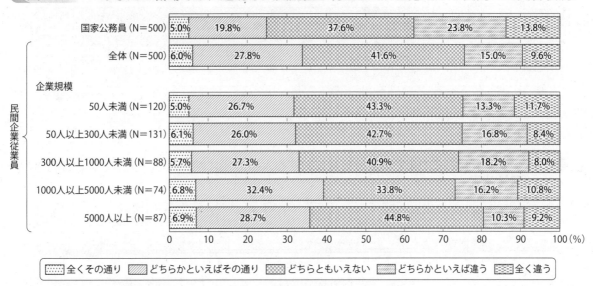

図2-7-2　「あなたの職場では、適切な人員配置が行われている。」という質問への回答状況
　　　　　（年齢層別）

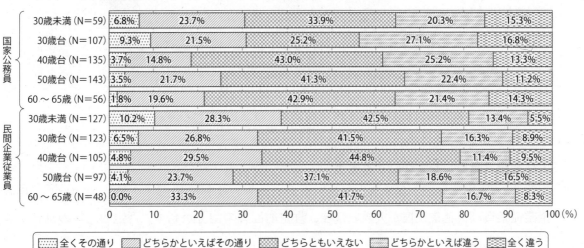

イ　人事異動と人事評価に対する納得感

　　人事異動への納得感を問う設問（問：あなたは、これまでの自分自身の人事異動に納得している。）と人事評価への納得感を問う設問（問：あなたは、これまでの自分自身に対する人事評価に納得している。）への回答において、いずれも国家公務員と民間企業従業員との間に大きな違いは見られなかった。なお、従業員5000人以上の企業に所属する民間企業従業員は、いずれの質問においても肯定的回答の割合が約5割となっていた（図2-8、2-9）。

図2-8　「あなたは、これまでの自分自身の人事異動に納得している。」という質問への回答状況

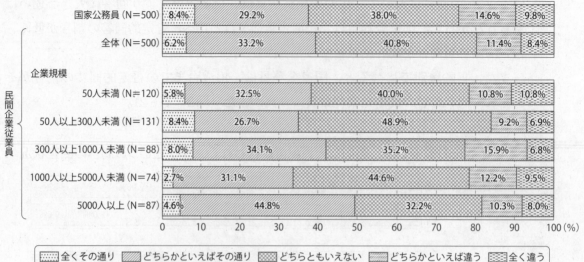

図2-9　「あなたは、これまでの自分自身に対する人事評価に納得している。」という質問への回答状況

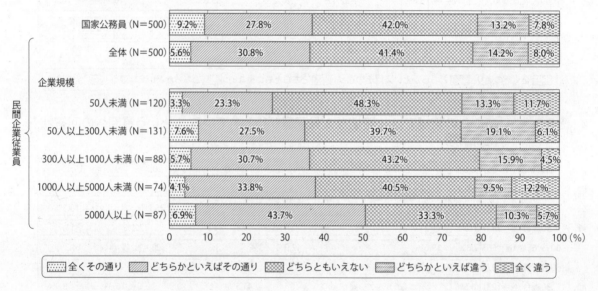

（3）従業員（職員）を大切にする風土

　「あなたの職場では、従業員（職員）を大切にする風土がある。」という問に対し、民間企業従業員は、企業規模が大きいほど、肯定的回答の割合が高く、否定的回答の割合が低い傾向が見られた。

　従業員5000人以上の企業に所属する民間企業従業員は、肯定的回答の割合が国家公務員と比べ高く、否定的回答の割合は国家公務員よりも大幅に低かった（図2－10－1）。

　また、年齢層別で比べると、肯定的回答の割合について、40歳台以外の年齢層においては、国家公務員と民間企業従業員との間で大きな傾向の違いは見られなかったが、否定的回答の割合については、国家公務員と民間企業従業員のいずれにおいても、年齢層によるばらつきがあり、割合が最も高くなる年齢層は、国家公務員が30歳台であるのに対し、民間企業従業員は50歳台であった（図2－10－2）。

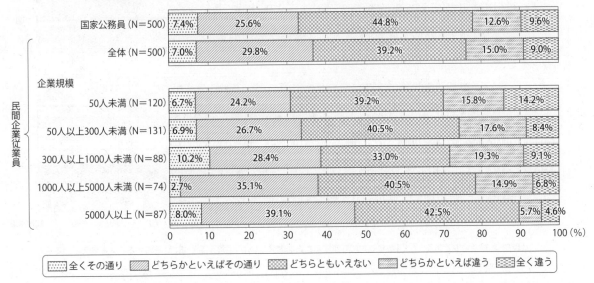

図2-10-1　「あなたの職場では、従業員（職員）を大切にする風土がある。」という質問への
回答状況

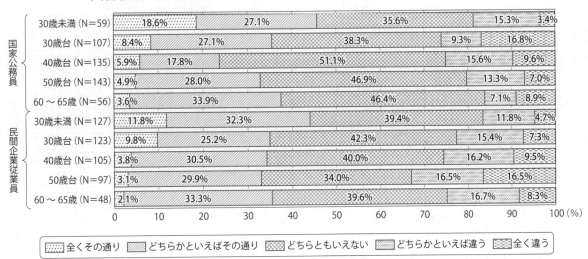

図2-10-2　「あなたの職場では、従業員（職員）を大切にする風土がある。」という質問への
回答状況（年齢層別）

（4）転職意向

転職意向に関する設問（問：「あなた自身は、今後、転職することを考えていますか。」）への回答において、民間企業従業員は、企業規模により、転職意向がある者（「現在、転職活動中である」、「数年以内に転職することを考えている」又は「将来的には転職することを考えている」と回答した者をいう。以下同じ。）の割合に一定の傾向は見られないが、「全く考えていない」と回答した者の割合は、従業員数が1000人以上の企業では比較的高く、約4割であった。国家公務員では、「全く考えていない」と回答した者の割合は45%を超えていた（図2−11−1）。

転職意向がある者の割合は、民間企業従業員の方が年齢層による差が大きく、より若い層が積極的に転職を志向している。国家公務員の転職意向がある者の割合は、30歳台以下、60〜65歳で大きくなる。一方、国家公務員と民間企業従業員のいずれも、高い年齢層ほど、転職を「全く考えていない」と回答した者の割合が高い傾向があり、転職意向に係る意識は年齢層間で差がある（図2−11−2）。

第1編

第2部

公務組織の人材マネジメントにおけるデータやデジタルの活用の可能性

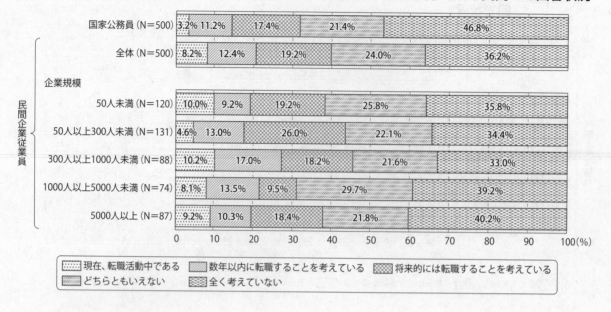

図2-11-1　「あなた自身は、今後、転職することを考えていますか。」という質問への回答状況

図2-11-2　「あなた自身は、今後、転職することを考えていますか。」という質問への回答状況（年齢層別）

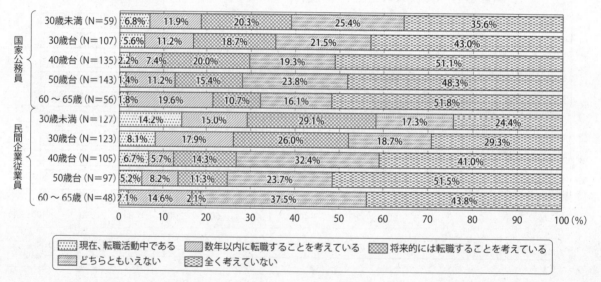

（5）働く上で重要視するもの

　「働くうえで、自分にとって最も重要と感じること」として八つの選択肢から一つを選ぶ質問に対する回答状況について、回答者全員を母集団とした結果と、転職意向に関する設問において「現在、転職活動中である」、「数年以内に転職することを考えている」及び「将来的には転職することを考えている」と回答した者をそれぞれ母集団とした結果との比較を行った。

　国家公務員、民間企業従業員のいずれも、「現在、転職活動中である」及び「数年以内に転職することを考えている」と回答した者をそれぞれ母集団とした結果は、全員を母集団とした結果と比較して、「自分の知識・スキルの専門性を高め、活用できること」を選択した者の割合が高く、「経済的な安定」と「ワーク・ライフ・バランス」を選択した者の割合は低くなった（図2－12）。

　また、「将来的には転職することを考えている」者は、回答者全員を母集団とした結果

に近い傾向を示した。そのため、以下（6）及び（7）の項目については、特に転職意向が強い者の意識の違いを明らかにするため、回答者全員を母集団とする結果と、「現在、転職活動中である」又は「数年以内に転職することを考えている」と回答した者（以下「積極的な転職意向がある者」という。）に限定した結果を比較した。

図2-12　「働くうえで、自分にとって最も重要と感じること」という質問への回答状況

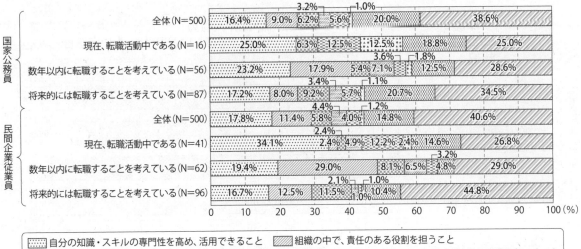

（6）スキルの保有状況の組織内での共有

　「あなたは、業務に関する知識・スキルの保有状況を組織内で共有・公開したいと思う。」という問に対して、回答者全員を母集団とした結果で国家公務員と民間企業従業員を比較すると、両者の回答はほぼ同じ傾向を示した。積極的な転職意向がある者に限定した結果では、国家公務員と民間企業従業員のいずれも、スキルの保有状況の組織内での共有について、肯定的回答の割合が高かった（図2-13）。

図2-13　「あなたは、業務に関する知識・スキルの保有状況を組織内で共有・公開したいと思う。」という質問への回答状況

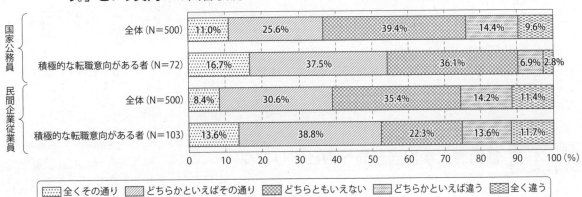

（7）上司や人事担当者からの支援

　「あなたは、上司や人事担当者には、従業員（職員）一人一人のキャリア志向、成した

成果などについて、もっと丁寧に向き合ってほしいと思う。」という問に対して、国家公務員、民間企業従業員のいずれも、積極的な転職意向がある者は、回答者全員を母集団とした場合と比較して、肯定的回答の割合が高く、特に、「全くその通り」と回答した者の割合が高かった（図2－14－1）。

　年齢層別に比較すると、国家公務員、民間企業従業員のいずれも、低い年齢層ほど、肯定的回答の割合が高い傾向にあり、30歳未満では約5割であった（図2－14－2）。

図2-14-1　「あなたは、上司や人事担当者には、従業員（職員）一人一人のキャリア志向、成した成果などについて、もっと丁寧に向き合ってほしいと思う。」という質問への回答状況

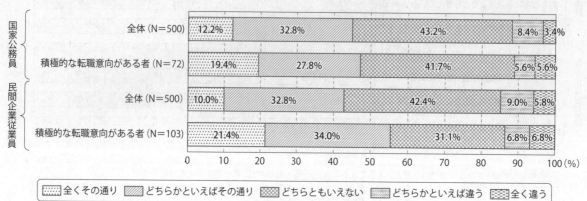

図2-14-2　「あなたは、上司や人事担当者には、従業員（職員）一人一人のキャリア志向、成した成果などについて、もっと丁寧に向き合ってほしいと思う。」という質問への回答状況（年齢層別）

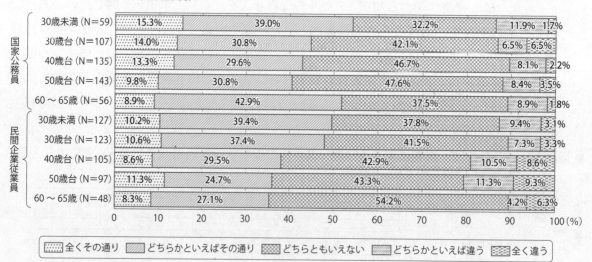

第3節　各府省人事担当部局へのヒアリング

　令和5年2月～3月にかけて、12府省庁の人事担当部局の担当者を対象に、個別にヒアリングを実施した。ヒアリングでは、職員（とりわけ若年層職員）の働き方に対する価値観の変化や、その変化を踏まえた人事管理上の取組等を中心に確認した。

　ヒアリングを通じて確認できた内容は以下のとおりである。

1　若年層職員の働き方に対する価値観の変化等に関すること

　　人事担当部局として、特に若年層職員の働き方を取り巻く状況全般について特徴的な変化を認識しているか、また、認識している場合は、人事担当部局としてその変化をどのように受け止めているか等を確認した。各府省から得られた主なコメントは以下のとおりである。

○　自身のキャリアに関して「こういう経験を積み、将来こういうことをしたい」というような主体的・積極的な意識が強くなっているように感じる。自身のキャリアパスが不明瞭であることに不安を感じる職員もいる。

○　今や共働きを行うことが当然であり、パートナーと育児等を分担する働き方を前提とした人事運営をしていく必要がある。

○　周囲が自分をしっかりと見てくれていることを実感するとモチベーションが上がる傾向が強いように感じる。

○　コミュニケーションが不十分であるとパフォーマンスに影響が出てくると感じる。どんな内容でも話し合えることが重要ではないか。

○　従前のままの人事管理では、離職やモチベーションの低下が進むと思っており、個に寄り添ったきめ細かな対応が重要と考えている。

2　若年層職員の働き方に対する価値観の変化等を踏まえて実施している取組

　　上記1の職員の働き方に対する価値観の変化等を踏まえて、各府省において近年実施している人事管理上の取組をヒアリングした。その結果、例えば、面談の機会を増やしたり、人事異動に際して職員一人一人の異動理由・異動の狙いを説明したりする等、いずれの府省においても、何らかの方法により、職員個別の状況に合わせた、よりきめ細かな対応を行っていることが分かった。各府省で実施している主な取組は以下のとおりである。

○　人事担当部局として、職員に寄り添い伴走しようという丁寧さの結果として、対面の面談を実施する機会を増やしている。

○　これまで人事担当部局を信頼できずに退職する者がいたことに危機感を覚え、最近は職員にとって何でも相談できる部署となるよう努めており、面談回数を増やしている。

○　1 on 1ミーティングに最近力を入れている。その実施方法も職員任せにするのではなく、管理職員全員にオンライン研修を受講させている。

○　折に触れてキャリアパスに関する情報を職員に提供することで、職員自身及び家庭の将来の姿をイメージしてもらうようにしている。また、採用年次による画一的な人事運用を改め、本人の事情も考慮した柔軟な対応を行うようにしている。

○　身上調書の記載に当たり、実際の業務が分かりにくい部署があるという若年層職員からの声に応えて、部署や係単位で、記載程度の差はあるが、最近の具体的な業務内容、業務に役立つスキル・経験などを紹介する取組を始めた。その結果、職員からは、部署や係の具体的なイメージを把握することができ、異動希望が書きやすくなったという声が得られた。

第1編

第2部

公務組織の人材マネジメントにおけるデータやデジタルの活用の可能性

○　新規ポストの設置や業務内容の拡大や変更が続き、職員に任せたい業務もそれに応じて変化するので、メンバーシップ型雇用が馴染みやすい。職員に対しては、キャリアパス全体を通した情報提供をするようにしている。

○　異動の理由や異動に伴う期待について、職員全員ではないが、職員の状況を踏まえて必要に応じて伝える取組を始めた。その結果、低調だった高齢職員のパフォーマンスが向上するなど一定の効果を感じている。

○　異動先が職員の希望と異なることもあるが、その際は、将来を見据えた異動であることや、今回の異動で期待することなどを個別に伝えるようにしている。職員としても、次があるので頑張ろうという気持ちになる。直近の異動だけではなく、ライフイベントも含めた将来のイメージを持たせることが重要と考えている。

○　職員全員に異動理由を伝える取組を行っている。今まで培ってきた経験、次のポストでの仕事上の期待、これまでの経験と今後の経験を合わせた将来の期待の3点を伝えている。職員からは好評であるが、人事担当部局は大変な労力を要する。しかし、やりがいは異動と密接につながっており、重要視しなければならない。

　　あわせて、上記の取組を行っていく上で、各府省は以下のような課題を認識していることを確認できた。

○　職員の人事情報のデータが人事業務のプロセス等に応じて別々に保存・管理されており、確認・検索することが大変である。人事案を考えるに当たり、機械的に処理できるところはシステムで行うことができればよいと考えている。

○　データやデジタルの活用を進めていくこと自体は良いことだと思う。一方で、システムの導入によって、人事管理において得られる実質的な効果の見通しがなければ意味がないと考えている。

○　コロナ禍以前と比べてコミュニケーションの機会が減り、上司・部下の関係が希薄になっていることもあり、モチベーションを維持したり、キャリアパスのビジョンを描いたりすることが難しい者もいると思われる。

○　人事担当部局の人員を増やす必要がある。職員一人一人へのきめ細やかな対応を持続的に運営していくためには、日々の業務にいかに組み込むかが重要である。また、必要がない業務を効率化していくことも重要である。

第4節　調査やヒアリングから見えてきた課題と対応の方向性

　本節では、第1節から第3節にかけて示してきた内容を整理した上で、とりわけこれからの行政を担う若年層を公務組織にひきつけて定着させていくための公務組織の人事運営上の課題と対応の方向性について述べる。

1　調査等から明らかになった事実

（1）業務量、人事異動及び人事評価に対する職員の意識

　職員意識調査の再分析の結果、自らの職場を低く評価した若年層職員は、業務量に応じた人員の配置などの業務管理と評価やキャリア形成などの人材マネジメントに改善の余地があるとより強く捉えていることがうかがえた。

　また、意識比較アンケートでは、特に人員配置についての評価が、民間企業と比べ、肯定的回答の割合が低く、否定的回答の割合が高かった。

（2）積極的な転職意向がある者が重要視するもの

　意識比較アンケートによれば、積極的な転職意向がある若年層が働く上で重要視しているものは国家公務員と民間企業従業員との間で傾向に大きな差はなく、「自分の知識・スキルの専門性を高め、活用できること」と回答する者の割合が高く、「経済的な安定」、「ワーク・ライフ・バランス」と回答する者の割合は低かった。

（3）キャリア形成における人事担当部局や管理職員からの支援に対するニーズ

　若年層について、意識比較アンケートにおける「あなたは、上司や人事担当者には、従業員（職員）一人一人のキャリア志向、成した成果などについて、もっと丁寧に向き合ってほしいと思う」という質問への回答傾向は、国家公務員と民間企業従業員とで大きな違いはなかった。いずれも若年層ほど肯定的回答の割合が高くなり、30歳未満では肯定的回答の割合が約5割であった。また、「あなたの職場では、従業員（職員）を大切にする風土がある」という質問への否定的回答の割合は、国家公務員については、30歳台が最も高くなった。

　さらに、各府省の人事担当部局に対し実施したヒアリングにおいて、いくつかの府省から、若年層職員は、自身のキャリア形成に主体的・積極的な意識を持つ傾向が強くなっている、自身のキャリアパスが不明瞭であることに不安を感じる職員もいる、また、周囲が自分をしっかりと見てくれていることを実感するとモチベーションが上がる傾向が強いように感じる等の声があった。

2　公務組織の人事運営に求められる方向性

（1）職員個別の状況を踏まえたきめ細かい人材マネジメントの必要性

　意識比較アンケートの結果を見ると、積極的な転職意向がある者は、自身の知識・スキルを高めることを重要視していることから、彼らに対しては、本人のスキル向上等、能力開発の支援というアプローチが人材流出防止の有効打となる可能性があると考えられ、その前提として一人一人のキャリアへの志向等を把握することが有効である。また、同じく意識比較アンケートから、若年層ほど上司や人事担当者には、職員一人一人のキャリア志向、成果などについて、もっと丁寧に向き合ってほしいと思っていることが読み取れる。伸長させるべき能力、その方法等について上司が自分と一緒になって考える時間を取り、支援してほしいと感じているものと考えられる。

　調査等の結果から、人事担当部局や管理職員など人材マネジメントを行う者に対しては、職員（部下）との日常的なコミュニケーションのほか、評価面談や1on1ミーティング等の様々な接点を活用して、職員一人一人のキャリア志向や働き方に対する考え方を把握するとともに、人事異動や人事評価の際には、その根拠や更なる成長のために期待する

ことについて丁寧に説明・助言するなどのきめ細かい行動がより一層求められているものと考えられる。

実際、各府省に対するヒアリング結果からも見られるように、多くの府省では、職員一人一人の短期的・中長期的なキャリア志向を面談で把握したり、人事異動時に当該異動の趣旨・背景について対象者一人一人に対して詳しく説明したりする等、きめ細かい人材マネジメントにつながる取組を実践し始めている。

（2）効率的な人材マネジメントの必要性

各府省の人事担当部局や管理職員の人員には限りがあり、上記（1）のような施策を十分に実施するのは難しいのが現状である。そのため、人材マネジメントに当たる人員体制の増強や一層の業務効率化への取組を引き続き実施することに加えて、公務組織の人材マネジメントを効率的に実施できるよう変革していくことが急務である。

職員個別の状況を踏まえたきめ細かい人材マネジメントを効率的に行うための基礎として、職員に関する様々な情報（例えば、過去の職務経験、当該職務経験を通して得られた知識・スキルの保有状況、短期的・中長期的なキャリア志向、評価期間中の評価事実、評価面談や1 on 1ミーティング等で話された内容など）を蓄積し、職員本人と管理職員や人事担当部局が、職員のキャリア形成や育成等にそのデータを活用することができる状態にすることは有益である。さらに、幹部職員や管理職員が自らの組織の課題を客観的に把握できるようにすることも、当該組織に所属する職員個々人へのきめ細かなマネジメントを行う上で重要である。

各府省ヒアリングにおいて、一部の府省からは、人事情報の確認・検索に労力がかかるという声があったことからも、上記のようなデータの更なる活用を進めるに当たっては、それらのデータが集約され、必要な情報を即時に取り出せる状況としておくことが望ましい。そのためには、いわゆるタレントマネジメントシステム[2]等、デジタルを活用することは有効であると考えられる。

次章では、そのような観点から人材マネジメントにおいてデータやデジタルを活用している民間企業や外国政府等の事例を紹介する。

---

[2] 人材の採用、選抜、適材適所、リーダーの育成・開発、評価、報酬、後継者養成などの人材マネジメントのプロセスを支援するシステムを指す。
（出典）（一社）日本情報システム・ユーザー協会「企業IT動向調査報告書2018」（2017年）

第3章　民間企業、外国政府等の事例から学ぶ

　令和5年2月から3月にかけて、人材マネジメントにおけるデータやデジタルの活用に関する取組を進めている民間企業、地方公共団体、外国政府に対し、聞き取り調査を行った。以下のとおり、主な取組事例を紹介する。

第1節　民間企業等の事例

　まず、民間企業、地方公共団体における事例を取り上げる。人材マネジメントにおけるデータやデジタルの活用の趣旨は、ここまで述べてきた課題認識と重なる内容が多く、人材マネジメントを従業員個別の状況を踏まえたきめ細かいものとしつつ、効率性も確保できるものへと変革していくという対応の方向性についても共通しているケースが多く見られた。本報告では、特に以下の取組を紹介する。

> ・　株式会社サイバーエージェント（東京都渋谷区）：従業員のコンディション把握のためのサーベイ、人事関連データ整備・活用の専門組織設置の取組
> ・　日本電気株式会社（東京都港区）：スキルの可視化と育成への活用、組織課題把握のためのサーベイ、健康維持・増進へのデータやデジタルの活用の取組
> ・　旭化成株式会社（東京都千代田区）：タレントマネジメントシステムによる情報の一元管理と活用、サーベイを活用した組織開発の取組
> ・　株式会社ベネッセコーポレーション（岡山県岡山市）：システムを活用した評価・学習・キャリア開発の連動強化の取組
> ・　富士通株式会社（東京都港区）：ポジションに求められる要件の可視化と育成・キャリア開発への活用、サーベイを活用した組織開発、従業員の健康状態の可視化の取組
> ・　長野県塩尻市：職員データの整備と人事評価との紐付けに向けた取組

1　株式会社サイバーエージェント（東京都渋谷区）（従業員のコンディション把握のためのサーベイ、人事関連データ整備・活用の専門組織設置の取組）

（1）従業員のコンディション把握のためのサーベイの取組

　株式会社サイバーエージェントでは、従業員数の増大に伴い、全ての従業員のコンディションの把握が困難になってきたという課題感から、調査（サーベイ）を行うシステムを平成25年に自社開発した。以降、現在に至るまで、毎月1回、全従業員に対してサーベイが実施されており、継続的にほとんどの従業員から回答を集めている。

　サーベイは3問の質問と自由記載欄への回答で構成されており、3問のうち2問は自分のコンディションとチームのコンディションを直感的に5段階で回答する設問としている（この2問は毎回固定）。残り1問はその時々で重要と思われる事項に関する設問としている（例えば期首の時期には、「前半期、チームに対する貢献実感はあるか」という設問を入れる等）。率直な回答を得る観点から、回答結果は上司には共有しないこととしている。

　従業員一人一人やチームのコンディションを把握することにフォーカスしていること、

また、コンディションは短いスパンで上下すること等を踏まえ、同社では、例えば年1回で時間をかけて数十問のサーベイに取り組むのではなく、短時間で済むサーベイを高頻度で行うこととした（同社のサーベイは、「天気マーク」を直感的に選ぶものであり、自由記載欄に記入しない場合、約30秒で簡単に回答できる。）。サーベイ結果にはポジティブな内容もネガティブな内容も含まれるが、従業員の生の声をタイムリーに経営層に届ける観点から、気にかかる回答内容については、基本的に内容を改変せず、毎週の役員会に提出している。現在はコンディションを問うサーベイのほか、派生して、主としてハラスメント等のリスク管理サーベイ、目標管理サーベイ、管理職向けサーベイ、新卒従業員向けサーベイ等も行っている。サーベイへの回答の負担を考慮し、同一の従業員に複数のサーベイを送付することはしない等の運用の改善を常に行っている。

（2）サーベイのデータを整備・活用する専門部隊の設置

　同社では、①事業拡大に伴う従業員数の増加、②働き方改革など組織ガバナンス強化の必要性の増加、③人的資本経営の加速等を背景に、特に近年、人事データ活用のニーズが高まっていた。そこで、人事関連データの整備や活用を担う「人事データ統括部」を人事本部内に設けることとした。さらに同社は、人事データ統括部とは別に、いわば社内ヘッドハンターのような専門組織も設けている。同組織は、同社が目指す「芸術的な適材適所」（※）を実現するため、サーベイで得られた情報等を基に、従業員のキャリア形成相談へのきめ細かい対応を行う一方で、事業動向を把握し、優先的に充当が必要なポジションを常にリストアップしている。このように、従業員、事業の両方の視点から、一般的に難易度の高い事業部間での異動コーディネート等も含めた全社横断での適材適所の取組を行っている。

※同社において「社員ひとりひとりの才能やウィル、全社視点で優先的に埋めるべきポジション、両者を常に捕捉し、それらを最大公約数となるように掛け合わせることで、業績に貢献するような人材配置を行うこと」と定義。

② 日本電気株式会社（東京都港区）（スキルの可視化と育成への活用、組織課題把握のためのサーベイ、健康維持・増進へのデータやデジタルの活用の取組）

（1）スキルを可視化する取組

　日本電気株式会社では、自身の成長が実感でき、かつ、キャリアを主体的に選択できるようにするため、また会社側でも適所適材を推進するため、平成30年から国内グループの職種・職務体系を共通化しポジションごとに職種・職務を明確化するとともに、「スキルマップ」を体系化し職種・職務別に求めるスキルを明確化した（なお、ITなど一部の職種のスキルについては、外部のスキルマップ等も参考にして設定している。）。それぞれのポジションに求めるスキルを従業員に明示することで、自身のキャリアイメージに近いポジションや、そのポジションに求められる役割、責任、必要なスキルが確認でき、イメージに近づくために必要なスキルが分かるようになっている。さらに、スキルの発揮状況を評価することで、上司の支援の下、継続的に能力開発を行うことができている。なお、スキルマップは全社に公開され、誰もが閲覧可能となっており、従業員一人一人が同社においてどのような経験を積み、スキル開発を行っていくか、主体的に考え行動することを促している。

同社は、スキルマップに加えて、スキル開発のための「トレーニングマップ」も公開し、継続的にスキルを獲得していく仕組みを構築している。従業員は、職種・職務、スキルの両面から、関連するトレーニングコースを自身で検索し受講することができる。

（2）エンゲージメントサーベイの取組

同社は、「従業員一人ひとりの創造力を高めるためには、自分たちが社会にとって意義や価値のある仕事をしているという誇りを感じて、150％の力が発揮できるエンゲージメントの高い職場にしていくことが必要」との考えから、従業員の満足度を測るだけでなく、働きがいや業務への没頭などの意味合いを包含する「エンゲージメント」にも注目しており、現在は、年に1回、65問程度のエンゲージメントサーベイを実施している。また、並行して、従業員のコンディションについて動的に把握する観点から、3か月に1回、25問程度のパルスサーベイを実施している。エンゲージメントサーベイは外部ツール、パルスサーベイは自社ツールを使っている。

同社は、同社が開発した因果関係分析ツールを用いてエンゲージメントサーベイの結果を分析し、各因子の目的変数に与える影響度を可視化することで施策検討にいかしている。管理職には、サーベイ結果のみならず分析の観点も伝えるため、組織ごとに、スコアの「読み解き説明会」を行っている（令和4年度は180回実施）。このような取組によって、今後も、上司が自ら自組織の課題を把握し改善を図ることができるようにしていくこととしている。なお、パルスサーベイについては、組織や個人の変化を促すためには結果をフィードバックすることが重要との考えから、様々な情報を可視化するツール（Business Intelligence tools：BIツール）を利用し、従業員が自組織のサーベイ結果を確認することができるようにしている。

（4）従業員の心身の健康維持・増進のためのデータやデジタルの活用

同社は、令和元年から健康経営にも注力している。自らコンディションを整えて日々の業務に挑戦する従業員を会社としてサポートする観点から、同社は従業員の健康診断結果に基づき、従業員各人の健康リスクを可視化するシステムを導入している。従業員は随時、ウェブ上でその内容を確認できる。また、生活を改善した場合の健康リスク数値の変化をシミュレーションすることができる等、健康維持・増進のためのヒントが得られるようになっている。このシステムの利用は任意であるが、利用した従業員ほど健康リスク数値の改善度が高いという統計結果も出ている。システムの利用に先立ち、従業員は、従業員個別の健康状況に応じてカスタマイズされた動画を視聴することとしている。こうした動画や様々なシミュレーションを示すことで保健指導が行いやすくなるとともに指導の納得感も高まっている。

❸　旭化成株式会社（東京都千代田区）（タレントマネジメントシステムによる情報の一元管理と活用、サーベイを活用した組織開発の取組）

（1）タレントマネジメントシステム導入の背景

旭化成株式会社では、同社の人材戦略において、不連続かつ予測困難な事業環境の変化に適応し先手を打っていくためには、「①従業員一人ひとりが挑戦・成長し続ける『終身成長』、②同社グループの多様性を活かし、コラボレーションを推進する『共創力』」の二つの視点が重要である点を示している。この2点を推進する上では人材に関する情報の可

視化が必要と判断し、令和4年7月にタレントマネジメントシステムを導入した。

(2) タレントマネジメントシステムの活用状況

同システム導入以前は評価歴、異動歴、教育研修受講歴といった従業員に関する様々な情報が社内に散逸していたが、同システムを導入し、それらの情報を一元的に管理できるようにした。また、従来、従業員の職務経歴等は上司や人事担当者のみが閲覧可能で、本人は自分の過去の職務経歴を閲覧することができなかったが、従業員の自律的なキャリア形成を支援する同社としての「今後のキャリアを検討する上では、まず自分で自分の過去のキャリアを振り返ることが重要」との考えの下、同システム上では、それらの情報を自ら確認できるようにした。さらに、以前は上司が部下の職務経歴、キャリア希望、業績目標、強み、専門性といった情報からキーワード検索することができず、必要の都度、上司から人事担当部局に照会することとなっていたが、同システム導入後は上司が自身の部下情報からキーワード検索し、必要な人材を探すことができるようにしている。なお、事業部長級以上の層については、同システムにおいて全社規模での人材検索や課長級・部長級ポジションの後継者計画を行うことができるようにしている。

また、同社では年に2回、従業員各人の将来のキャリアに関し上司・部下で話し合う場を設けている。その際に用いる「キャリアデザインシート」も同システムに蓄積され、上司・部下が随時振り返ることができる。

(3) 人と組織の状況を可視化するサーベイの取組

同社は令和2年から、人と組織の状況を調査（サーベイ）により可視化する取組を毎年実施している。本サーベイは、同社の中期経営計画で掲げる「人と組織の活力向上」に資する調査とする観点から、従前から3年に一度行ってきた「従業員意識調査」の頻度や内容を抜本的に見直し、新たに開発したものである。

本サーベイによって、①上司・部下関係、職場環境、②個人の活力、③成長につながる行動の三つの状態を可視化している。サーベイ結果は所属長だけではなく課員にもフィードバックされ、職場において、その結果を基に上司・部下が対話することを通じて、人と組織の活力向上につなげることとしている。

なお、上記①～③について、「①が良好であれば②が向上し、③も向上する」という関係性が統計的に正しいことが、過去3回の回答データから検証されている。現在、本サーベイの結果を見た管理職層が自組織の課題を認識し自ら改善するというサイクルを組織に根付かせているところである。

4 株式会社ベネッセコーポレーション（岡山県岡山市）（システムを活用した評価・学習・キャリア開発の連動強化の取組）

(1)「評価」、「学習」、「キャリア開発」を一連のものとして捉えることを重視したシステム設計

株式会社ベネッセコーポレーションでは、採用、人事評価、異動配置、人材育成、キャリア開発など幅広い人事領域でデータやデジタルを活用している。同社は、特に「評価」と「学習」と「キャリア開発」の要素を一連のものとして捉えることを重視しており、それらの領域に関係する情報、例えば従業員の評価結果、知識・スキルの保有状況、研修受講状況、キャリア志向、公募情報等については、一つのシステムに集約して管理してい

る。

（2）システムの活用状況

　評価については、評価期間ごとに、システム上で個人目標の設定・振り返り・評価が完結できるようになっている（基本的に、表計算ソフトとメールベースでの上司・部下あるいは上司・人事担当者間のやり取りはない。）。目標の内容や評価結果に加えて、上司は部下の能力開発上の課題やアドバイスを言語化しシステム上で蓄積することとしており、上司・部下は随時この情報を参照しながらコミュニケーションをとることができている。

　また、同社では従業員ごとの能力保有状況がきめ細かく把握され、同システムに蓄積されている。例えば、同社では従業員全員がデジタルトランスフォーメーション（DX）関連のアセスメントを受検し、その結果測定されたDX関連知識の保有状況に基づいて、システムから、従業員一人一人が受けるべき研修が自動で提案される仕組みとなっている。

　さらに、キャリア開発に関する情報も同システムで確認できる。同社が年に1回行う公募において、従業員は同社内のポジションの空き状況を同システム上で確認し、空席のポジションに応募することができる。

　上記のとおり、システム上に、従業員各人の目標の内容やこれまでの評価結果、パフォーマンス上の課題、能力保有状況、本人のキャリア志向等が一元的に蓄積されている。このように「評価」と「学習」と「キャリア開発」を一連のものと捉えることで、従業員目線では、「次に就きたい仕事」に就くために必要なことは何かを明確に認識できるようになっている。

5　富士通株式会社（東京都港区）（ポジションに求められる要件の可視化と育成・キャリア開発への活用、サーベイを活用した組織開発、従業員の健康状態の可視化の取組）

（1）ジョブ型人材マネジメントを支えるツールとしてのデジタルの活用

　富士通株式会社は、「イノベーションによって社会に信頼をもたらし、世界をより持続可能にしていく」というパーパス実現に向け、社内外の多彩な人材が俊敏に集い、社会の至る所でイノベーションを創出する企業となることを目指し、職務に対するグレードをベースとした評価・報酬制度のみならず、事業戦略に基づく組織設計と人員計画、社内外からの柔軟かつタイムリーな人材の獲得・最適配置、従業員のキャリアオーナーシップに基づく挑戦・成長の支援を含め、令和2年から全面的にいわゆるジョブ型人材マネジメントへの転換を加速している。同社は、このジョブ型人材マネジメントの実行を支える基盤が必要と判断し、これまで各種デジタルツールの整備を行ってきている。

（2）人事管理におけるデジタルの活用の状況

　従業員は、タレントマネジメントシステムにおいて、社内の各ポジションの職務記述書（ジョブディスクリプション）を確認することができる。人事評価面談や1 on 1ミーティングを行う際、上司・部下は、部下が目指すポジションの職務記述書に記載されている要件を見ながら、当該ポジションに就くために求められる知識やスキルに照らし今後伸長させるべき点について話し合い、認識を合わせている。

　また、利用者の状況に合わせて研修内容を選択できるシステムも整備されている。同システム上で従業員が目指すポジションを登録すると、そのポジションに求められるスキル

の習得に資する研修プログラムがカスタマイズされ、自動的に提案されるようになっている。

（3）エンゲージメントサーベイの取組

　同社は、外部システムを利用し、従業員のエンゲージメントを測定するサーベイを実施している。新型コロナウイルス感染症の感染拡大に伴いテレワークが普及したことで、上司、部下、同僚がどのような働き方をしているのか、何に困っているのかということが見えにくくなったことが実施の背景である。実施結果に対するアクションをとるための時間を考慮し、年に3回実施することとしている。同社の組織開発部において、エンゲージメントサーベイの結果を踏まえてとるべきアクションや、サーベイ結果を一覧できるツール（ダッシュボード）の活用方法等について企画する専任スタッフを配置している。なお、サーベイ結果の分析作業自体は、データ分析を専門とする別組織（データアナリティクスセンター）が担当しており、AIや様々なテクノロジーを使って分析をしている。

（4）従業員の心身の健康維持・増進のためのデータの活用

　同社は、エンゲージメントサーベイとストレスチェックの結果を掛け合わせた分析にも取り組んでいる。例えば、テレワークの実施率ごとにストレスチェック結果を分析し、より健康リスクの少ないハイブリッド勤務の在り方の検討などにいかしている。

　さらに、半期に1回、組織ごとに、メタボリックシンドロームに該当する従業員の比率、従業員の生活習慣やフィジカル面等の状況を定量化し「健康通信簿」として5段階評価した上で各組織長にフィードバックし、組織的な健康づくりへ結び付けている。

⑥　長野県塩尻市（職員データの整備と人事評価との紐付けに向けた取組）

（1）人事管理におけるデジタルの活用の狙い

　長野県塩尻市では、令和2年度に同市の目指す職員像、組織像、組織風土を取りまとめ、その実現に向け、令和3年度から令和5年度にかけて人事制度を集中的に改革しているところである。同市で運用していた人事評価制度がやや形骸化してきていること、また、評価結果の処遇への反映についても職員の納得感が低いこと、さらには評価データの配置や昇任への活用に課題があった。その原因の一つは、評価データやその他の情報が項目ごとに独立して管理されており、データを十分に活用しきれていないことにあると考えた同市は、人事制度の改革に合わせ、上記の課題解決を目指し、制度運用においてはタレントマネジメントシステムを活用することとした。

（2）タレントマネジメントシステムの活用の在り方

　タレントマネジメントシステム上で管理する職員情報は、現時点では、氏名等の職員の基礎情報、研修受講歴、過去の配属やその時々の上司からのコメント、人事評価結果、短期的・中期的な職務希望、家庭事情などの要配慮事項等を想定しており、研修、昇任、昇給等の情報を職員IDに紐付けて一体的に管理することで業務効率化を実現したいと考えている。

　今後、データに基づいた戦略的な人材マネジメントに取り組む一環として、これまでの職務経歴や保有知識・スキルなどについてもタレントマネジメントシステムに登録し、できるだけ幅広い範囲で職員に公開する構想もある。一方、同市として、公開すべき情報の種類、公開の範囲、アクセス権限の付与対象等については慎重な検討を要すると認識して

いる。それらの情報を閲覧可能な状態とすることによって、異なる職場の職員へ話を聞きに行くような動きが起こることを期待している。

【コラム】デジタルスキルマップによるスキルの可視化の取組（東京都）

　東京都では、DXを推進していくに当たり、デジタルサービスを支える「ひと」を確保・育成するとともに、その能力を最大限発揮することが求められているという課題感を背景に、令和4年2月に「東京都デジタル人材確保・育成基本方針」を策定した。

　この基本方針では、令和3年度に新設した「ICT」職のほか、特定任期付職員・会計年度任用職員等による「高度専門人材」、デジタル技術に関する知見を身に付けた「リスキリング人材」、それぞれの人材が連携して能力を発揮し、品質の高いデジタルサービスの実現につなげていくことができるよう、人材確保・育成策を展開している。

　同基本方針の取組の一つとして、導入しているデジタルスキルマップは、22のスキル項目により、前述のICT職を始めとする情報技術を担う職員のスキルを可視化するものである。スキル項目のレベルは0〜3の4段階で設定されており、職員一人一人がどのようなスキルをどのレベルで持っているかを可視化する。また、10のジョブタイプを設定し、それぞれに備えるべきスキルとレベルを定義することで、職員自身のキャリア志向や組織から求められる役割等に応じて、レベルアップすべきスキルが可視化されるため、優先度をつけて効率的に学習することが可能となる。

【デジタルスキルマップ】

ジョブタイプ	略称	ITストラテジー	サービスデザイン	マーケティング	UXデザイン	UIデザイン	データアナリティクス	データエンジニアリング	プロジェクトマネジメント	システムアーキテクチャ	クラウドサービス活用	業務系アプリ設計・開発	Webアプリ設計・開発	スマホアプリ設計・開発	ネットワーク設計・構築	サーバ基盤設計・構築	データベース設計・構築	サイバーセキュリティー	システム監査	運用設計	システム管理	ユーザサポート	AIエンジニアリング
1 ビジネスデザイナー	BD	◎	◎	◎	○	○			○		△												
2 UI/UXデザイナー	UX	△	△	△	◎	◎			△			いずれか1つ○											
3 データサイエンティスト	DS		△				◎	◎	○														○
4 プロデューサー	PD	△	△	△	△	△	△	△	◎	△	△	いずれか1つ△			いずれか1つ△			△	△	△			
5 システムアーキテクト	SA	○						○	◎	◎	○												
6 アプリケーションエンジニア	AE			△	△		△	△	△	◎	○	いずれか1つ○											
7 インフラエンジニア	IE								△	○	◎				いずれか1つ○								
8 セキュリティエンジニア	SE								△	○					△	◎	◎	◎					
9 サービスマネージャー	SM	△																	△	△	△		
10 先端技術エンジニア	AT								△														◎

※AT：Advanced Technologyの略（対象となる技術は業界動向等を見ながら定期的に更新）

◎：高度な知識・スキルが必須（Lv.3相当）
○：基礎的な知識・スキルが必須（Lv.2相当）
△：基礎的な知識・スキルが望ましい（Lv.1相当）

第1編　第2部　公務組織の人材マネジメントにおけるデータやデジタルの活用の可能性

57

【コラム】国家公務員の健康維持・増進の観点でのデータの活用

　人事院が実施した長期病休者実態調査によれば、公務において、令和3年度における精神・行動の障害による長期病休者（引き続いて1月以上の期間、負傷又は疾病のため勤務していない者）の数は、長期病休者全体の7割を超えている。職員数に占める精神・行動の障害による長期病休者数の割合について、平成28年度と令和3年度を比較すると、全体では約1.3倍（1.27％→1.70％）となっており（図3−1）、年齢階層別では特に20歳台において約1.7倍（1.33％→2.25％）と増加の割合が高くなっている（図3−2）。このことから、特に若年層職員におけるメンタルヘルス対策の重要性が増していると考えられる。

図3-1　**長期病休者数及び長期病休者率の推移**

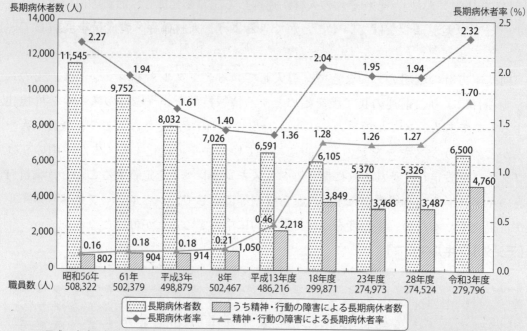

※平成13年度から平成18年度にかけての職員数の大幅な減少は、独立行政法人化、国立大学法人化等によるもの

図3-2　**年齢階層別　精神及び行動の障害による長期病休者率の推移**

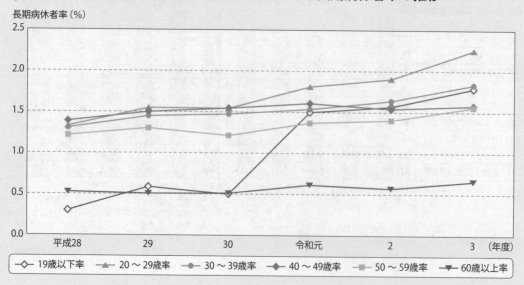

　本章において紹介したように、民間企業や外国政府においては、職員（従業員）の心身の健康維持・増進のために、例えばエンゲージメントサーベイとストレスチェックの結果を掛け合わせて分析する等の活用事例があった。

　公務においても、職員の心の不健康な状態を未然に防止するため創設されたストレスチェック制度について、令和4年2月に、エンゲージメントの状況等を確認できる調査項目を追加して実施することや同制度を活用して職場環境改善をより効果的に行うことなどを内容とする報告書が、人事院心の健康づくり指導委員会職場環境改善ワーキンググループ*において取りまとめられた。これを踏まえ、メンタルヘルス施策の推進に向けた健康管理体制の充実等の具体的な取組について、各府省への通知や研修等において周知を図ってきたところであり、引き続きこれらの取組を促していく。

　人事院がこれまで「公務員人事管理に関する報告」等で述べてきたように、職員の健康維持・増進は職員一人一人のWell-being実現の土台となるものである。人事院としては、上記の取組を着実に実施し、職員の健康維持・増進を後押ししていきたい。

*座長：吉川徹独立行政法人労働者健康安全機構労働安全衛生総合研究所過労死等防止調査研究センター統括研究員

第2節　外国政府の事例

- 英国：管理職員の支援強化のための人事データ分析能力向上の取組
- デンマーク：職員の全ライフサイクルにわたるシステム活用、勤務状況の可視化、一つのIDに紐付いた情報管理の取組
- 韓国：人材マネジメントへのデジタルの活用、公務人材データベースの取組

　英国及びデンマークの政府機関においては、採用・人事異動は、原則として、空席のポストが生じる都度、公務内外に対して公募を行い、職員を任用する仕組みとなっているため、現職の職員が異動する場合、職員自身が公募に応募して選考を経る必要があり、我が国の国家公務員の異動とは異なる仕組みとなっている。しかしながら、両国においては、職員のマネジメントを現場で行う管理職員を支援するためにデータの活用が進められており、我が国の公務組織にとっても参考となる事例としてここで取り上げた。

　一方、韓国の政府機関では、幹部職員の一部は公募による採用・異動が行われているが、その他の職員については、基本的に府省ごとに人事担当部局が人事配置を決定する仕組みとなっている。我が国の政府と同様の異動の仕組みを有する外国政府におけるデジタルツールの活用例として紹介する。

1　英国（管理職員の支援強化のための人事データ分析能力向上の取組）

（1）人事データ活用の取組を進める背景

　　英国政府は、最近の人事管理上の課題の一つとして「職場における従業員（職員）体験（Employee Experience）の向上」を挙げており、職員一人一人にとって職場が魅力的なものとなるよう、日頃職員と接する管理職員のマネジメント能力強化を行っている。また、管理職員に対する支援の強化についても重要視しており、その一環として人事データの整備を進めている。

　　現在は、職員データを管理するシステムは府省ごとに異なっており、職員データの整備状況も府省ごとに区々である。政府共通のデータとして国家公務員の職員構成等に関する統計データを作成している程度であり、現場でマネジメントを行う管理職員に対して十分な支援をできていなかった。そのため、今後、人事システムを府省横断的に統一するとともに職員データの収集基準の整備を進め、管理職員が職員データを一覧できるツール（ダッシュボード）を構築するべく、政府全体として取組を進めている。

（2）具体的な取組

　　ここでは、人材マネジメントにおけるデータの活用に関し、政府内において、他府省とも連携しつつ、先進的な取組を行っている国家統計局（Office for National Statistics）の取組を紹介する。

ア　他府省とも連携した人事データ分析能力の向上

　　国家統計局では、政府内で人事データ分析（People Analytics）の文化を定着させる取組を推進している。近年では、人事データ分析に係る学習機会の提供、各府省の人事管理機能支援、人事データ分析の普及を目的として、各府省の人事担当者から成る人事データ分析交流グループ（People Analytics Exchange Group）を政府横断的に設立した。同グループの参加政府機関は発足後12か月で17から37に増え、四半期ごとに会合を開いて業務状況の共有を行っているほか、同グループが中心となって人事データ分析学習指針（People Analytics Literacy Pathway）を定め、人事データ分析の学習を促している。

　　同指針では、人事データ分析を「理解（Understand）」（データの解釈、洞察の抽出等）、「エンゲージ（Engage）」（データの定義付け、データ倫理等）、「分析（Analyse）」（分析手法、課題設定）、「理由付け（Reason）」（データのビジュアル化、分析結果の伝達、意思決定）の四つのモジュールに分け、それぞれについて学習素材を提供し、各自のペースで学習できるようにしている。また、同指針では、人事データ分析に関する理解度のレベルについて、レベルが高い順から「マルチリンガル（Multilingual）」、「流暢（Fluency）」、「能力がある（Competency）」、「理解できる（Literacy）」、「対話できる（Conversational）」の5段階で分類し、まずは全ての人事担当者が「理解できる」レベルを達成することを目標としている。

イ　人事データのマネジメントにおける活用

　　国家統計局には、6人で構成される人事データ分析チームが設けられている（データ分析担当者が5名、社会科学の知識を背景にデータ分析結果から職員の体験やWell-beingの状況を把握して改善提案を行う担当者が1名）。職員の属性（年齢、性別、民族、性的指向等）、勤務日数、会議時間、身体的な傷病又はメンタルヘルスの

問題に起因する休暇日数、短期的・長期的休暇取得状況、最終出勤日、ボーナス支給状況などをグラフで確認することが可能なダッシュボードを作成しており、各部署の管理職員がアクセスできる。このデータを活用することで、管理職員は部下の心身の健康状態、業務や家庭生活に起因するストレスの状況、チーム内の多様性の状況、職員の属性によるエンゲージメントの違いなどを動的に把握することができ、問題を認識した場合に速やかに対応をとることが可能である。

❷ デンマーク（職員の全ライフサイクルにわたるシステム活用、勤務状況の可視化、一つのIDに紐付いた情報管理の取組）

（1）人事管理におけるデータやデジタルの活用の背景

デンマークでは官民問わず人材の流動性が高く、政府においても、若手職員の早期離職が課題になっている（以前は5年から10年程度継続して勤務してから転職していたが、最近では2年から3年程度で転職してしまう事例が増加している状況。なお、政府機関と比較して民間企業の給与水準の方が高い。）。政府機関で長期勤続する職員を増やすため、柔軟な働き方の推進等に加え、新たなデジタルの活用により、各職場のマネジメントの質を向上させ、魅力的な職場環境を整備する取組が進められている。

（2）データやデジタルの具体的な活用

デンマーク政府においては、全府省が同一のシステム（Statens HR）を用いて職員情報を管理している（データは府省ごとに管理されており、府省間でのデータの閲覧等はできない。）。Statens HR上に格納される職員情報は、国民に割り振られる市民登録番号（Civil Personal Registration：CPR）と紐付けられる。また、Statens HRは、採用システム、給与システム、eラーニングシステム、調達システム、財務管理システム、BIツール、各政府機関の独自システムと連携しており、Statens HRと他システムとの間でのデータのやり取りが可能となっている。このようなStatens HRをコアとした各システムとの連携を通じ、採用前（公務に関心をもち応募し、採用されるまで）から採用・勤務・退職（研修、業績の評価、給与の支給等）まで、職員のライフサイクル全体において各種システムが活用されている。各領域における具体的な活用例は以下のとおりである。

ア　採用

職員は採用に際して、Statens HR上に、勤務先、採用日、採用区分、勤務時間、試用期間終了日などの職員データを登録することとされており、登録されたデータは他システムにも共有される。Statens HRに職員情報が登録されると、職員は「着任前」コンテンツにアクセスし、着任前の段階から、組織の中での自分の役割について学ぶことができる。

イ　能力開発

研修については、eラーニングシステム上で、eラーニングコンテンツの配信や職員の受講講座の管理を行っている。また、業績管理システムは、管理職員が年1回実施する職員の業績評価の結果データだけでなく、職員が職場にとって重要な人的資源であるか、リーダーの資質を備えているかなどのデータも収集している。これらのデータに基づき、年1回、1時間半程度、過去1年間の評価や今後の目標、目標達成のために必要となるスキル・能力、給与等について管理職員と話し合う機会が設けら

れており、この内容に基づいて職員の能力開発計画を作成し、この内容がeラーニングシステムにも書き込まれる。この能力開発計画は、若手職員からの強い要望もあり、5年ほど前から導入されているものである。また、月1回、30分程度、管理職員と部下職員が能力開発計画の進捗等について話し合う機会が設けられている。これは、若手職員が年1回だけでなく、継続的なフィードバックを求めているためであり、最近導入されたものである。管理職員にとっては負担であるが、若手職員の離職防止には有効であると考えられている。

ウ　勤務時間管理

職員は毎日、業務ごとの労働時間と休憩時間、休暇情報をシステム上に記録し、管理職員がそれを承認する。その結果を参考に年1回、次年度の労働計画（例えば、ある業務に何時間割り当てるか、研修、休暇、昼休憩にそれぞれ何時間割り当てるか。）を作成する。職員は、労働計画の作成を通じて、限られた時間を各業務にどのように配分するか決定する能力を身に付ける。また、システム上に記録された情報はBIツールにより可視化される。

（3）データの組織マネジメントにおける活用

幹部職員や管理職員は、BIツールを用いて構築された職員管理ツールにより、職員に関する予算等（給与、プロジェクト予算、各職員の教育に充てられる予算など）、職員の休暇や病気休職取得状況、時間外労働時間、月の予定労働時間などのデータに基づき、職員の労働時間管理、メンタル面を含む心身の健康のケアなどの人事管理を行っている。例えば、時間外労働時間が多い職員がいる場合、その要因が業務分担の偏りなのか、人員不足なのか等をデータから分析し、適切な対応をとることができる。また、休暇の状況等から、メンタル不調の職員を事前に把握する等により、深刻化を未然に防ぐ等の対応が可能となる。管理職員には、データを正確に把握し、分析する能力が求められる。

3　韓国（人材マネジメントへのデジタルの活用、公務人材データベースの取組）

（1）人材マネジメントシステム

ア　システムの概要

韓国政府では、各府省における人事業務を支援する観点から、e-Saramと呼ばれる政府共通の人事システムを導入している。e-Saramには、各府省の人事当局が様々な人事管理を行うための機能と、職員が休暇や超過勤務等を申請する機能が備わっている。各府省は、人事の発令、人事評価、教育研修、勤務スケジュール管理、給与支給など、採用から退職までの様々な人事業務をe-Saram上で電子的に管理・実行することができている。また、e-Saramの特徴として、各府省共通の内容に加え、各府省独自のニーズに応えるべく改修を加えることができる仕組みになっており、入力する職員個人のデータも各府省における必要性や状況を踏まえて取捨選択できる点が挙げられる（例えば、外交部（外務省）では、語学能力に関するデータを入力する等）。

イ　システム導入までの経緯・今後の活用

韓国政府は、2000年代初頭にe-Saramを開発し人事データの整備を開始したが、当時は紙で管理されていた情報も多く、また、府省ごとに異なる内容・形式の人事データを蓄積していた。約8年かけてデータ化や各府省に散在していたデータの集約

を進め、2012年からe-Saramを政府横断的に導入し、現在では中央人事行政機関である人事革新処がその管理を担っている。政府共通システムとして導入された当初は、人事手続等の業務プロセスの電子化が主たる目的であったが、より個人に合わせたカスタマイズを行い、人材マネジメントにも活用されてきている。

　将来は、AIも活用して職務情報と個人情報のデータを掛け合わせ、例えば妊娠した職員は出産後に育児休暇をどのように取得すれば良いか、昇進していくにはどのような研修を受ければ良いかなど、個人向けに情報をカスタマイズして提供することが想定されている。そうした中で、マネジメントを行う立場の管理職員がこのシステムを使いこなすことがとても重要になると考えられている。

（2）公務人材データベース

　韓国政府では、e-Saramの他にも公務人材データベース（Human Resources Data Base：HRDB。公務員の一覧ではなく、「公務を担える人材」のデータベース）が国家公務員法において規定された上で活用されている。このシステムには、約35万人のデータが登録され、このうち、約8割が民間人材、それ以外は中央省庁に在職する課長補佐級以上の職員が登録されている。各府省において採用のニーズが生じたとき、各府省から人事革新処へ求める人材の要件を示すと、人事革新処がHRDBで検索し、1ポストについて3〜4名の候補者を各府省に提示している。

　HRDBには基本的に誰でも登録でき、他薦による登録も可能であるが、登録基準を満たすか否かは当局側が審査する。一方で、当局側もメディアやインターネットを通じて著名人を日頃から探索しており、当局判断に基づきデータベースに著名人を登録することもある。

　HRDBにより、①透明性（人事に公正性や客観性を付与）、②戦略性（国の重要ポストの欠員が生じた場合に迅速に補充が可能）、③開放性・専門性（専門性の高い民間人材をオープンに登録可能で、公務の専門性と問題解決能力を高めることが可能）といったメリットがあるとされている。

【コラム】従業員体験（Employee Experience）という考え方

「従業員体験（Employee Experience。以下「EX」という。）」という考え方がある。EXとは、従業員が企業組織の中で、業務や人間関係、成長機会を通じて得る経験を指す[1]。

PwCコンサルティング合同会社等が日本国内の企業を対象に実施した調査[2]によれば、EXという言葉の認知度は、同調査への回答企業142社の76%、従業員5,000人以上の企業に絞れば80%に上る。また、同調査への回答企業のおよそ半数がEXの向上を経営課題として認識している。さらに、マッキンゼー・アンド・カンパニーの調査[3]によれば、ポジティブな経験をした従業員は、ネガティブな経験をした従業員と比べて、会社に留まりたいと思う可能性が8倍高いことが示されている。

本節でも紹介したように、英国政府ではEXを重視し、職員一人一人にとって職場が魅力的なものとなるよう、日頃、職員と接する管理職員のマネジメント能力強化を行っていたほか、管理職員に対する支援の強化の一環として、人事データの整備を進めていた。この点、本報告においてここまで述べてきたように、我が国の公務組織においても、働く職員一人一人が日々、良質な体験を積み重ねられるようにするという意味でも、職員個別の状況を踏まえたきめ細かい人材マネジメントを行っていくことが望まれる。

[1] Boston College Center for Work & Family「Maximizing the Employee Experience」
[2] エンプロイーエクスペリエンスサーベイ2022調査結果（速報版）
[3] McKinsey Employee Experience survey, 2020

第3節　まとめ

本章で紹介した民間企業、外国政府等の事例から、人事管理にデジタルツールやデータを活用している各組織では、以下のような取組を行っていることを確認できた。

1 管理職員等に対する支援

民間企業等の事例では、人事評価や人材育成、キャリア開発など、従来は個別に分かれていた複数の人事業務プロセスを連動させ、従業員の情報を一つのプラットフォームで一元的に管理することで、人材マネジメントの効率性を向上させる動きが多く見られた。例えば、各人の人事評価結果やその根拠、評価結果に対する上司のコメント、それぞれのキャリア目標等をシステムに入力し、それを上司・部下がともに確認しながら、将来目指すポジションに照らして今後伸長させるべき能力や、そのために有効な研修等について話し合うなど、能力の向上に活用されていた。

外国政府の事例では、現場の管理職員や各府省において人事管理を担当する職員を支援するためには、職員データを蓄積・分析し、その結果を活用することが有効であると認識して、データの整備、データ分析要員の育成、現場の管理職員に対する分析結果の提供などの取組を

進めていた。

❷ ポジションに求められるスキル及び各人が持つスキル等の可視化

　各国の任用制度上、各ポジションの職務記述書を有する外国政府はもとより、民間企業の事例では、タレントマネジメントシステムの活用と合わせて、各ポジションに求められる要件や職員が持つ知識・スキルや経験の可視化が行われていた。これにより、職員各人が今後のキャリアで求められる知識・スキルと現在持っている知識・スキルを比較して、「これから身に付けるべき知識・スキル」をより明確に認識することができ、効果的な能力開発に結び付いていた。

❸ 組織開発におけるサーベイ活用

　民間企業の事例では、各社とも、幹部や管理職層が自組織の課題を客観的に把握するためのツールとしてサーベイを活用していた。サーベイ結果については、他社を比較対象とする場合もあれば、自組織の過去の実施結果を比較対象として変化の度合いに着目する場合もあり、活用の方法は様々であった。また、サーベイを活用するに当たっては、実施目的や組織形態に応じて、実施単位や実施頻度、フィードバックの範囲、サーベイ結果閲覧の権限付与を適切に設定する必要があるといった実務的な知見も得られた。

❹ データやデジタルの活用目的の設定等

　上記のほか、ヒアリングを行った民間企業等からは、データやデジタルの活用自体はあくまで手段であるため、データやデジタルを活用して達成したい目的を設定することが重要であり、目的によってデータやデジタルの活用の在り方（例えば、収集すべきデータや使用するシステムの種類等）は異なるといった意見が見られた。また、人材に関する情報には機微な内容もあることから、あらかじめ部内でガイドラインを整備するなどして、利用目的やその取得・活用の在り方等について整理しておくことが必要であるという意見もあった。

　以上を踏まえ、次章では、公務組織の人材マネジメントにおけるデータやデジタルの活用について検討していくこととする。

【コラム】「人給システム」導入時の教訓

　令和5年4月現在、国家公務員の給与支給事務等を処理するため、府省共通システムである「人事・給与関係業務情報システム」（以下「人給システム」という。）が47府省等[*1]において利用されている[*2]。

　人給システムの設計は平成15年から開始されたが、性能面、品質面及び機能面に様々な問題が発生し、各府省等での導入は予定どおり進まなかった。その原因として、例えば、各府省等が共通して利用する機能の洗い出しが不十分であったり、システムを利用する職員数や必要な保存データ量などの運用予測を適切に行わないままにシステムの開発を進めたことが挙げられる。その結果、各府省等への導入過程において、システム運用・改修コストが積み上がるとともに、職員数が多い府省の導入時には業務処理が滞るなどの問題が生じた。

　これらの問題を解決するため、運用ルールの統一、システムの性能の向上、運用体制の強化等が行われた。これらの取組により、各府省等での導入が進み、現在のように多数の府省等で利用されるに至っている。

　人給システム開発・導入から各府省における普及までの経験から、システムを設計する前に、目標実現の妨げとなる運用ルール等を見直すことや、システムの要件定義（完成後の姿）について全ての関係者に十分説明し合意を得ること、目的を共有し、関係者に主体的に取組を進めてもらうことが重要であるという教訓を得た。本章で紹介した民間企業の事例においても、この点を強く意識して取り組んでいることを確認した。

　なお、人給システムの開発・導入から安定的な運用に至るまでには、様々な改善が必要であり、各府省等や当時の内閣官房情報通信技術総合戦略室等の多大な支援や協力が不可欠であったことを述べておきたい。

[*1]人給システムを利用する組織の数え方は、庁単位の組織も含めて「府省等」と称しているのでここではこの表現を踏襲している。また、立法機関、司法機関も人給システムを利用している。
[*2]人給システムの構築及び運用は、令和3年9月にデジタル庁に移管されるまで人事院が行っていた。

第4章　公務組織の人材マネジメントにおけるデータやデジタルの活用の可能性

第1節　公務組織において検討に着手すべき論点

　これまでの調査を通して、職員の能力向上やキャリア形成を支援する仕組みを充実させることは、若年層を公務にひきつける一つの要素となり得ることが示された。このような仕組みを充実させるためには、人事担当部局や管理職員は、職員の超過勤務等の労務管理や日々の業務管理に加えて、職員に適時に適切な指導や助言を行うべく、職員を取り巻く状況や職員のキャリア志向などの情報を随時把握する必要がある。実際、一部の府省においては、職員との面談の機会を増やす、職員に異動の理由等を丁寧に説明するといった取組を行っている。

　しかし、このような取組は、人事担当部局や管理職員に従来よりも多くの業務量を求めるものである。公務組織全体として人的リソースが限られる中でこれを実現するには、人事管理業務をより効率的に変革していくことが急務であり、そのためにはデータやデジタルの活用が有効であると既に述べた。

　この認識の下、前章において、民間企業、外国政府等の人事運営におけるデータやデジタルの活用の取組を概観してきた。

　本章では、これらの事例やそこから得られた知見を踏まえ、公務組織の人材マネジメントにおいてデータやデジタルの活用を進めていくため、検討に着手すべき論点について述べる。これらの論点について、今後、人事院、内閣人事局、デジタル庁等で連携し、各府省の人事業務プロセスの現状や課題等についてより詳細に把握した上で、検討を深めていくこととする。

1　データを活用した組織改善

　第3章において、サーベイを用いて組織の状況を可視化し、改善に結び付けている民間企業の事例を複数紹介した。事例から、同一企業の中でも組織課題は千差万別であり、かつ、管理職層の人的リソースは有限であるので、まず管理職層が自組織の課題を認識し、優先順位をつけて取り組める仕組みをつくることが、従業員個々人へのきめ細かなマネジメントを行う上で重要であることが示された。また、自組織のエンゲージメントの経年変化に着目して組織ごとの課題を特定し、具体的な対応策を検討・実施し、その結果を次回のサーベイで評価するという「組織改善のPDCAサイクル」を実装していくことの重要性が数多く述べられた。

　公務組織においても、近年、エンゲージメントサーベイを実施する府省は増えてきているが、実施後の具体的な組織改善の取組に結び付けられている府省は一部である。今後、各府省において、前述の「組織改善のPDCAサイクル」を実装していくことが重要である。また、一連の取組を通して得られた改善への知見については、各府省内で部局横断的に共有することが望まれる。

2　求められる知識・スキル等の可視化

　第3章において、タレントマネジメントシステム等を活用しつつ、各ポジションに求められる知識・スキル等の要件や各従業員が持つ知識・スキル、職務経験等の可視化に取り組んだ民間企業の事例を紹介した。事例では、これらの可視化をすることで、従業員各人が今後習得すべき知識・スキルが明確化され、それを踏まえた人材育成や人事異動が行われていた。

　これら知識・スキル等の可視化は、職員個別の状況を踏まえたきめ細かい人材マネジメントを行う基盤となる取組であり、公務組織における実施可能性についても探っていくべきである。まずは、例えば国家公務員に共通して求められる知識・スキル、あるいは府省内の業務分野や役職段階ごとに求められる知識・スキルの可視化や、職員各人が保有している知識・スキル、これまでの業務経験等についての情報を可視化することの是非やその方法等について、検討する必要がある。

　なお、職員各人のこれまでの全ての経験を総合して上司と部下が一緒に今後のキャリア開発を考える観点からも、職員が組織外へ出向する場合、これまで職員が身に付けた知識・スキル等の情報は出向先の管理職員等に引き継がれる仕組みとするとともに、出向先において職員が身に付けた知識・スキル等の情報が出向元の管理職員等にも引き継がれる仕組みとすることも重要である。

❸　府省内の職員情報を活用しやすくする環境整備

　府省へのヒアリングからも確認できたように、現在、多くの府省では、職員の採用から退職に至るまでに生まれる様々な情報が容易に検索できる形で管理されておらず、中には、電子データではなく紙で保管されている場合もある。また、そのほとんどの場合において、人事評価や人材育成など、人事業務プロセスの各担当者が、自身の担当業務の範囲において必要な情報を収集・管理している。このような背景から、人事担当部局や管理職員が、用途に応じた職員リスト（例えば、特定の研修受講経験のある職員リストなど）の作成等に当たっては相当な手間を要するという声も少なからずある。既に第2章第4節において述べたように、職員個別の状況を踏まえたきめ細かい人材マネジメントを効率的に行う基礎として、職員に関する様々な情報が紙ではなく電子的に蓄積されること、上司・部下がそのデータをキャリア形成や育成等に容易に活用できる状態としておくこと等が重要である。また、上記2のような取組を円滑に行うための仕組みとしても有用である。以上を踏まえ、公務組織においても、タレントマネジメントシステム等のように職員に係る諸情報を蓄積して容易に活用できるプラットフォームを導入していくべきであると考える。

❹　人事業務プロセス間におけるデータ共有・活用の強化

　第3章の事例からは、上記1～3で述べたような取組を実施した上で、人事評価、人材育成、キャリア開発、人事異動など、従来は個別に行っていた複数の人事業務プロセスによって得られるデータを連動させ活用する動きが見られた。具体的には、職員ごとに人事評価の結果や評価の根拠、評価結果に対する上司のコメントや更なる成長に向けた上司からのアドバイス、職員自身のキャリア目標等をタレントマネジメントシステムに入力し、それを上司・部下がともに確認しながら、例えば、目指すポジションに求められるスキルの水準に照らして今後伸長させるべきスキルやそのために有効と思われる研修の内容等について話し合い、その話合いの内容を踏まえて人事担当部局が人事異動を検討していた。これらは本報告において述べてきた、職員個別の状況を踏まえたきめ細かい人材マネジメントに資するものであり、公務組織においても実施を検討すべきであると考える。

⑤　各府省人事担当部局の体制増強

　ここまで述べたとおり、人事院は、人事担当部局や管理職員が個々の職員への配慮と効率性が両立した人材マネジメントを行っていくためには、データやデジタルの活用が有効と考える。各府省人事担当部局は、データやデジタルを活用することで、例えば人事評価等において一定程度の事務量の削減が見込まれるが、一方で、定期的なデータ収集・管理や、データ活用に係る管理職員支援に要する各府省人事担当部局の人手は現在よりも増大すると考えられることから、全体としては各府省人事担当部局の体制増強が必要であると考える。

第2節　データやデジタルの活用に当たっての留意点

　今回、第3章で紹介した事例の収集を通して、人材マネジメントにおけるデータやデジタルの活用を進める上での留意点についても把握することができた。これを踏まえ、公務組織においても、人材マネジメントにデータやデジタルを活用するに当たって、特に以下の項目については更なる検討を要することに留意が必要である。これらの内容等について、今後、人事院、内閣人事局、デジタル庁で連携しながら検討を深め、各府省にも情報共有を行っていくこととする。

①　データの活用目的等の特定

　公務組織においては、府省ごとに組織構造や人員構成・規模が異なることから、人材マネジメントにおいてデータやデジタルを活用するに当たっては、まず各組織の人事管理の現状、課題、今後の方針等を考慮した具体的な活用領域や目的を特定した上で、システムの導入を含めた、必要なデータを収集・分析する方法等について検討することが重要である。仮に、活用領域や目的が曖昧なままにタレントマネジメントシステム等を導入した場合、後になって機能の追加が必要になったり、逆に不要な機能を備えたために、想定外のコストが発生することがある。また、データの収集・分析に当たって、本来不要な情報まで収集・分析し、情報管理上のリスクや業務量の増大等につながるおそれがある。

②　安定的な職員情報収集の仕組みの確立

　前節2とも関連するが、特に職員が持つスキルや経験等の情報については、収集しようとする情報の内容やその粒度によっては、情報収集を行う担当者の業務量が膨大になる可能性がある。体系的に標準化されたデータが安定的に収集されるよう、例えば人事異動・配置の参考にできる情報とは具体的にどのようなものか、また、それはどのように収集することが適当か等、上記1の活用目的に照らして収集すべき情報の種類、内容、体系的に標準化する手法等についての検討が必要である。

③　データやデジタルを適切に活用するための情報取扱ルールの整備

　人材マネジメントにおいてデータやデジタルを活用する際、上記1の活用目的の範囲内で職員情報を活用することについて組織内に明示することも重要である。あわせて、利用目的に沿って、データ閲覧権限の設定も適切に行うべきである。

　さらに、例えば、デジタルツールによって職員情報を基に解析を行う場合、その解析結果を

算出する仕組みを説明可能なものとし、いわゆるブラックボックス化を避けることに留意が必要である。

　これらの点について、既に関係機関が発出した各種の指針等も参照しながら、公務組織の人材マネジメントにおいてデータやデジタルを適切に活用するための情報取扱ルールの在り方についても検討が必要である。

第3節　今後に向けた取組

　本章において、公務組織の人材マネジメントにおいてデータやデジタルの活用を進めていくため、検討に着手すべき論点について述べた。特に、いわゆるタレントマネジメントシステム等のように職員に係る諸情報を蓄積して容易に活用できるプラットフォームを導入していくことは、個々の職員への配慮と効率性が両立した人材マネジメントの基盤となるものであり、公務組織においても導入への検討が望まれる。

　今後は、各府省の人材マネジメントの現状や特性等も十分に踏まえながら、各府省においてどのような目的の下にデータやデジタルを活用していくことが考えられるのか、その際、どのような技術を導入すればよいのか等、幅広い論点について関係者が議論し、検討を前進させていくことが必要である。

　人事院としては、本章においてここまで述べてきたような論点等について、内閣人事局、デジタル庁や各府省とも緊密に連携しながら検討を深めていくこととしたい。

おわりに

　本報告では、第1章では公務組織をめぐる状況を述べ、第2章で職員意識調査の分析、意識比較アンケートの結果及び各府省人事担当部局に対するヒアリングの概要をまとめ、第3章で民間企業や外国政府等の人材マネジメントにおけるデータやデジタルの具体的な活用事例を紹介した。第4章では、それらの事例等を踏まえ、公務組織の人材マネジメントにおいてデータやデジタルの活用を進めていくため、検討に着手すべき論点等を中心に言及した。

　人事院は、令和4年8月の「公務員人事管理に関する報告」等において、公務組織における人材の確保が極めて厳しい状況にあることを述べてきた。公務組織が能率的で活力ある組織であり続けるためには、とりわけ、これからの行政を担う若年層をひきつけることが重要であることは言うまでもない。そのためには、ここまで本報告において述べてきたように、公務組織における人材マネジメントを、個々の職員への配慮と効率性が両立したものへと変革していくことが求められている。

　本報告では、そのための方策として、データやデジタルの活用について論じた。当然ながらデータやデジタルの活用自体は手段に過ぎず、目的化してはならないものである。人事院としてもこの点をよく認識しつつ、今後、内閣人事局、デジタル庁や各府省とも連携しながら、まずは第4章で述べた、タレントマネジメントシステム等のように職員に係る諸情報を蓄積して容易に活用できるプラットフォームの導入をはじめとする論点について検討を進めていきたい。

　デジタルの発展は日進月歩である。昨今、文章等を自動で生成するいわゆる「生成AI」が大きな注目を集めており、政府においても、その活用に向けて整理が必要な多岐にわたる論点について、検討が進められているところである。機密情報等の取扱いをはじめ、慎重なリスク検討が必要であるが、一方で、技術の活用の可能性を積極的に探索していくことも重要であろう。この点、公務組織の人材マネジメントにおいても同じことが言える。

　本報告を契機として、公務組織に求められる人材マネジメントの在り方やそれを実現する手段としてのデータやデジタルの活用に関する議論の進展が期待される。人事院としては、公務組織の人事運営の更なる向上を目指し、その役割を果たしていく。

第2部執筆メンバー（五十音順）

岡田　三健

久保　花菜子

澁木　　亮

髙田　悠二

知念　希和

東　　寛朗

松倉　ルミ

丸　　千尋

宮川　豊治

若林　大督

第2部　補足資料

資料　「働く人の意識に関するアンケート～企業と公務の比較～」の質問項目別の回答割合

(単位：％)

質問項目	回答	国家公務員 全体	24歳以下	25～29歳	30～34歳	35～39歳	40～44歳	45～49歳	50～54歳	55～59歳	60～65歳	現在転職活動中である	数年以内に転職することを考えている	将来的には転職することを考えている	どちらともいえない	全く考えていない	民間企業従業員 全体	50人未満	50人以上300人未満	300人以上1000人未満	1000人以上5000人未満	5000人以上	24歳以下	25～29歳	30～34歳	35～39歳	40～44歳	45～49歳	50～54歳	55～59歳	60～65歳	現在転職活動中である	数年以内に転職することを考えている	将来的には転職することを考えている	どちらともいえない	全く考えていない	総計
	回答者数（人）	500	18	41	48	59	60	75	80	63	56	16	56	87	107	234	500	120	131	88	74	87	74	53	59	64	46	59	50	47	48	41	62	96	120	181	1,000
1　あなたの職場では、ポジションごとに求められる役割や、その役割の遂行に当たり必要な知識・スキルが明確に示されている。	全く（その通り）	12.0	38.9	12.2	10.4	15.3	6.7	14.7	7.5	9.5	12.5	18.8	23.2	10.3	3.7	13.2	11.8	10.8	14.5	11.4	8.1	12.6	12.2	7.5	13.6	17.2	6.5	10.2	10.0	17.0	10.4	29.3	14.5	13.5	4.2	11.0	11.9
	どちらかといえばその通り	38.2	27.8	43.9	47.9	35.6	33.3	29.3	40.0	39.7	44.6	25.0	37.5	39.1	37.4	39.3	38.2	35.8	41.2	34.1	47.3	33.3	39.2	34.0	42.4	42.2	32.6	40.7	46.0	25.5	37.5	26.8	45.2	35.4	39.2	39.2	38.2
	どちらともいえない	28.4	22.2	29.3	22.9	23.7	31.7	29.3	30.0	28.6	32.1	18.8	25.0	32.2	33.6	26.1	28.8	23.3	26.0	37.5	24.3	35.6	24.3	45.3	28.8	15.6	37.0	32.2	22.0	27.7	31.3	24.2	30.2	31.7	31.5	28.6	28.6
	どちらかといえば違う	13.2	0.0	7.3	6.3	11.9	15.0	18.7	20.0	15.9	7.1	12.5	7.1	11.5	15.0	14.5	14.2	16.7	15.3	13.6	10.8	12.6	17.6	11.3	13.6	17.2	15.2	10.2	10.0	19.1	12.5	17.1	8.1	12.5	16.7	11.6	13.7
	全く違う	8.2	11.1	7.3	12.5	13.6	13.3	8.0	2.5	6.3	3.6	25.0	7.1	6.9	10.3	6.8	7.0	13.3	3.1	3.4	9.5	5.7	6.8	1.9	1.7	7.8	8.7	6.8	12.0	10.6	8.3	2.1	8.3	6.6	8.3	8.1	7.6
2　あなたは、現在従事するポジションに求められる役割の遂行に当たり必要な知識・スキルを習得するために、トレーニングの機会を与えられるなど、組織から十分なサポートを受けている。	全く（その通り）	8.0	22.2	12.2	10.4	10.2	3.3	5.3	8.8	6.3	5.4	12.5	14.3	6.9	5.6	7.7	6.4	4.2	7.6	5.7	4.1	10.3	10.8	3.8	15.3	6.3	2.2	3.4	12.0	4.3	6.3	19.5	8.1	6.6	1.7	6.6	7.2
	どちらかといえばその通り	30.6	55.6	36.6	25.0	33.9	33.3	32.7	32.5	23.8	32.1	25.0	41.1	33.3	22.4	31.2	36.2	28.3	38.2	40.9	37.8	37.9	37.9	34.0	35.6	37.5	41.3	37.3	34.0	25.5	37.5	36.6	43.5	37.5	33.3	34.8	33.4
	どちらともいえない	38.4	11.1	31.7	45.8	23.7	38.3	45.3	38.8	46.0	42.9	37.5	23.2	36.8	43.0	40.6	31.0	29.2	26.7	35.2	36.5	31.0	28.4	39.6	32.2	29.7	37.0	23.7	34.0	31.9	25.0	14.6	25.8	32.3	36.7	34.8	34.7
	どちらかといえば違う	14.6	0.0	19.5	8.3	20.3	10.0	18.7	15.0	17.5	10.7	0.0	17.9	12.6	21.5	12.4	14.2	19.2	15.3	11.4	9.5	12.6	10.8	15.1	13.6	15.6	10.9	18.6	6.0	21.3	16.7	9.8	14.6	13.8	17.5	17.5	14.4
	全く違う	8.4	11.1	0.0	10.4	11.9	15.0	0.0	5.0	6.3	8.9	25.0	3.6	10.3	7.5	8.1	12.2	19.2	12.2	6.8	12.2	8.0	12.2	7.5	3.4	10.9	8.7	16.9	24.0	17.0	14.6	19.5	9.7	9.4	10.8	12.7	10.3
3　（国家公務員向け）あなたが公務組織で身に付けた知識・スキルは、民間企業でも活かせると思う。（民間企業従業員向け）あなたが民間企業で身に付けた知識・スキルは、国家公務員（各府省庁）でも活かせると思う。	全く（その通り）	9.4	22.2	12.2	10.4	6.8	8.3	12.0	7.5	6.3	8.9	12.5	14.3	10.3	4.7	9.8	6.2	0.8	6.9	8.0	8.1	9.2	8.1	7.5	6.8	6.3	8.7	6.8	6.0	4.3	0.0	26.8	2.8	2.5	2.5	2.8	7.8
	どちらかといえばその通り	24.4	50.0	19.5	25.0	22.0	16.7	18.7	22.5	30.2	33.9	18.8	41.1	31.0	18.7	20.9	23.0	22.5	19.8	26.1	24.3	24.1	27.0	22.6	28.8	26.6	19.6	18.6	14.0	17.0	29.2	29.3	27.4	29.2	22.5	23.7	23.7
	どちらともいえない	30.8	5.6	31.7	33.3	28.8	35.0	28.0	40.0	33.3	21.4	18.8	21.2	33.3	39.3	28.6	33.8	29.2	39.7	33.0	28.4	36.8	32.4	35.8	27.1	32.8	52.2	30.5	30.0	27.7	39.6	31.3	35.5	33.1	43.3	33.1	32.3
	どちらかといえば違う	22.4	11.1	26.8	16.7	20.3	21.7	24.0	23.8	20.6	28.6	18.8	12.5	16.1	26.2	26.1	18.8	20.0	17.6	20.5	18.9	17.2	16.2	18.9	21.9	27.1	8.7	27.1	18.0	14.9	14.6	14.6	11.3	19.8	20.0	21.0	20.6
	全く違う	13.0	11.1	9.8	14.6	22.0	18.3	17.3	6.3	9.5	7.1	31.3	8.9	9.2	11.2	14.5	18.2	27.5	16.0	12.5	20.3	12.6	16.2	15.1	15.1	11.9	10.9	16.9	32.0	36.2	16.7	17.1	12.9	15.6	11.7	26.0	15.6
4　あなたは、リスキリング（新しい仕事をするために必要なことを学ぶこと、職業能力の再開発・再教育）に関心がある。	全く（その通り）	12.8	11.1	17.1	18.8	11.9	21.7	13.3	11.3	6.3	5.4	31.3	26.8	18.4	9.3	7.7	8.8	7.5	10.7	8.0	4.1	12.6	12.2	15.6	15.3	15.6	8.7	8.5	6.0	4.3	2.1	26.8	19.4	11.5	3.3	10.8	10.8
	どちらかといえばその通り	27.6	38.9	29.3	27.1	30.5	25.0	20.0	28.8	30.5	31.3	31.3	42.5	29.9	29.9	21.8	32.4	21.7	39.7	29.5	45.9	27.6	37.8	35.8	23.7	34.8	34.8	27.1	34.0	25.5	33.3	29.3	35.5	36.5	35.0	28.2	30.0
	どちらともいえない	35.8	27.8	39.0	35.4	30.5	42.7	35.0	32.5	31.7	42.9	18.8	25.0	40.2	43.0	34.6	30.0	30.0	22.9	39.8	21.6	37.9	27.9	26.4	39.0	23.4	28.8	28.8	28.0	27.1	35.4	22.0	32.3	27.1	35.0	31.5	32.9
	どちらかといえば違う	15.2	11.1	11.1	10.4	20.3	6.7	12.0	19.0	22.5	19.0	12.5	5.4	11.2	9.3	23.1	16.8	27.5	15.3	17.0	16.2	14.9	10.8	16.4	15.3	23.7	15.2	23.7	22.0	17.0	12.5	9.8	4.8	12.5	20.8	22.1	16.0
	全く違う	8.6	11.1	2.4	8.3	6.8	6.7	12.0	5.0	14.3	10.7	6.3	0.0	5.7	6.5	12.8	12.0	11.5	11.5	5.7	12.2	6.9	10.8	6.8	6.8	12.5	6.5	12.2	9.4	16.7	12.5	9.8	8.1	12.5	14.9	10.3	10.3

5. あなたは、業務に関する知識・スキルの保有状況を組織内で共有・公開したいと思う。（その情報は、例えば人事異動の検討などに活用することが想定されます。）

選択肢	値
全く（その通り）	11.0 33.3 9.8 12.5 5.1 18.7 5.0 12.7 8.9 12.5 14.9 7.5 17.9 10.7 5.0 8.4 9.4 7.5 12.2 8.1 8.0 10.2 6.8 9.4 7.5 10.9 6.0 4.3 6.3 24.4 6.5 13.5 2.5 6.6 9.7
どちらかといえば（その通り）	25.6 16.7 39.0 29.2 28.8 18.7 31.3 15.9 23.2 25.0 27.6 16.8 41.1 35.1 26.7 30.6 25.2 18.9 31.1 28.4 31.0 28.8 39.0 37.5 47.2 26.1 30.0 27.7 33.3 29.3 45.2 27.1 30.8 27.6 28.1
どちらともいえない	39.4 33.3 36.6 39.6 30.5 40.0 41.3 41.3 48.2 37.5 40.2 45.8 35.7 41.4 38.3 35.4 37.2 47.2 36.5 31.0 41.4 32.2 37.5 28.1 30.5 47.8 40.0 23.4 35.4 17.1 25.8 36.5 43.3 37.0 37.4
どちらかといえば違う	14.4 5.6 9.8 4.2 20.3 13.3 15.0 23.8 12.5 12.5 12.6 17.8 5.4 16.2 15.0 14.2 15.8 10.8 10.8 14.9 14.0 20.3 6.5 15.6 15.1 6.5 10.0 14.9 14.6 12.2 14.5 13.5 15.0 14.4 14.3
全く違う	9.6 11.1 4.9 14.6 15.3 11.7 7.5 6.3 7.1 12.5 4.6 12.1 0.0 16.2 13.3 11.4 12.4 11.3 9.5 4.6 14.9 8.5 5.1 9.4 11.3 8.7 8.5 10.4 14.6 17.1 8.1 9.4 8.3 14.4 10.5

6. あなたは、業務と関係のない特技や趣味といった、業務外でのあなた自身のことについての情報を組織内で共有・公開したいと思う。（組織内でのコミュニケーション活性化に活用することが想定されます。）

選択肢	値
全く（その通り）	7.2 33.3 9.8 6.3 6.8 10.7 3.8 3.2 1.8 25.0 5.7 7.5 8.9 8.0 2.5 6.0 5.1 7.5 4.6 6.8 9.2 5.1 7.8 8.7 5.1 8.7 4.0 4.3 0.0 17.1 11.3 4.2 2.5 5.0 6.6
どちらかといえば（その通り）	21.2 27.8 22.0 35.4 23.7 13.3 20.0 14.3 17.9 18.8 29.9 14.0 32.1 28.4 13.3 27.4 21.7 26.4 27.4 35.6 31.0 30.5 35.9 26.1 30.2 24.4 14.0 19.1 25.0 22.0 37.1 27.1 30.8 23.2 24.3
どちらともいえない	36.2 22.2 41.5 29.2 30.5 40.0 36.3 36.5 41.1 12.5 42.5 47.7 28.6 37.8 40.0 35.8 35.8 35.9 42.4 23.4 34.2 32.6 42.0 31.9 45.8 31.3 34.4 24.4 25.8 42.5 36.0
どちらかといえば違う	21.6 5.6 19.5 12.5 23.7 23.3 21.3 30.2 26.8 18.8 14.9 21.5 19.6 8.1 14.9 17.6 14.8 16.0 8.5 21.9 14.0 11.9 14.0 14.9 10.4 17.1 11.3 20.8 17.5 10.5 18.2
全く違う	13.8 11.1 7.3 16.7 15.3 16.7 15.0 15.9 12.5 25.0 10.7 9.3 18.4 6.9 18.3 16.0 13.2 10.2 8.5 10.9 13.0 22.0 26.0 29.8 18.8 19.5 14.5 13.3 13.3 18.8 14.9

7. あなたは、将来、どのような職務に従事したいか、そのために今からどのようなキャリアを歩みたいかについて、具体的に考えている。

選択肢	値
全く（その通り）	7.2 22.2 9.8 6.3 8.5 9.3 5.0 4.8 1.8 31.3 4.2 6.1 14.3 5.7 2.8 8.8 6.4 5.7 1.9 10.2 6.5 12.0 2.1 6.3 34.1 14.5 6.7 3.9 8.0
どちらかといえば（その通り）	26.2 22.2 29.3 37.5 32.2 31.7 27.5 15.9 21.4 43.8 40.2 32.1 46.4 40.2 20.6 28.2 24.2 30.2 33.9 42.2 35.1 30.2 28.8 8.0 23.4 16.7 29.3 53.2 40.6 17.5 19.9 27.2
どちらともいえない	35.0 27.8 36.6 33.3 32.2 38.3 38.8 46.0 30.4 12.5 37.9 55.1 28.6 37.8 26.7 29.2 27.4 26.0 31.1 23.4 34.0 20.3 36.0 27.7 31.3 14.6 19.4 13.1 31.3 40.8 27.1 32.1
どちらかといえば違う	20.6 16.7 14.6 14.6 23.7 11.7 20.0 20.6 25.2 12.5 11.5 15.9 7.1 11.5 18.8 19.8 18.9 25.2 15.9 18.6 18.8 10.9 32.2 23.4 9.8 17.7 25.0 22.9 9.8 11.3 17.7 25.0 20.2
全く違う	11.0 11.1 9.8 8.3 3.4 10.0 8.8 12.7 21.4 4.6 4.6 5.6 18.4 14.0 13.8 8.1 15.1 5.1 24.0 23.4 10.2 24.0 23.4 22.9 12.2 1.6 4.2 10.0 26.5 12.5

8. あなたは、自分自身のキャリアやスキルアップのための自己研鑽（業務としてやったことがある／現在、やっている、1年以内にやろうと思っている、将来的にはやりたいと思っているが行うものではないもの）に取り組んでいますか。

選択肢	値
やったことがある／現在、やっている	27.4 33.3 19.5 39.6 28.8 33.3 24.0 27.5 25.4 19.6 56.3 33.3 25.2 21.8 29.7 24.1 29.7 15.1 25.4 28.1 21.9 20.3 22.0 19.1 16.7 56.1 32.3 15.6 18.2 24.9
1年以内にやろうと思っている	10.6 11.1 22.0 12.5 13.6 10.0 6.7 7.5 11.1 18.8 26.8 10.8 18.3 20.7 9.3 3.0 16.8 24.3 15.1 27.1 21.9 20.3 10.2 10.0 10.6 8.3 17.1 41.9 9.2 7.2 13.7
将来的にはやりたいと思っている	28.0 44.4 26.8 31.3 33.9 35.0 26.7 27.5 14.3 25.0 12.5 29.2 26.0 36.8 37.4 23.5 24.4 29.2 26.0 31.1 20.3 33.9 24.0 12.8 14.6 7.3 14.9 36.5 35.7 14.9 26.2
やる予定はない	34.0 11.1 31.7 16.7 23.7 21.7 42.7 37.5 49.2 48.2 12.5 30.5 43.3 28.0 51.7 36.4 43.3 25.2 37.0 27.1 29.7 35.6 44.0 57.4 60.4 19.5 6.5 19.8 35.8 59.7 35.2

9. あなたの職場では、自分自身のキャリア（例えば将来歩みたいキャリアパスなど）について上司や人事担当者などに気軽に相談できる機会や仕組みがある。

選択肢	値
全く（その通り）	5.8 16.7 4.9 12.5 6.8 6.7 4.0 1.6 1.8 12.5 1.8 4.6 5.7 7.2 13.6 4.2 4.0 4.0 4.2 26.8 9.7 3.1 2.5 7.2 6.5
どちらかといえば（その通り）	23.8 38.9 39.0 22.9 32.2 15.0 25.3 20.0 17.9 31.3 17.9 28.6 19.2 28.8 31.3 28.1 39.1 32.1 22.0 12.0 25.5 16.7 31.7 23.3 22.1 26.3
どちらともいえない	29.8 16.7 26.8 37.5 25.4 21.7 20.0 36.3 44.4 30.4 6.3 37.5 27.4 23.7 28.1 23.9 20.3 18.9 20.3 34.0 14.9 35.4 7.3 26.0 27.0
どちらかといえば違う	21.0 22.2 12.2 10.4 16.9 30.0 24.0 23.8 15.9 28.6 25.0 17.9 25.3 20.1 13.0 25.4 22.0 13.8 26.0 27.7 14.6 17.1 18.2 20.4
全く違う	19.6 5.6 17.1 16.7 18.6 26.7 16.7 13.8 19.0 8.9 14.9 17.8 20.8 24.4 20.0 25.8 14.9 18.4 10.8 11.9 17.2 21.7 25.4 24.0 13.5 20.8 26.5 19.8

10. あなたは、選べるとしたら、1つの部署に長年在籍して特定の専門分野を極めたいですか、それとも、様々な部署を経験し、その組織全体の総合的な知識を身に付けたいですか。

選択肢	値
専門分野を極めたい	21.2 22.2 16.7 13.6 28.3 26.7 16.3 23.8 21.4 25.0 14.9 22.0 9.4 17.2 14.9 13.6 20.0 12.8 14.6 34.1 11.3 6.3 12.5 17.7 18.0
どちらかといえば専門分野を極めたい	29.0 22.2 24.4 33.3 37.3 23.3 32.5 30.2 32.1 50.0 39.1 24.3 25.6 35.1 42.2 36.8 35.1 27.7 33.9 42.2 34.8 28.8 32.0 34.0 27.1 14.6 51.6 41.7 27.5 33.1 31.6
どちらともいえない	28.0 27.8 26.8 22.9 16.9 33.3 26.3 30.2 28.6 18.8 23.0 35.5 29.1 25.7 21.8 29.7 32.1 22.0 26.6 23.9 20.3 34.0 29.8 33.3 29.3 21.0 30.2 31.7 26.0 27.9
どちらかといえば総合的な知識を身に付けたい	15.4 22.2 18.8 23.7 11.7 10.7 20.0 7.9 8.9 14.3 12.6 20.6 15.4 15.2 14.8 17.6 15.6 9.2 14.9 11.3 20.6 15.2 22.0 8.0 12.8 16.7 7.3 12.9 18.8 20.0 8.1 2.4 12.7 15.3
総合的な知識を身に付けたい	6.4 5.6 4.9 8.3 8.5 3.3 5.0 7.9 8.9 6.3 5.4 4.6 6.5 7.3 16.2 8.0 12.5 1.5 6.8 3.4 6.3 8.7 15.3 6.0 10.6 8.3 14.6 3.2 3.1 8.3 10.5 7.2

11. 次の8つの選択肢のうち、自分にとって最も重要と感じることを1つ選択してください。

選択肢	値
自分の知識・スキルの専門性を高め、活用できることやそのある役割を担うこと	16.4 27.8 7.3 25.0 13.6 16.0 21.3 12.7 14.3 25.0 17.2 11.2 19.1 12.5 20.3 24.1 14.9 20.8 15.3 21.9 26.1 19.4 16.7 33.1 17.1
組織の中で、責任のある役割を担うこと	9.0 11.1 4.9 8.3 11.9 6.7 5.3 11.3 11.1 10.7 0.0 8.0 8.4 8.1 11.4 21.6 12.6 12.2 13.2 15.3 12.5 6.5 16.0 8.5 2.4 29.0 12.5 13.3 5.5 10.2
仕事を自分のやり方や仕組みでつくっていくこと	6.2 11.1 4.9 8.3 5.1 5.3 2.5 4.8 10.7 6.3 17.9 9.9 8.3 10.4 6.5 5.7 8.1 3.8 11.9 6.3 6.5 5.1 2.0 10.2 12.0 8.5 8.1 11.5 7.5 1.7 6.0
経済的な安定	38.6 38.9 48.8 35.4 37.3 38.7 40.0 41.3 30.4 25.0 28.6 34.5 37.4 44.0 50.8 38.2 36.5 39.2 35.6 39.1 41.3 39.0 54.0 57.4 37.5 26.8 29.0 8.1 10.4 42.5 44.2 39.6
クリエイティブに新しいことを生み出したい、自身の会社や事業を起こすこと	3.2 0.0 2.4 2.1 5.1 5.0 2.7 3.4 0.9 3.4 4.4 4.2 4.9 2.0 2.1 4.2 6.3 2.4 6.3 12.7 5.5 10.5 4.9 6.5 2.1 3.3 7.2
社会に貢献したり、奉仕したりすること	5.6 0.0 4.9 3.4 5.7 4.0 7.9 5.4 4.3 5.7 3.1 8.4 6.5 3.4 4.3 4.0 3.1 1.7 1.4 3.4 5.4 4.0 3.2 1.0 4.2 3.9 4.8
解決困難な問題に挑むこと	1.0 5.6 4.9 2.2 4.2 4.9 0.0 1.6 1.2 0.4 0.8 0.0 1.1 1.9 1.7 3.4 0.0 0.0 2.4 0.0 6.4 4.0 12.2 3.2 1.0 0.0 0.8 1.7 1.1
ワーク・ライフ・バランス	20.0 5.6 22.0 16.7 23.7 15.0 28.0 17.5 20.6 18.8 12.5 20.7 27.1 18.4 14.8 16.2 18.9 17.1 10.9 14.1 10.9 16.9 17.0 13.8 18.9 14.6 4.8 10.4 15.0 20.4 17.4

73

（単位：％）

質問項目	国:全体	国:24歳以下	国:25〜29歳	国:30〜34歳	国:35〜39歳	国:40〜44歳	国:45〜49歳	国:50〜54歳	国:55〜59歳	国:60〜65歳	国:現在、転職活動中である	国:数年以内に転職をすることを考えている	国:将来的には転職をすることを考えている	国:どちらかといえば考えられない	国:全く考えられない	民:全体	民:50人未満	民:50人以上300人未満	民:300人以上1000人未満	民:1000人以上5000人未満	民:5000人以上	民:24歳以下	民:25〜29歳	民:30〜34歳	民:35〜39歳	民:40〜44歳	民:45〜49歳	民:50〜54歳	民:55〜59歳	民:60〜65歳	民:現在、転職活動中である	民:数年以内	民:将来的には	民:どちらかといえば考えられない	民:全く考えられない	総計
回答者数（人）	500	18	41	48	59	60	75	80	63	56	16	56	87	107	234	500	120	131	88	74	87	74	53	59	64	46	59	50	47	48	41	62	96	120	181	1,000
12 あなたは、「転職」や「人材の流動化」について、ポジティブとネガティブのどちらの印象をより強くお持ちですか。 — ポジティブ	14.2	5.6	22.0	33.3	15.3	20.0	12.0	6.3	9.5	7.1	62.5	30.4	23.0	6.5	7.3	13.2	11.7	12.2	18.2	8.1	16.1	23.0	15.1	16.9	9.4	13.0	11.9	14.0	6.4	4.2	41.5	29.0	15.6	4.2	6.1	13.7
どちらかといえばポジティブ	25.2	50.0	29.3	31.3	27.1	21.7	12.0	31.3	22.2	23.2	25.0	35.7	43.7	29.0	14.1	30.8	26.7	38.9	26.1	28.4	31.0	35.1	34.0	30.5	39.1	28.3	22.0	24.0	29.8	31.3	24.4	46.8	43.8	22.5	25.4	28.0
どちらともいえない	31.6	16.7	24.4	16.7	32.2	30.0	41.3	35.0	38.1	30.4	0.0	25.0	23.0	46.7	31.6	32.6	39.2	27.5	30.7	37.8	28.7	24.3	32.1	27.1	23.4	41.3	33.9	40.0	31.9	47.9	12.2	16.1	49.2	35.4	32.1	32.1
どちらかといえばネガティブ	18.0	22.2	14.6	10.4	11.9	15.0	24.0	20.0	15.9	26.8	12.5	7.1	9.2	13.1	26.5	17.0	13.3	18.3	20.5	20.3	13.8	10.8	15.1	20.3	21.9	10.9	23.7	12.0	25.5	12.5	12.2	6.5	21.7	21.0	21.0	17.5
ネガティブ	11.0	5.6	9.8	8.3	13.6	13.3	10.7	7.5	14.3	12.5	0.0	1.8	1.1	4.7	20.5	6.4	9.2	3.1	4.5	5.4	10.3	6.8	3.8	5.1	6.3	6.5	8.5	10.0	6.4	4.2	9.3	2.1	2.5	12.2	12.2	8.7
13 あなた自身は、今後、転職することを考えていますか。 — 現在、転職活動中である	3.2	5.6	7.3	8.3	3.4	3.3	1.3	1.3	1.6	1.8						3.2	10.0	4.6	10.2	8.1	9.2	21.6	3.8	5.1	8.7	6.5	5.1	8.0	2.1	2.1						5.7
数年以内に転職することを考えている	11.2	11.1	12.2	12.5	10.2	8.3	6.7	10.0	12.7	19.6						12.4	9.2	13.0	17.0	13.5	10.3	16.2	13.2	20.3	15.6	4.3	6.8	14.0	2.1	14.6						11.8
将来的には転職することを考えている	17.4	27.8	19.5	20.8	16.9	25.0	16.0	16.3	14.3	10.7						19.2	19.2	26.0	18.2	9.5	18.4	29.7	28.3	22.0	29.7	21.7	8.5	10.0	12.8	2.1						18.3
どちらともいえない	21.4	27.8	24.4	18.8	23.7	16.7	21.3	27.5	19.0	16.1						24.0	25.8	22.1	21.6	29.7	21.8	14.9	20.8	20.3	17.2	30.4	21.7	24.0	23.4	37.5						22.7
全く考えていない	46.8	33.3	36.6	39.6	45.8	46.7	54.7	45.0	52.4	51.8						36.2	35.8	34.4	33.0	39.2	40.2	17.6	34.0	32.2	26.6	34.8	45.8	44.0	59.6	43.8						41.5
14 （国家公務員向け）あなたは、民間企業への転職に関心がありますか。（民間企業従業員向け）あなたは、各府省（国家公務員）への転職に関心がある。 — 関心がかなりある	7.4	22.2	4.9	8.3	6.8	11.7	8.0	5.0	6.3	3.6	25.0	11.5	1.9	5.6	0.4	8.0	6.7	4.6	10.2	10.8	10.3	14.9	0.0	8.5	10.9	4.3	8.5	14.0	4.3	2.1	41.5	9.7	2.5	6.6	2.2	7.7
どちらかといえば関心がある	21.8	16.7	26.8	33.3	23.7	20.0	16.0	16.3	17.5	30.4	57.1	43.7	35.6	19.6	5.6	18.2	14.2	19.1	15.9	21.6	21.8	23.0	22.6	16.9	23.4	19.6	18.6	23.7	17.0	10.4	26.8	38.7	26.0	15.8	6.6	20.0
どちらともいえない	21.6	16.7	14.6	18.8	23.7	23.3	25.3	23.8	27.0	31.3	12.5	24.0	24.3	23.9	20.3	20.8	17.5	23.7	21.6	20.3	20.7	21.6	17.0	32.2	17.2	26.1	23.7	12.0	25.0	17.1	24.2	24.0	27.5	14.4	20.0	21.2
どちらかといえば関心がない	14.6	11.1	14.6	16.7	16.9	16.7	9.3	20.0	14.3	8.9	0.0	8.9	6.9	13.8	16.1	17.0	16.7	19.1	13.6	14.9	19.5	16.2	30.2	16.9	18.8	17.4	11.9	16.0	10.6	16.0	17.1	14.5	24.0	26.7	14.4	15.8
関心が全くない	34.6	33.3	39.0	22.9	28.8	28.3	41.3	35.0	34.9	44.6	6.3	8.9	2.3	4.3	68.4	36.0	45.0	33.6	38.6	32.4	27.6	24.3	30.2	25.4	29.7	32.6	37.3	50.0	53.3	50.0	2.4	12.9	15.6	27.5	65.7	35.3
15 あなたは、あなたの所属する組織のミッション・ビジョン・バリューやパーパスに共感している。 — 全くその通り	4.6	16.7	2.4	8.3	5.1	1.7	2.7	3.8	7.9	1.8	6.3	4.3	4.3	1.7	5.3	6.4	3.3	5.3	8.0	6.8	10.3	18.9	3.8	5.1	6.5	6.5	6.8	4.0	2.1	2.1	34.1	9.7	6.3	2.8	5.5	5.5
どちらかといえばその通り	20.8	44.4	22.0	20.8	25.4	15.0	16.0	21.3	15.9	25.0	18.8	39.3	20.7	18.7	17.5	21.0	18.3	17.6	17.0	28.4	27.6	20.3	15.1	23.7	21.9	23.9	18.6	29.8	20.8	14.6	34.1	38.7	22.5	17.1	20.9	20.9
どちらともいえない	27.0	27.8	29.3	37.5	16.9	16.7	22.7	35.0	34.9	23.2	25.0	14.3	29.9	31.8	26.9	26.0	25.0	28.2	23.9	24.3	27.6	37.7	28.3	23.4	23.9	23.9	20.3	34.0	27.1	17.1	17.1	22.6	28.1	33.3	26.5	26.5
どちらかといえば違う	15.0	0.0	17.1	10.4	11.9	15.0	12.0	16.3	19.0	23.2	6.3	16.1	13.8	23.4	12.0	12.2	12.5	13.0	12.5	12.2	10.3	10.8	11.3	14.1	9.4	13.6	13.6	4.0	16.7	12.8	7.3	11.3	14.6	12.7	13.6	13.6
全く違う	8.6	5.6	4.9	4.2	11.9	20.0	8.0	6.3	7.9	5.4	25.0	1.8	6.9	9.3	9.4	7.0	6.7	6.9	5.7	6.8	9.2	6.8	9.4	5.1	1.6	4.1	10.9	8.0	4.3	16.7	9.8	5.2	11.7	6.1	7.8	7.8
組織のミッション・ビジョン・バリューやパーパスを知らない	15.4	5.6	12.2	14.6	20.3	11.7	30.7	12.5	7.1	7.1	6.3	13.5	16.1	7.5	19.7	14.4	15.0	13.7	23.9	12.2	6.9	13.5	17.2	16.9	17.2	13.0	23.7	12.5	17.0	21.1	2.1	4.8	12.5	11.7	14.9	14.9
組織のミッション・ビジョン・バリューやパーパスが定められていない	8.6	0.0	22.0	4.2	8.5	20.0	8.0	5.0	1.6	14.3	12.5	7.1	6.3	6.3	13.7	13.0	15.0	19.2	13.7	9.1	5.7	6.8	13.5	11.3	14.1	5.1	6.8	6.9	12.5	15.0	4.8	7.3	9.8	9.8	7.8	10.8
16 あなたは、仕事を進めるにあたり十分な裁量を与えられている。 — 全くその通り	9.2	22.2	12.2	12.5	11.9	11.7	6.7	5.0	9.5	3.6	12.5	12.5	11.5	2.8	10.3	9.2	9.2	11.5	5.7	10.8	8.0	10.8	0.0	13.6	10.9	6.5	11.9	4.0	12.8	10.4	34.1	9.7	5.2	4.2	8.8	9.2
どちらかといえばその通り	36.8	38.9	17.1	35.4	40.7	45.3	45.3	42.5	27.0	41.1	18.8	42.9	32.2	37.4	38.0	36.0	30.0	38.9	40.9	35.1	35.6	40.5	28.3	31.3	30.4	37.3	30.4	42.6	33.3	33.3	24.4	40.3	32.3	33.3	40.9	36.4
どちらともいえない	32.6	22.2	43.9	25.0	28.8	41.7	33.3	32.5	31.7	28.6	25.0	26.8	28.6	39.3	28.6	33.6	41.7	26.7	35.2	37.9	37.0	27.0	47.2	35.6	40.6	37.0	30.5	28.0	24.4	44.8	14.6	27.4	38.3	30.9	33.1	33.1
どちらかといえば違う	13.8	11.1	12.2	18.8	13.6	6.7	12.0	15.0	15.9	17.9	25.0	12.6	14.0	13.7	13.7	10.8	8.3	17.6	12.5	10.3	10.3	14.9	18.9	11.9	12.5	17.4	17.6	18.0	14.6	9.8	9.8	17.5	13.7	12.7	13.7	13.7
全く違う	7.6	5.6	14.6	8.3	5.1	2.7	2.7	5.0	15.9	8.9	18.8	5.4	6.5	3.4	9.4	7.6	8.3	5.3	5.7	6.8	8.0	6.8	5.7	4.7	4.7	8.7	8.5	8.0	14.6	6.7	17.1	5.2	10.4	8.3	6.6	7.6

No.	設問	回答区分																																				
17	あなたは、いまの職場の仕事に熱中することができている。	全くその通り	10.6	12.2	33.3	12.2	10.2	11.7	10.7	11.1	5.0	8.9	6.3	17.9	9.2	12.8	3.7	12.8	10.0	6.7	12.2	9.1	9.5	12.6	16.2	5.7	16.9	2.2	8.5	10.0	12.8	6.3	19.5	11.3	12.5	3.3	10.3
		どちらかといえばその通り	37.0	33.3	16.7	36.7	37.3	33.3	51.8	18.8	44.6	36.8	38.0	38.2	40.8	36.6	33.0	47.3	34.5	40.5	37.3	37.3	43.5	39.0	38.3	38.3	47.9	31.7	41.9	33.3	35.8	37.6					
		どちらともいえない	30.4	27.8	27.1	30.0	34.9	19.6	32.0	12.5	21.4	29.9	32.4	29.5	30.8	33.6	35.2	25.7	35.6	25.7	27.1	32.8	34.8	33.9	38.3	18.0	33.3	17.1	24.2	29.2	32.0	31.4					
		どちらかといえば違う	13.6	16.7	15.3	11.7	12.5	12.5	12.0	31.3	12.5	13.8	11.2	12.0	10.8	10.7	14.8	8.1	11.5	10.8	11.9	20.3	8.7	11.9	4.3	16.0	6.3	7.3	12.9	16.7	10.0	12.4					
		全く違う	8.4	5.6	10.2	10.0	7.5	7.1	6.7	31.3	3.6	10.3	8.2	10.8	10.8	6.9	8.0	9.5	5.7	6.8	6.8	6.8	10.9	6.8	6.3	6.4	6.3	24.4	9.7	8.3	5.5	8.3					
18	あなたは、これまでの自分自身の人事異動に納得している。	全くその通り	8.4	33.3	8.3	6.7	10.2	3.6	4.0	6.3	10.7	9.2	6.2	5.8	5.8	8.4	8.0	2.7	4.6	13.5	5.7	6.8	6.5	3.4	6.4	8.0	43.8	22.0	6.5	3.1	6.6	7.3					
		どちらかといえばその通り	29.2	38.9	36.6	26.7	30.5	35.7	25.3	26.3	35.7	21.8	33.2	34.4	35.6	36.6	34.1	31.1	44.8	28.4	39.6	37.0	37.0	44.8	43.8	22.0	29.8	34.4	45.2	34.4	35.4	31.2					
		どちらともいえない	38.0	16.7	24.4	40.0	32.2	33.9	46.3	41.3	30.4	43.7	33.2	39.2	39.0	35.9	43.8	47.2	32.2	39.2	44.0	37.0	35.9	44.7	39.6	44.0	29.8	29.3	30.6	43.8	42.5	39.4					
		どちらかといえば違う	14.6	0.0	12.2	20.0	18.6	16.7	13.3	15.9	17.9	16.1	11.4	10.8	12.2	10.3	3.8	15.3	13.7	3.8	3.8	10.9	18.8	10.6	8.3	14.6	8.3	14.6	9.7	8.3	18.3	13.0					
		全く違う	9.8	11.1	12.5	6.7	8.3	10.0	14.7	11.1	6.3	9.2	11.2	10.3	8.4	6.8	3.4	3.8	15.3	8.1	8.7	8.5	8.7	11.9	16.0	8.5	4.3	7.2	6.7	6.7	5.8	9.1					
19	あなたの職場では、業務効率化の取組みが積極的に行われている。	全くその通り	6.4	16.7	4.9	5.0	8.5	6.3	5.3	6.3	7.5	9.2	6.6	5.4	5.4	11.5	7.5	5.4	6.9	10.8	4.1	2.2	7.8	6.8	4.2	4.3	33.3	26.8	8.1	7.3	3.3	6.5					
		どちらかといえばその通り	26.4	38.9	29.3	37.0	32.2	13.3	25.3	23.0	35.7	23.0	30.6	35.1	22.4	32.2	28.4	37.8	28.7	24.2	23.7	30.4	34.4	45.3	33.3	34.0	22.0	19.5	41.9	24.0	25.8	28.5					
		どちらともいえない	40.8	33.3	43.9	45.0	30.5	43.3	41.3	39.1	48.6	39.2	40.4	40.7	45.3	40.2	41.9	36.5	33.8	47.5	50.8	41.6	37.5	42.4	41.7	42.0	42.0	29.3	25.8	44.8	44.2	43.1					
		どちらかといえば違う	16.0	5.6	14.6	6.3	28.3	14.7	15.0	21.8	7.1	14.8	14.8	9.5	11.3	11.5	12.5	14.9	22.0	15.3	8.7	13.6	17.0	7.3	10.4	16.0	17.0	17.7	20.0	7.3	10.5	15.4					
		全く違う	10.4	5.6	7.3	6.7	4.1	22.2	12.8	9.8	1.2	3.4	7.6	9.4	15.9	4.6	5.5	5.4	6.8	2.2	6.8	6.3	4.1	1.7	10.4	6.7	7.2	9.0										
20	あなたの職場では、適切な人員配置が行われている。	全くその通り	5.0	22.2	0.0	11.9	6.3	4.8	1.8	5.7	2.5	5.7	3.7	3.8	6.0	6.9	13.5	4.1	6.9	4.0	4.0	4.3	0.0	4.2	1.7	5.0	5.5										
		どちらかといえばその通り	19.8	22.2	24.4	20.3	14.7	14.3	19.6	14.3	27.5	26.4	23.7	27.5	29.7	28.7	24.4	32.1	26.1	30.4	31.9	33.3	35.4	23.3	35.4	23.8											
		どちらともいえない	37.6	33.3	27.1	23.7	30.5	42.9	35.0	40.0	45.3	38.5	51.2	32.8	50.0	40.7	31.7	39.1	45.7	44.6	34.0	41.7	42.7	49.2	38.7	39.6											
		どちらかといえば違う	23.8	11.1	24.4	30.5	28.3	22.7	26.3	17.5	13.3	16.2	9.4	20.3	8.7	13.6	16.7	5.4	8.1	9.8	17.0	17.5	14.5	17.5	13.3	19.4											
		全く違う	13.8	11.1	17.1	13.6	11.7	14.7	14.7	14.3	8.8	8.8	10.2	10.3	6.5	8.3	24.4	10.2	10.2	8.3	6.4	12.5	6.5	10.4	7.7	11.7											
21	あなたは、上司や人事担当者は、従業員（職員）一人一人のキャリア志向、成した成果などについて、もっと丁寧に向き合ってほしいと思う。	全くその通り	12.2	22.2	12.2	22.2	14.6	14.7	15.9	8.9	25.0	10.2	6.8	12.6	12.9	10.2	5.5	11.1																			
		どちらかといえばその通り	32.8	38.9	39.0	27.8	35.4	30.0	25.4	42.9	35.0	37.8	44.6	32.2	24.0	37.3	37.5	41.9	35.4	37.5	27.6	32.8															
		どちらともいえない	43.2	27.8	34.1	43.8	40.7	46.7	47.6	37.5	43.8	40.2	31.1	40.7	44.4	39.1	36.5	47.2	42.6	54.2	50.8	42.8	48.3	56.3	30.6	50.8											
		どちらかといえば違う	8.4	5.6	27.8	2.1	10.2	6.7	9.3	8.9	0.0	6.9	5.4	14.1	8.7	6.3	9.5	4.9	4.2	7.3	14.2	6.3	14.5	9.8	13.7												
		全く違う	3.4	5.6	0.0	10.4	3.4	0.0	3.8	1.8	1.9	3.4	1.9	5.4	6.3	10.9	6.8	13.0	17.0	10.2	6.0	8.1	7.7	5.0	8.7												
22	あなたは、これまでの自分自身に対する人事評価に納得している。	全くその通り	9.2	33.3	12.2	33.3	12.5	8.5	8.8	6.7	2.1	3.8	6.3	5.7	9.4	7.5	9.7	5.0	1.7	3.1	7.4																
		どちらかといえばその通り	27.8	27.8	39.0	24.4	35.6	21.7	30.4	21.3	14.3	28.3	30.2	30.5	35.9	24.2	29.2	29.3	30.5	35.4	29.3																
		どちらともいえない	42.0	33.3	41.5	33.3	45.0	32.0	51.3	49.2	42.9	44.7	43.4	39.2	34.4	47.1	46.8	56.3	34.0	47.0	41.7																
		どちらかといえば違う	13.2	0.0	7.3	6.3	16.9	16.7	12.0	12.5	19.6	9.5	8.7	14.1	14.9	9.8	14.5	12.5	13.8	13.7																	
		全く違う	7.8	5.6	0.0	12.5	8.5	10.2	6.7	5.3	6.3	3.2	6.9	6.3	6.4	8.3	9.7	6.1	4.4	4.7	7.2																
23	あなたの職場では、従業員（職員）を大切にする風土がある。	全くその通り	7.4	33.3	12.2	33.3	10.4	5.3	10.2	6.3	3.2	3.6	6.9	8.1	6.9	4.4	5.0	6.3	5.0	4.4	6.8																
		どちらかといえばその通り	25.6	27.8	33.0	24.4	33.3	17.3	28.8	27.0	33.9	26.4	21.5	28.4	33.8	35.1	28.8	25.0	24.2	35.4	27.7																
		どちらともいえない	44.8	27.8	43.9	41.5	22.0	50.7	44.4	46.4	33.9	47.1	52.3	44.8	33.9	40.5	48.8	32.0	39.6	42.5	42.0																
		どちらかといえば違う	12.6	5.6	6.3	6.3	16.9	16.0	12.0	14.3	8.9	9.2	15.0	14.9	9.5	15.1	18.6	18.0	16.7	12.9	13.8																
		全く違う	9.6	5.6	2.4	22.9	8.3	10.7	6.3	5.4	6.3	9.3	3.8	6.8	6.1	9.7	9.7	4.2	12.5	7.7	9.3																
24	あなたの職場では、何事も気軽に相談できる雰囲気がある。	全くその通り	7.0	33.3	9.8	10.4	8.5	5.3	6.3	6.3	12.5	6.9	5.8	6.6	8.1	6.9	5.4	5.7	2.1	2.1	4.4	5.0	6.8														
		どちらかといえばその通り	29.2	38.9	29.3	33.3	35.6	26.7	28.8	20.6	33.9	23.4	21.5	28.1	30.7	36.4	33.8	28.3	30.4	28.6	24.2	30.0	32.6	30.3													
		どちらともいえない	39.8	16.7	43.9	35.6	25.4	26.7	32.1	48.2	33.9	41.4	51.4	42.4	36.4	37.7	38.2	43.5	45.7	40.7	37.4	36.8	35.4	40.9													
		どちらかといえば違う	14.8	0.0	12.2	12.5	20.3	25.0	18.8	10.7	10.7	17.2	13.1	10.2	19.3	8.1	26.4	10.2	15.4	8.9	27.7	12.5	19.2	14.6													
		全く違う	9.2	11.1	4.9	14.6	10.2	10.7	6.3	11.1	10.7	8.9	8.0	12.2	8.0	6.8	1.9	10.9	4.7	6.9	9.3	8.3	9.3														

（単位：％）

質問項目	国家公務員：全体	国・年齢：24歳以下	国・年齢：25～29歳	国・年齢：30～34歳	国・年齢：35～39歳	国・年齢：40～44歳	国・年齢：45～49歳	国・年齢：50～54歳	国・年齢：55～59歳	国・年齢：60～65歳	国・転職意向：現在、転職活動中である	国・転職意向：数年以内に転職することを考えている	国・転職意向：将来的には転職することを考えている	国・転職意向：どちらともいえない	国・転職意向：全く考えていない	民間：全体	民・従業員数：50人未満	民・従業員数：50人以上300人未満	民・従業員数：300人以上1000人未満	民・従業員数：1000人以上5000人未満	民・従業員数：5000人以上	民・年齢：24歳以下	民・年齢：25～29歳	民・年齢：30～34歳	民・年齢：35～39歳	民・年齢：40～44歳	民・年齢：45～49歳	民・年齢：50～54歳	民・年齢：55～59歳	民・年齢：60～65歳	民・転職意向：現在、転職活動中である	民・転職意向：数年以内に転職することを考えている	民・転職意向：将来的には転職することを考えている	民・転職意向：どちらともいえない	民・転職意向：全く考えていない	総計
回答者数（人）	500	18	41	48	59	60	75	80	63	56	16	56	87	107	234	500	120	131	88	74	87	74	53	59	64	46	59	50	47	48	41	62	96	120	181	1,000
25　あなたは、現在の勤務時間や勤務場所に不都合を感じることはない（状況に合わせた柔軟な働き方ができている）。 — 全くその通り	11.0	16.7	22.0	10.4	10.2	8.3	13.3	7.5	11.1	7.1	18.8	16.1	9.2	7.5	11.5	10.0	5.8	13.7	10.2	12.2	8.0	12.2	3.8	23.7	6.3	0.0	11.9	8.0	12.8	8.3	22.0	11.3	8.3	6.7	9.9	10.5
どちらかといえばその通り	29.8	27.8	24.4	27.1	32.2	18.3	26.7	35.0	31.7	41.1	6.3	39.3	29.9	20.6	33.3	29.2	23.3	28.2	30.7	37.8	29.9	35.1	24.5	16.9	42.2	37.0	22.0	26.0	27.7	29.2	26.8	33.9	29.2	23.3	32.0	29.5
どちらともいえない	36.0	27.8	34.1	35.4	28.8	40.0	36.0	40.3	42.9	30.4	18.8	25.0	39.1	43.0	35.5	40.2	45.8	40.5	31.8	32.4	47.1	31.1	52.8	45.8	31.3	34.8	47.5	38.0	36.2	47.9	22.0	33.9	36.5	49.2	42.5	38.1
どちらかといえば違う	15.0	22.2	17.1	12.5	16.9	21.7	16.0	13.3	6.3	14.3	37.5	16.1	12.6	21.5	11.1	13.0	11.7	12.2	21.6	12.2	6.9	13.5	13.2	11.9	10.9	15.2	13.6	14.0	14.9	10.4	22.0	11.3	15.6	17.5	9.4	14.0
全く違う	8.2	5.6	2.4	14.6	11.9	11.7	8.0	3.3	7.9	7.1	18.8	3.6	7.5	7.5	8.5	7.6	13.3	5.3	5.7	5.4	6.9	8.1	5.7	1.7	9.4	13.0	6.5	14.0	8.5	4.2	17.1	9.7	15.6	3.3	6.1	7.9
26　あなたは、いまの職場で働くことに満足している。 — 全くその通り	11.2	38.9	12.2	4.2	10.2	6.7	14.7	8.8	12.7	10.7	6.3	14.3	9.2	4.7	14.5	9.2	10.0	9.9	8.0	5.4	11.5	10.8	9.4	13.9	7.8	10.9	8.5	14.0	8.5	4.2	24.4	9.7	3.1	2.5	14.4	10.2
どちらかといえばその通り	32.4	22.2	26.8	33.3	32.2	38.3	33.3	32.5	23.8	41.1	18.8	25.0	28.7	29.9	37.6	31.6	24.2	30.5	36.4	37.8	33.3	35.1	37.7	33.9	35.9	30.4	42.4	28.0	31.9	31.3	19.5	40.3	26.0	25.0	38.7	32.0
どちらともいえない	35.4	27.8	41.5	37.5	32.2	28.3	37.3	38.8	41.3	28.6	6.3	35.7	31.0	43.0	35.5	36.0	41.7	35.9	34.1	32.4	33.3	31.1	37.7	35.6	29.7	43.5	26.0	26.0	36.2	45.8	22.0	33.9	41.7	48.3	28.7	35.7
どちらかといえば違う	11.8	5.6	14.6	4.2	13.6	16.7	8.0	11.3	14.3	14.3	31.3	16.1	23.0	10.3	6.0	13.4	10.8	13.0	14.8	16.2	8.0	14.9	18.9	15.6	15.6	6.5	11.9	16.0	10.6	14.6	9.8	6.5	14.6	19.2	12.2	12.6
全く違う	9.2	5.6	4.9	20.8	11.9	10.0	6.7	8.8	7.9	5.4	37.5	8.9	8.0	12.1	6.4	9.8	13.3	10.7	6.8	8.1	8.0	8.1	7.5	8.5	10.9	8.7	8.5	16.0	10.6	4.2	24.4	14.6	14.6	5.0	6.1	9.5
27　あなたは、現在の職場を親しい友人や知人に勧めたいと思う。 — 全くその通り	6.0	27.8	2.4	6.3	6.8	6.7	6.7	5.0	3.2	3.6	6.3	10.7	5.7	2.8	6.4	4.4	3.3	4.6	5.7	4.1	4.6	9.5	3.8	6.3	6.3	4.3	3.4	2.0	2.1	2.1	19.5	9.7	4.2	2.5	5.0	5.2
どちらかといえばその通り	19.8	22.2	29.3	18.8	18.6	11.7	16.0	23.8	14.3	28.6	0.0	17.9	19.5	14.0	24.4	25.6	13.3	19.8	35.2	32.4	35.6	32.4	35.8	23.7	26.6	26.1	27.1	20.0	12.8	20.8	22.0	37.1	17.7	23.3	28.2	22.7
どちらともいえない	44.0	27.8	43.9	39.6	42.4	36.7	48.0	45.0	55.6	42.9	25.0	37.5	40.2	52.3	44.4	37.6	45.0	42.7	25.0	35.1	34.5	32.4	37.7	47.5	26.6	39.1	32.2	34.0	48.9	45.8	19.5	42.7	45.0	45.0	40.9	40.8
どちらかといえば違う	16.2	16.7	17.1	10.4	15.3	26.7	17.3	15.0	11.1	8.9	25.0	17.9	20.7	14.0	14.5	16.6	19.2	14.5	20.5	14.9	13.8	10.8	13.2	16.9	20.3	8.7	20.3	24.0	21.3	18.8	14.6	13.5	19.4	15.8	15.8	16.4
全く違う	14.0	5.6	7.3	25.0	16.9	18.3	12.0	11.3	15.9	16.1	43.8	16.1	13.8	16.8	10.3	15.8	19.2	18.3	13.6	13.5	11.5	14.9	9.4	8.5	20.3	21.7	16.9	24.0	14.9	12.5	24.4	16.1	13.5	13.3	21.9	14.9
28　従業員（職員）の満足度ややりがいを高める目的で、人事部門があなたの個人情報の提供を求めたり、実際に収集し分析したりすることに抵抗はない。 — 全くその通り	10.0	27.8	12.2	16.7	15.3	3.3	12.0	6.3	9.5	1.8	18.8	21.4	9.2	6.8	6.8	5.8	4.2	6.9	4.5	5.4	8.0	10.8	3.8	10.2	6.3	4.3	3.4	4.0	4.3	2.1	22.0	8.1	5.2	5.0	2.2	7.9
どちらかといえばその通り	23.6	22.2	24.4	29.2	23.7	16.7	24.0	18.8	25.4	30.4	0.0	28.6	26.4	24.3	22.6	28.0	19.2	30.5	34.1	29.7	28.7	33.8	32.1	23.7	35.9	28.3	25.4	18.0	36.2	27.1	14.6	30.6	24.0	25.0	34.3	25.8
どちらともいえない	48.0	44.4	48.8	37.5	37.3	51.7	46.7	53.8	54.0	51.8	56.3	33.9	47.1	47.7	51.3	42.2	48.3	43.5	33.0	43.7	37.8	37.8	50.9	40.7	35.9	47.8	47.5	44.0	31.9	45.8	31.7	27.4	47.9	46.7	43.6	45.1
どちらかといえば違う	10.0	0.0	7.3	4.2	13.6	16.7	12.0	15.0	13.3	8.9	6.3	5.4	10.3	9.3	11.5	13.4	12.5	10.7	19.3	14.9	11.5	8.1	7.5	15.3	20.3	8.7	13.6	14.0	17.0	16.7	9.8	22.6	12.5	19.2	7.7	11.7
全く違う	8.4	5.6	7.3	12.5	10.2	15.0	5.3	6.3	4.8	8.9	18.8	10.7	6.9	8.4	7.7	10.6	15.8	8.4	9.1	10.8	8.0	9.5	5.7	10.2	10.9	10.9	10.2	20.0	10.6	8.3	22.0	11.3	10.4	4.2	12.2	9.5

（注）回答割合については、小数第2位で四捨五入しているため、割合の合計が100.0とならない場合がある。

第3部　令和4年度業務状況

第1章　職員の任免

　職員の任用は、成績主義に基づき、受験成績、人事評価又はその他の能力の実証により行うものとされている。職員の採用は、公開平等の競争試験によることを基本とし、これによらない場合は選考によっている。このような中、近年においては、公務の活性化のために、公務外での専門的な実務経験等を有する人材を中途採用する制度や任期付職員制度等各種の制度が整備され、公正な能力実証や採用手続の下、多様な民間人材が公務に選考採用されている。

　また、採用後の昇任、転任などの任用についても、この成績主義の原則に基づき、公正に実施されなければならず、人事評価の結果を任免に活用すべく、各府省に対して、制度の趣旨にのっとった運用を行うよう指導を行っている。さらに、人材育成、公務の活性化等の観点から、官民人事交流制度についても、公正を確保しつつ、円滑な推進のための環境整備を進めている。

　一方、公務能率の維持及び公務の適正な運営の確保の観点から、職員が一定の事由に該当する場合には、その意に反して免職、降任、休職等の処分を行うことができることとされている。

第1節　人材確保

　行政課題が一層複雑・高度化している中で、国民全体の奉仕者として公務能率を維持・向上させていくためには、時代環境に対応できる多様な有為の人材を確保していくことが重要な課題である。

　若年層において進路選択の早期化や就業意識の多様化が顕在化する中、公務における人材確保については、民間企業等との人材獲得競争が激しくなるなど非常に厳しい状況にある。

　このような中、時間や場所に縛られずに様々な活動を展開できるオンラインによる配信やアーカイブの公開を積極的に活用しながら、国家公務員が社会への貢献とやりがいを感じられる魅力的な職業であることや各府省が求める具体的な人材像などを発信するとともに、民間就職支援会社が開催する合同説明会の場も一層活用するなど、新たな人材供給源を開拓するために、各府省や大学等との連携・協力の下、積極的に人材確保のための活動を行った。

表1-1　　令和4年度人材確保のための活動の実施状況

開催イベント	開催時期	実施回数	参加者数
WEB公務研究セミナー	令和4年10月9日（日）、10日（月・祝）	1回（WEB）	延べ　約26,800人 アーカイブ公開
公務研究セミナー（本府省） 　　　〃　　　（地方機関）	令和4年10月〜 令和5年2月	7地区9回（対面） 7地区16回（対面及びWEB）	約2,500人 延べ　約5,600人
公務研究セミナーin霞が関	令和4年11月30日（水）〜12月2日（金）	本府省1回（対面及びWEB）	延べ　約3,700人
WEB国家公務員セミナー（テーマ別セミナー）	令和4年10月〜 令和5年2月	10回（WEB）	延べ　約4,300人 各回200〜800人視聴 アーカイブ公開
技術×国家公務員仕事OPEN	（秋）令和4年9月 （春）令和5年2月	2回（対面及びWEB）	延べ　約2,300人 コンテンツにより アーカイブ公開
総合職中央省庁セミナー	令和5年3月	7地区7回（対面）	約600人
一般職各府省合同業務説明会（本府省） 　　　〃　　　（地方機関）	令和5年3月	7地区7回（対面） 7地区7回（対面）	延べ　約6,500人
中央省庁WEBフェスタ	令和5年3月4日（土）、5日（日）	1回（WEB）	延べ　約12,900人
霞が関OPENゼミ 地方機関OPENゼミ	令和5年3月	1回（対面及びWEB） 9地区9回（対面及びWEB）	延べ　約4,600人 延べ　約16,200人

その他	開催時期	実施回数	参加者数等
大学主催就職ガイダンスへの登壇	随時	133回（対面及びWEB）	延べ　約5,800人 大学において アーカイブ公開
民間企業主催 合同説明会・WEBセミナーへの登壇	随時	26回（対面及びWEB）	延べ　約14,800人 コンテンツにより主催企業からアーカイブ公開
メールマガジンの配信		週1回程度	有効配信数 約11,000人／回
インスタグラム、ツイッター及びYouTubeの配信		随時	―

注）上記のほかにも、人事院の各地方事務局（所）が独自に実施しているものがある。

WEB公務研究セミナー・公務研究セミナー

　公務研究セミナーは、国家公務員の仕事や各府省の業務概要、直面する政策課題（現在の取組、今後の展望等）の説明、仕事のやりがい、職場の状況等の紹介を通じて、国家公務員の仕事の魅力や勤務の実情等について理解を深めてもらい、学生の職業観の育成を図りつつ、公務に関心を持ってもらうことを目的とするものである。

　本年度は、10月のオンライン形式での実施を皮切りに、全国主要都市において対面形式で実施した。

公務研究セミナーin霞が関・霞が関OPENゼミ

　公務研究セミナーin霞が関及び霞が関OPENゼミは、中央省庁の職場を開放して実際にその仕事ぶりを見学し、業務説明や職員との意見交換等の機会を持つことを通じて、公務への理解と関心を高め、国家公務員志望者を増やすことを目的とするものである。

　本年度は、対面形式を基本としつつ、府省によっては遠方からも参加できるようオンライン形式を併用して実施した。

WEB国家公務員セミナー（テーマ別セミナー）

　WEB国家公務員セミナーは、令和3年度から開始した取組である。国家公務員志望者等が関心を持ちやすいようなテーマを毎回設定して、各府省の若手や中堅の職員を交え、様々な角度から国家公務員の仕事の魅力を伝えることにより、公務に関心を持ってもらうことを主な目的とするものである。本年度は、令和4年10月から令和5年2月にかけて、毎月2回、計10回、学生等が視聴しやすい夕方から夜の時間帯にオンラインでライブ配信し、質疑応答パートなど視聴者参加型で実施した。

技術×国家公務員仕事OPEN

　技術×国家公務員仕事OPENは、令和3年度から開始した取組である。技術系の国家公務員が活躍する職場を直接訪問し、実際の仕事の見学・体験や職員との座談会などにより、仕事の魅力をリアルに体感しつつ、技術系国家公務員の業務に関心を持ってもらうことを主な目的とするものである。

　本年度は、中央省庁及び地方機関において、対面形式を基本としつつ、府省によっては遠方からも参加できるようオンライン形式を併用して実施した。

総合職中央省庁セミナー・一般職各府省合同業務説明会・中央省庁WEBフェスタ

　総合職試験・一般職試験の受験を志望する者等を対象とする総合職中央省庁セミナー・一般職各府省合同業務説明会では、全国の主要都市において、各府省の業務内容を始め、求める人材や仕事の魅力等について説明するほか、各会場に相談コーナーを設け、試験制度、試験方法、出題分野等について参加者からの質問に対応した。

　なお、対面形式のほか、オンライン形式で総合職試験・一般職試験志望者双方を対象とした「中央省庁WEBフェスタ」を実施した。

公共政策大学院及び法科大学院の学生を対象とした人材確保のための活動

1　インターンシップ

　公共政策大学院及び法科大学院の学生に政策決定等の行政実務に係る就業体験の機会を付与することを通じて、大学院教育に協力するとともに、行政に対する理解を深めてもらうことを目的として、令和4年7月から9月にかけて1〜2週間の実習を実施した。この実習には、9府省において6の公共政策大学院から35人が、8府省において6の法科大学院から22人が参加した。

2　就職指導担当教員との意見交換会

　令和5年1月に、公共政策大学院・法科大学院それぞれの就職指導担当教員と公務における人材確保等について意見交換を実施した。

（参考：総合職試験（事務系区分）における公共政策大学院・法科大学院出身者数）

		申込者数		合格者数		採用者数	
総合職試験（事務系区分）の合計	令和3年度	13,362人	(100.0%)	1,090人	(100.0%)	382人	(100.0%)
	令和4年度	13,905人	(100.0%)	1,148人	(100.0%)	408人	(100.0%)
公共政策大学院	令和3年度	86人	(0.6%)	42人	(3.9%)	29人	(7.6%)
	令和4年度	90人	(0.6%)	48人	(4.2%)	29人	(7.1%)
法科大学院	令和3年度	168人	(1.3%)	64人	(5.9%)	13人	(3.4%)
	令和4年度	160人	(1.2%)	50人	(4.4%)	13人	(3.2%)

（注）　1　「事務系区分」とは、行政、法務、政治・国際、法律、経済及び教養区分である。
　　　　2　公共政策大学院には、専門職大学院以外の公共政策系大学院を含む。
　　　　3　採用者数は、各年度の翌年度における採用者数（過年度合格者を含む。）であり、特別職の採用を含む。
　　　　4　令和4年度の採用者数は令和5年4月1日現在のものである。
　　　　5　公共政策大学院・法科大学院出身者には、在学者を含む。ただし、総合職試験（院卒者試験）は修了者及び修了見込み者に限る。

ホームページ、メールマガジン、各種SNSの活用

　多様な有為の人材を確保するためには、より多くの学生等に国家公務員に関心を持ってもらい、国家公務員採用試験を受験してもらうことが必要であることから、学生等が手軽に情報を入手できるよう、次のような媒体を活用し、国家公務員採用試験情報、試験合格から採用までの手続、説明会・セミナーなどに関する情報を発信している。

◎　ホームページ「国家公務員試験採用情報NAVI」

　学生等が国家公務員採用試験や採用試験合格後の採用手続、説明会、セミナーに関する情報などを入手しやすいよう、これらの情報を集約したWEBページ「国家公務員試験採用情報NAVI」を人事院ホームページ上で展開している。

◎　メールマガジン「国家公務員試験採用情報NEWS」

　WEB上で配信登録をした学生等に対し、採用試験日程、説明会・セミナー等の情報などを週1回程度配信している。

◎　インスタグラム「国家公務員試験採用情報Instagram」

　学生等に対し、各府省に勤務する国家公務員からのメッセージ、国家公務員の採用に関する情報などを随時発信している。

◎　ツイッター「国家公務員試験採用情報Twitter」

　学生等に対し、国家公務員採用試験日程、説明会・セミナー等に関する情報のほか、上記のインスタグラムにおいて発信した内容の紹介などを随時発信している。

◎　YouTube「国家公務員試験採用情報チャンネル」

　学生等に対し、国家公務員の採用に関する情報などを、YouTube「国家公務員試験採用情報チャンネル」により随時発信している。

第2節 採用試験

① 2022年度における採用試験の実施

（1）採用試験の種類

　　人事院が試験機関として自ら実施した2022年度の採用試験は、29種類32回である。このほか、人事院の指定に基づき、外務省が試験機関として実施した外務省専門職員採用試験がある（表1－2）。

　　29種類の内訳は、①政策の企画及び立案又は調査及び研究に関する事務をその職務とする係員を採用する総合職試験（院卒者試験及び大卒程度試験の2種類）、②定型的な事務をその職務とする係員を採用する一般職試験（大卒程度試験、高卒者試験及び社会人試験（係員級）の3種類）、③特定の行政分野に係る専門的な知識を必要とする事務をその職務とする係員を採用する専門職試験（国税専門官採用試験、労働基準監督官採用試験等の16種類）、④民間企業における実務の経験その他これに類する経験を有する者を係長以上の官職へ採用する経験者採用試験（係長級（事務）等の8種類）である。

（2）採用試験の周知

　　人事院が試験機関として実施する2022年度の採用試験全体の施行計画については、令和4年2月1日に官報公告を行った後、各採用試験の詳細について、受験申込みの受付期間を考慮し、29種類32回の採用試験を5回に分けて官報により告知した。また、人事院のホームページなどで採用試験について情報提供を行うとともに、ポスター、採用試験の概要等の募集資料の掲示・配布を全国の大学、高等学校等に依頼し、積極的な採用試験の周知を図った。

表1-2　国家公務員採用試験実施状況一覧

（その1）試験機関が人事院であるもの
2022年度

（単位：人、倍）

試験の程度	試験の種類		申込者数（A）	うち女性数	合格者数（B）	うち女性数	倍率（A／B）
大学（大学院）卒業程度	総合職試験		18,295	7,481	2,137	662	8.6
		院卒者試験（法務区分を除く。）	1,656	495	618	176	2.7
		院卒者試験（法務区分）	13	3	9	2	1.4
		大卒程度試験（教養区分を除く。）	13,674	5,821	1,255	397	10.9
		大卒程度試験（教養区分）	2,952	1,162	255	87	11.6
	一般職試験	大卒程度試験	28,103	11,612	8,156	3,271	3.4
	専門職試験	皇宮護衛官（大卒程度試験）	857	246	23	5	37.3
		法務省専門職員（人間科学）	2,112	902	493	227	4.3
		財務専門官	2,501	1,067	632	281	4.0
		国税専門官	14,867	6,168	4,106	1,869	3.6
		食品衛生監視員	402	223	104	64	3.9
		労働基準監督官	2,922	1,150	463	182	6.3
		航空管制官	808	355	85	42	9.5
		海上保安官	622	102	63	9	9.9
	経験者採用試験（8種類）		1,922	515	153	34	12.6
	計		73,411	29,821	16,415	6,646	4.5
高等学校卒業程度	一般職試験	高卒者試験	11,191	4,058	3,333	1,237	3.4
		社会人試験（係員級）	299	51	44	8	6.8
	専門職試験	皇宮護衛官（高卒程度試験）	405	124	13	5	31.2
		刑務官	4,115	942	1,045	269	3.9
		入国警備官	1,822	556	174	54	10.5
		税務職員	6,523	2,078	1,656	685	3.9
		航空保安大学校学生	390	155	120	46	3.3
		気象大学校学生	254	83	29	8	8.8
		海上保安大学校学生	469	126	85	20	5.5
		海上保安学校学生	3,573	613	647	101	5.5
		海上保安学校学生（特別）	6,067	1,492	1,026	275	5.9
	計		35,108	10,278	8,172	2,708	4.3
合計			108,519	40,099	24,587	9,354	4.4

（その2）試験機関が外務省であるもの

（単位：人、倍）

試験の程度	試験の種類	申込者数（A）	うち女性数	合格者数（B）	うち女性数	倍率（A／B）
大学卒業程度	外務省専門職員	335	180	55	30	6.1

（その3）総合計

（単位：人、倍）

試験の程度	申込者数（A）	うち女性数	合格者数（B）	うち女性数	倍率（A／B）
大学（大学院）卒業程度	73,746	30,001	16,470	6,676	4.5
高等学校卒業程度	35,108	10,278	8,172	2,708	4.3
総合計	108,854	40,279	24,642	9,384	4.4

（その1）試験機関が人事院であるもの
2021年度

（単位：人、倍）

試験の程度	試験の種類		申込者数（A）	うち女性数	合格者数（B）	うち女性数	倍率（A／B）
大学（大学院）卒業程度	総合職試験		17,411	7,021	2,056	616	8.5
		院 卒 者 試 験（法務区分を除く。）	1,511	464	614	191	2.5
		院 卒 者 試 験（法務区分）	17	3	8	1	2.1
		大 卒 程 度 試 験（教養区分を除く。）	12,799	5,308	1,220	370	10.5
		大 卒 程 度 試 験（教養区分）	3,084	1,246	214	54	14.4
	一般職試験	大 卒 程 度 試 験	27,317	11,029	7,553	2,910	3.6
	専門職試験	皇 宮 護 衛 官（大卒程度試験）	989	272	56	18	17.7
		法 務 省 専 門 職 員（人間科学）	2,131	800	532	195	4.0
		財 務 専 門 官	2,503	993	597	231	4.2
		国 税 専 門 官	13,163	5,370	4,193	1,837	3.1
		食 品 衛 生 監 視 員	377	225	91	54	4.1
		労 働 基 準 監 督 官	2,893	1,088	496	190	5.8
		航 空 管 制 官	839	386	42	18	20.0
		海 上 保 安 官	698	100	64	11	10.9
	経 験 者 採 用 試 験（8種類）		1,982	465	198	40	10.0
	計		70,303	27,749	15,878	6,120	4.4
高等学校卒業程度	一般職試験	高 卒 者 試 験	12,970	4,399	3,118	1,116	4.2
		社 会 人 試 験（係員級）	273	38	32	5	8.5
	専門職試験	皇 宮 護 衛 官（高卒程度試験）	388	125	23	5	16.9
		刑 務 官	4,532	1,065	1,019	276	4.4
		入 国 警 備 官	2,164	596	65	19	33.3
		税 務 職 員	7,239	2,232	1,809	728	4.0
		航 空 保 安 大 学 校 学 生	360	144	126	50	2.9
		気 象 大 学 校 学 生	277	84	34	5	8.1
		海 上 保 安 大 学 校 学 生	368	93	90	26	4.1
		海 上 保 安 学 校 学 生	3,766	619	643	105	5.9
		海 上 保 安 学 校 学 生（特別）	6,602	1,548	1,192	321	5.5
	計		38,939	10,943	8,151	2,656	4.8
合計			109,242	38,692	24,029	8,776	4.5

（その2）試験機関が外務省であるもの

（単位：人、倍）

試験の程度	試験の種類	申込者数（A）	うち女性数	合格者数（B）	うち女性数	倍率（A／B）
大学卒業程度	外務省専門職員	368	198	52	31	7.1

（その3）総合計

（単位：人、倍）

試験の程度	申込者数（A）	うち女性数	合格者数（B）	うち女性数	倍率（A／B）
大学（大学院）卒業程度	70,671	27,947	15,930	6,151	4.4
高等学校卒業程度	38,939	10,943	8,151	2,656	4.8
総 合 計	109,610	38,890	24,081	8,807	4.6

(3) 採用試験の方法

採用試験は、受験者がそれぞれの試験の対象となる官職の職務を遂行する上で発揮することが求められる能力及び適性を有するかどうかを相対的に判定することを目的としている。

そのため、官職の職務遂行に求められる知識、技術、その他の能力及び適性を検証する方法として、基礎能力試験、専門試験、人物試験等の試験種目のうちから、それぞれの採用試験に効果的な試験種目を組み合わせて実施している。

例えば、総合職試験の大卒程度試験においては、国家公務員として必要な基礎的な知能及び知識をみるための「基礎能力試験」、必要な専門知識及び技術等をみるための「専門試験」、政策の企画立案に必要な能力、総合的な判断力及び思考力等をみるための「政策論文試験」をそれぞれ筆記試験により行い、さらに、人柄、対人的能力等をみるための「人物試験」を個別面接により行っている。また、総合職試験の院卒者試験では、「政策論文試験」に替えて、課題に対するグループ討議を通してプレゼンテーション能力やコミュニケーション力等をみるための「政策課題討議試験」を行っている。

こうした試験種目のうち、専門性の高い試験種目の内容については、試験専門委員として委嘱した大学の教員及び専門知識を有する各府省の職員等とともに検討を重ねた上で決定している。

また、採用試験の実施後は、その結果分析を通じて試験方法の検討を行うほか、必要に応じて各学校における教科内容の実態調査を実施するなど、採用試験の妥当性及び信頼性を高めるよう常に研究を行っている。

(4) 実施状況

ア　概況

2022年度に実施した採用試験の状況は、表1－2に示したとおりである（資料1－1）。

2022年度についても新型コロナウイルス感染症に係る状況を踏まえ、試験の実施に当たっては、マスクの着用、試験室の換気、体調不良者への対応などをあらかじめホームページで注意喚起した上で、試験場においては、一定の距離を保った座席配置や手指消毒の実施のほか、人物試験等では飛沫防止のためのパーティションの設置など新型コロナウイルス感染症への対策を講じた。

総合職試験（院卒者試験）は、対象となる官職に必要とされる専門知識等に応じて従来の9の区分試験に加えて情報系の専門的な素養を持つ有為の人材をこれまで以上に確保するため、2022年度より、「デジタル」区分を新設して実施した。また、総合職試験（大卒程度試験）についても同様に従来の11区分に加えて「デジタル」区分を2022年度より新設して実施した。一般職試験（大卒程度試験）は従来の「電気・電子・情報」区分について、試験内容を見直した上で、「デジタル・電気・電子」区分に変更して10区分、法務省専門職員（人間科学）採用試験は7区分、労働基準監督官採用試験は2区分、一般職試験（高卒者試験）は4区分、一般職試験（社会人試験（係員級））は2区分、刑務官採用試験は6区分、入国警備官採用試験及び航空保安大学校学生採用試験は2区分、海上保安学校学生採用試験は5区分、国土交通省経験者採用試験（係長級（技術））は2区分の試験に分けて、それぞれ実施した（資料1－2

－1、1－2－2、1－3～1－8、1－10～12）。

さらに、一般職試験（大卒程度試験）のうち「行政」の区分試験、一般職試験（高卒者試験）のうち「事務」及び「技術」の区分試験、一般職試験（社会人試験（係員級））のうち「技術」の区分試験、刑務官採用試験及び税務職員採用試験については、合格者の地域的偏在を防ぎ、各地域に所在する官署からの採用に応じられるように、地域別の試験に分けて実施した（資料1－3、1－6－1、1－6－2、1－7、1－9）。

なお、令和4年9月18日に実施した刑務官採用試験の第1次試験において、台風の影響により九州の全試験地での実施を中止し、当該試験地での受験予定者を対象とした再実施試験を10月2日に行った。

全採用試験（外務省の実施する試験を含む。）の申込者総数は108,854人で、前年度に比べると756人（0.7%）減少した。このうち、大学・大学院卒業程度の試験は73,746人で、前年度に比べ3,075人（4.4%）増加した。また、高等学校卒業程度の試験は、35,108人で、前年度に比べ3,831人（9.8%）減少した。

全採用試験の合格者総数は24,642人で、前年度に比べ561人（2.3%）増加した。

申込者数が合格者数の何倍かを示す比率（以下「倍率」という。）は、表1－2のとおりである。その内訳は、大学・大学院卒業程度の試験が4.5倍（前年度4.4倍）、高等学校卒業程度の試験が4.3倍（前年度4.8倍）であった。

図1-1　国家公務員採用試験申込者数（Ⅰ種・Ⅱ種・Ⅲ種（平成23年度まで）及び総合職・一般職（大卒・高卒））の推移

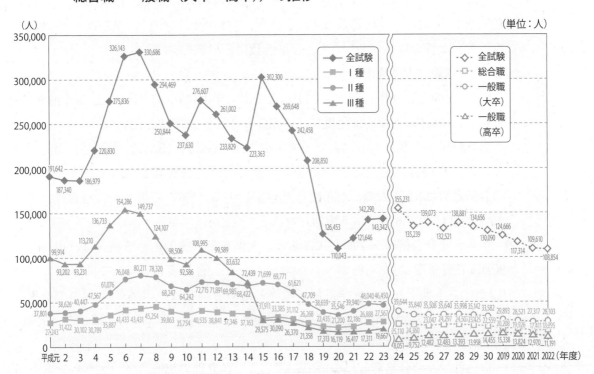

イ　試験の種類別等の状況

（ア）総合職試験

① 表1－2のとおり春に実施した総合職試験の申込者数は、院卒者試験（法務区分を除く。以下①において同じ。）が1,656人で前年度に比べ145人（9.6%）の増

加、大卒程度試験（教養区分を除く。以下①において同じ。）が13,674人で、875人（6.8％）の増加、全体では15,330人で1,020人（7.1％）の増加となった。

女性の申込者数は、院卒者試験が495人、大卒程度試験が5,821人、全体では6,316人となった。

合格者数は、院卒者試験が618人、大卒程度試験が1,255人で、全体では1,873人で前年度に比べ39人（2.1％）の増加となった。

女性の合格者数は、院卒者試験が176人、大卒程度試験が397人で、全体では573人となった。また、合格者に占める女性の割合は、院卒者試験が28.5％、大卒程度試験が31.6％で、全体では30.6％となった。

申込者数及び合格者数について、国・公・私立別の出身大学（大学院を含む。）別の割合でみると、それぞれ国立大学46.6％、66.6％、公立大学6.1％、4.2％、私立大学45.9％、28.4％、その他外国の大学等1.3％、0.9％であった（資料1－14）。

②　秋に実施した大卒程度試験「教養区分」の申込者数は2,952人で、前年度に比べ132人（4.3％）減少し、合格者数は255人で、前年度に比べ41人（19.2％）増加した。

女性の申込者数は1,162人で、前年度に比べ84人（6.7％）減少し、申込者全体に占める割合も39.4％で1.0ポイント低下した。女性の合格者数は87人で、前年度に比べ33人（61.1％）増加し、合格者に占める割合も34.1％で8.9ポイント上昇した。

また、院卒者試験「法務区分」の申込者数は13人で、前年度に比べ4人（23.5％）減少し、合格者数は9人となり、前年度に比べ1人（12.5％）の増加となった。女性の申込者数は3人、合格者数は2人であった。

（イ）一般職試験（大卒程度試験）

①　表1－2のとおり申込者数は28,103人で、前年度に比べ786人（2.9％）増加し、合格者数は8,156人で、前年度に比べ603人（8.0％）増加した。

女性の申込者数は11,612人で、前年度に比べ583人（5.3％）増加し、申込者全体に占める割合は41.3％で0.9ポイント上昇し、過去最高となった。また、女性の合格者数は3,271人で、前年度に比べ361人（12.4％）増加し、合格者に占める割合は40.1％で1.6ポイント増加した。

②　申込者及び合格者を学歴別にみると、大学卒業者等の占める割合は、申込者は90.0％で前年度に比べ0.1ポイント増加したが、合格者は90.0％で前年度に比べ0.2ポイント低下した。大学院修了者等の占める割合は、申込者は6.4％で前年度と同数となったが、合格者は7.4％で前年度に比べ0.1ポイント上昇した（資料1－15）。

③　申込者数及び合格者数について、国・公・私立別の出身大学（大学院を含む。）別の割合でみると、それぞれ国立大学34.3％、47.2％、公立大学7.6％、8.8％、私立大学54.3％、41.3％、その他3.8％、2.7％であった（資料1－16）。

（ウ）一般職試験（高卒者試験）

①　表1－2のとおり申込者数は11,191人で、前年度に比べ1,779人（13.7％）減少したが、合格者数は3,333人となり、前年度に比べ215人（6.9％）増加した。

女性の申込者数は4,058人で、前年度に比べ341人（7.8%）減少したが、申込者全体に占める割合は36.3%で2.4ポイント上昇した。また、女性の合格者数は1,237人で、前年度に比べ121人（10.8%）増加し、合格者に占める割合は37.1%で1.3ポイント上昇した。

② 申込者及び合格者を学歴別にみると、高等学校卒業者等の占める割合は、申込者は47.4%で前年度に比べ1.9ポイント低下し、合格者は44.0%で前年度に比べ0.4ポイント低下した。専修学校卒業者等の占める割合は、申込者は49.1%で前年度に比べ1.4ポイント上昇し、合格者は53.8%で前年度に比べ0.5ポイント上昇した（資料1 - 17）。

（エ）経験者採用試験

2022年度は、8種類の経験者採用試験を実施した。

表1 - 2のとおり申込者数は1,922人で、前年度に比べ60人（3.0%）減少し、合格者数は153人で、前年度に比べ45人（22.7%）減少した。

女性の申込者数は515人で、前年度に比べ50人（10.8%）増加し、申込者全体に占める割合は26.8%で3.3ポイント上昇した。また、女性の合格者数は34人で、前年度に比べ6人（15.0%）減少したが、合格者に占める割合は22.2%で2.0ポイント上昇した。

（オ）点字等による試験の実施

① 点字による試験の実施は、総合職試験（大卒程度試験）の法律区分及び一般職試験（大卒程度試験）の行政区分を対象に措置することとしている。

また、視覚障害の程度によって、総合職試験、一般職試験、財務専門官採用試験、国税専門官採用試験、食品衛生監視員採用試験、労働基準監督官採用試験、税務職員採用試験及び気象大学校学生採用試験については、拡大文字による試験及び解答時間の延長等の措置を講じている。

② 2022年度においては、点字試験を希望する申込者はいなかった。

拡大文字による試験と解答時間の延長の両方の措置を希望する申込者は総合職試験（大卒程度試験）で2人、一般職試験（大卒程度試験）で1人であった。

また、拡大文字による試験を希望する申込者は総合職試験（院卒者試験）及び総合職試験（大卒程度試験）で各1人であった。

なお、以上のほか、身体の障害等がある受験者に対して、試験の公正な実施に支障を来さない範囲で、受験上の配慮として必要に応じ着席位置の変更等の措置を講じた。

ウ インターネットによる受験申込み

インターネットによる受験申込みは、受験申込みの利便性の向上及び行政事務の効率化を図る観点から、平成16年度に航空管制官採用試験及び航空保安大学校学生採用試験で導入し、順次、対象を広げ、平成24年度からは、全ての試験においてインターネットによる受験申込みを導入した。

2022年度におけるインターネットによる申込者の割合は99.9%（院卒者・大卒程度試験99.9%、高卒程度試験99.9%）であった。

エ　委託試験の適正な実施

2022年度においても、公正かつ適正な採用試験の実施の確保のため、試験実施事務等を当該試験により職員を採用する府省に委託して行っている試験（以下「委託試験」という。）に対する総合的支援策を実施した。

具体的には、当該府省が実施する事前研修への人事院職員の講師派遣、総合職試験第1次試験の試験係官に当該府省の職員を受け入れる実地研修を実施した。

② 2023年度採用試験の改善等

2022年度に実施した採用試験の結果や各府省からの要望等を踏まえ、2023年度の国家公務員採用試験において以下のような取組を行うこととし、令和5年2月に2023年度国家公務員採用試験の施行計画を公表した。

(1) 総合職春試験の日程前倒し等

春に実施する総合職試験（院卒者試験・大卒程度試験）、一般職試験（大卒程度試験）及び専門職試験（大卒程度試験）の申込みの受付開始日を3月1日に前倒しし、受付期間を20日間に拡大した（令和4年は3月18日からの18日間）。また、総合職春試験の試験日程を2週間程度前倒しし、第1次試験を4月9日、最終合格者発表を6月8日に行うこととした。

(2) 総合職試験（大卒程度試験）「教養区分」の受験可能年齢の引下げ及び試験地の拡充

総合職試験（大卒程度試験）「教養区分」について、受験可能年齢を1歳引き下げて「19歳以上」とし、大学2年生秋からの受験を可能とした。

また、第1次試験地を札幌市、東京都、大阪市及び福岡市に加え、仙台市、名古屋市、広島市、高松市及び那覇市においても実施することにした。

(3) 国税専門官試験「国税専門B」区分の新設

基幹システムの刷新や税務・徴収におけるデータ分析を行うことができる人材を確保する観点から、国税専門官採用試験に理工・デジタル系の「国税専門B」区分を新設した。

(4) 試験地の見直し

一般職試験（大卒程度試験）の第1次試験地「習志野市」について、試験会場の安定的確保の観点から「千葉市」に、海上保安大学校学生採用試験、海上保安学校学生採用試験及び海上保安学校学生採用試験（特別）の第1次試験地「松本市」について、同様の理由から「長野市」に変更することとした。

第3節　任用状況等

① 令和4年度における採用状況

職員の採用は、公開平等の競争試験によることが原則である。採用試験に合格した者は、採用試験ごとに作成される採用候補者名簿（以下「名簿」という。）に記載される。採用に当たっては、人事院が、任命権者の求めに応じ、名簿を示し、各府省等の任命権者は、名簿に記載された者の中から面接を行い、その結果を考慮して採用（以下「試験採用」という。）することとなる。令和4年度中の名簿からの採用は、その大半が令和3年度に実施した採用試験の結果に基づき作成された名簿から行われている。

　他方、係員の官職以外の官職、教育職、医療職のように採用試験を実施していない官職及び原則として競争試験により採用することとされている官職のうち特別な知識、技術等を必要とする官職等については、競争試験以外の能力の実証に基づく試験の方法である選考による採用（以下「選考採用」という。）が行われている。

（1）採用候補者名簿からの採用

ア　総合職試験名簿からの採用状況

　総合職試験（院卒者試験）及び総合職試験（大卒程度試験）の名簿（以下「総合職試験名簿」という。）からの令和4年度の採用者数は715人となっており、令和3年度における総合職試験名簿からの採用者数723人と比べ、8人減少している（表1－3、表1－4、資料1－18－1、資料1－18－2）。

表1-3　採用候補者名簿からの採用等の状況

（単位：人）

程度	採用候補者名簿	名簿作成日（令和年月日）	名簿記載者数	採用者数	辞退・無応答者数
大学（大学院）卒業程度	2021年度　国家公務員総合職（院卒者）	令和3年6月21日（法務区分は令和3年10月22日）	622（192）	248（91）	253（73）
	2021年度　国家公務員総合職（大卒程度）	令和3年6月21日（教養区分は令和3年12月10日）	1,434（424）	467（158）	647（194）
	2021年度　国家公務員一般職（大卒程度）	令和3年8月17日	7,553（2,910）	3,446（1,311）	3,647（1,463）
	2021年度　皇宮護衛官（大卒程度）	令和3年8月17日	56（18）	42（14）	12（4）
	2021年度　法務省専門職員（人間科学）	令和3年8月17日	532（195）	167（68）	336（124）
	2021年度　外務省専門職員	令和3年8月18日	52（31）	50（31）	2
	2021年度　財務専門官	令和3年8月17日	597（231）	168（65）	420（165）
	2021年度　国税専門官	令和3年8月17日	4,193（1,837）	1,353（481）	2,812（1,341）
	2021年度　食品衛生監視員	令和3年8月17日	91（54）	35（18）	37（25）
	2021年度　労働基準監督官	令和3年8月17日	496（190）	235（87）	218（89）
	2021年度　航空管制官	令和3年10月4日	42（18）	38（18）	3
	2021年度　海上保安官	令和3年8月17日	64（11）	31（4）	28（5）
	2021年度　経験者（係長級（事務、技術）、外務省書記官級、国税調査官級）（注6）	令和3年11月19日及び令和3年12月23日	198（40）	126（23）	72（17）
	計		15,930（6,151）	6,406（2,369）	8,487（3,500）
高等学校卒業程度	2021年度　国家公務員一般職（高卒者）	令和3年11月16日	3,118（1,116）	1,399（538）	1,425（448）
	2021年度　国家公務員一般職（社会人）	令和3年11月16日	32（5）	12（3）	14（1）
	2021年度　皇宮護衛官（高卒程度）	令和3年11月24日	23（5）	19（1）	4（4）
	2021年度　刑務官	令和3年11月24日	1,019（276）	599（132）	400（143）
	2021年度　入国警備官	令和3年11月24日	65（19）	29（6）	36（13）
	2021年度　税務職員	令和3年11月16日	1,809（728）	964（375）	824（351）
	2021年度　航空保安大学校学生	令和3年12月21日	126（50）	52（25）	47（19）
	2021年度　海上保安大学校学生	令和4年1月20日	90（26）	61（22）	18（3）
	2021年度　海上保安学校学生	令和3年11月24日（航空課程は令和4年1月20日）	643（105）	355（55）	288（50）
	2021年度　気象大学校学生	令和4年1月20日	34（5）	15（1）	18（3）
	2022年度　海上保安学校学生（特別）	令和4年7月29日	1,026（275）	213（22）	812（253）
	計		7,985（2,610）	3,718（1,180）	3,886（1,288）
合　　計			23,915（8,761）	10,124（3,549）	12,373（4,788）

（注）1　（　）内は、女性を内数で示す。
　　　2　総合職、一般職（大卒程度）、国税専門官、労働基準監督官及び海上保安学校学生（特別）については、令和5年3月31日現在の状況である。
　　　3　総合職、一般職（大卒程度）、国税専門官、労働基準監督官及び海上保安学校学生（特別）以外については、名簿有効期間満了時の状況である。
　　　4　総合職、一般職（大卒程度）、国税専門官、労働基準監督官の採用者数は、過年度名簿等からの採用者を含む。
　　　5　上記のほか、防衛省（特別職）で、総合職（院卒者）25人（うち女性8人）、総合職（大卒程度）21人（同4人）、一般職（大卒程度259人（同89人）、一般職（高卒者）287人（同129人）、一般職（社会人）5人（同1人）の採用者がいる。
　　　6　経験者（係長級（事務））の名簿作成日は令和3年11月19日及び令和3年12月23日、その他の経験者（係長級（技術）、外務省書記官級及び国税調査官級）の名簿作成日は令和3年12月23日である。

表1-4　国家公務員採用総合職試験の年度別、学歴別の合格者数及び採用者数

（単位：人、%）

名簿作成年度（採用年度）			国家公務員採用総合職試験						
学歴	項目		平成28年度（平成29年度）	平成29年度（平成30年度）	平成30年度（令和元年度）	2019年度（令和2年度）	2020年度（令和3年度）	2021年度（令和4年度）	2022年度
大学院・大学	国立	合格者数	1,585 (72.8)	1,463 (72.2)	1,377 (70.5)	1,408 (71.9)	1,289 (67.9)	1,469 (71.4)	1,446 (67.7)
		採用者数	514 [78.1]	517 [78.2]	513 [74.8]	529 [75.0]	543 [75.1]	521 [72.7]	
	公立	合格者数	64 (2.9)	60 (3.0)	50 (2.6)	51 (2.6)	63 (3.3)	69 (3.4)	78 (3.6)
		採用者数	9 [1.4]	12 [1.8]	9 [1.3]	7 [1.0]	13 [1.8]	10 [1.4]	
	私立	合格者数	517 (23.7)	496 (24.5)	518 (26.5)	492 (25.1)	535 (28.2)	503 (24.5)	596 (27.9)
		採用者数	130 [19.8]	131 [19.8]	160 [23.3]	169 [24.0]	165 [22.8]	179 [25.0]	
	計	合格者数	2,166 (99.4)	2,019 (99.7)	1,945 (99.6)	1,951 (99.7)	1,887 (99.5)	2,041 (99.3)	2,120 (99.2)
		採用者数	653 [99.2]	660 [99.8]	682 [99.4]	705 [100.0]	721 [99.7]	710 [99.0]	
その他		合格者数	12 (0.6)	6 (0.3)	8 (0.4)	6 (0.3)	10 (0.5)	15 (0.7)	17 (0.8)
		採用者数	5 [0.8]	1 [0.2]	4 [0.6]	0 [0.0]	2 [0.3]	7 [1.0]	
合計		合格者数	2,178 (100.0)	2,025 (100.0)	1,953 (100.0)	1,957 (100.0)	1,897 (100.0)	2,056 (100.0)	2,137 (100.0)
		採用者数	658 [100.0]	661 [100.0]	686 [100.0]	705 [100.0]	723 [100.0]	717 [100.0]	

（注）1　（　　）内は、合格者総数に対する割合（%）を、［　　］内は、採用者総数に対する割合（%）を示す。
　　　2　「その他」は、短大・高専、外国の大学等である。
　　　3　国家公務員採用総合職試験は、院卒者試験（法務区分を含む。）及び大卒程度試験（教養区分を含む。）を合計した人数である。
　　　4　採用者数は、名簿作成年度の翌年度における採用者数である（過年度名簿等からの採用者を含む。）。

イ　一般職試験名簿からの採用状況

　　一般職試験（大卒程度試験）名簿からの令和4年度採用者数は3,446人となっており、令和3年度における一般職試験（大卒程度試験）名簿からの採用者数と比べると13人増加している（表1－3）。

　　また、2021年度一般職試験（高卒者試験）名簿からの採用者数は1,399人であり、2020年度一般職試験（高卒者試験）名簿からの採用者数と比べると85人増加している（表1－3）。

（2）総合職試験相当の試験又は一般職試験相当の試験による採用

　　特許庁で採用する意匠学や農林水産省及び厚生労働省で採用する獣医学等の専門的知識又は技術を必要とする官職については、採用予定数が少ないこと等から採用試験は行っていないが、選考の一形態として総合職試験相当又は一般職試験相当の試験を行っている。試験の内容及び方法は、総合職試験又は一般職試験とほぼ同様であり、人事院は、基礎能力試験問題の提供、専門試験問題の作成指導等の援助を行っている。

　　令和4年度においては、総合職試験（院卒者試験）相当の試験として獣医学区分、総合職試験（大卒程度試験）相当の試験として意匠学区分、一般職試験（大卒程度試験）相当

の試験として畜産、水産、船舶工学及び原子力工学の4区分について実施した（資料1－19－1）。

　なお、令和3年度に実施した総合職試験（院卒者試験）相当の試験により採用された者は18人、総合職試験（大卒程度試験）相当の試験により採用された者は2人、一般職試験（大卒程度試験）相当の試験により採用された者は45人となっている（資料1－19－2）。

② 「一般職の国家公務員の任用状況調査」の実施

　人事院では、一般職の国家公務員の任用実態を把握し、今後の任用施策等人事行政全般の検討に資するため、「一般職の国家公務員の任用状況調査」（以下「任用状況調査」という。）を毎年実施している。令和4年度における任用状況調査は、令和3年度に在職した一般職の国家公務員を対象として実施した。

（1）在職状況

　令和4年1月15日現在の一般職の職員（休職者、専従休職者、国際機関等派遣職員、交流派遣職員、育児休業職員及び再任用フルタイム勤務職員を含み、検察官、臨時的任用の職員、常勤労務者及び非常勤職員を除く。）の在職者数（同日付けで辞職した者を除く。）は284,105人であり、前年と比べ1,223人の増加となっている（資料1－20）。

　このうち、給与法適用職員は274,954人（前年比868人増）、行政執行法人職員は7,057人（前年比38人減）となっている（図1－2）。

　また、在職者を男女別に見ると、男性は220,475人、女性は63,630人であり、その構成比は男性77.6％、女性22.4％となっている。

図1-2 職員の俸給表別在職状況 （令和4年1月15日現在）

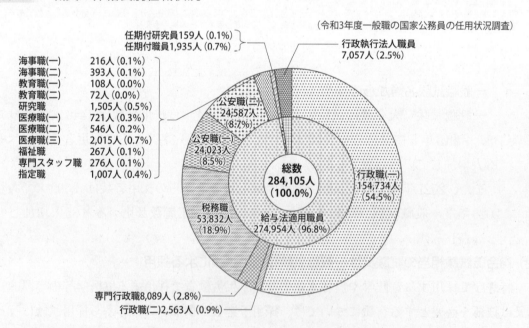

在職者のうち、採用試験により採用された者（以下「試験任用者」という。）の総数は240,032人（男性185,550人、女性54,482人）である。これを試験の種類別に見ると、総合職試験（院卒者試験）による者は1,760人（試験任用者全体の0.7％）、総合職試験（大卒程度試験）による者は3,280人（同1.4％）、一般職試験（大卒程度試験）による者は23,042

人（同9.6％）、一般職試験（高卒者試験）による者は7,967人（同3.3％）、一般職試験（社会人試験（係員級））による者は27人（同0.0％）、専門職試験（大卒程度試験）による者は14,805人（同6.2％）、専門職試験（高卒程度試験）による者は14,966人（同6.2％）、経験者採用試験による者は1,302人（同0.5％）、Ⅰ種試験及びこれに相当する試験による者は11,548人（同4.8％）、Ⅱ種試験及びこれに相当する試験による者は49,458人（同20.6％）、Ⅲ種試験及びこれに相当する試験による者は91,912人（同38.3％）、上級乙種試験及びこれに相当する試験による者は18,555人（同7.7％）、中級試験及びこれに相当する試験による者は1,410人（同0.6％）となっている。在職者総数に対する試験任用者の割合は84.5％であり、前年度に比べ0.1ポイント低くなっている。

　また、給与法適用職員のうち、試験採用を行っている俸給表の適用職員について試験任用者の割合を見ると、在職者が最も多い行政職俸給表(一)では90.2％で、前年度に比べ0.2ポイント低くなっている（資料1−21）。

　その他の俸給表における試験任用者の割合は、専門行政職俸給表70.1％、税務職俸給表95.9％、公安職俸給表(一)72.6％、公安職俸給表(二)88.2％、研究職俸給表37.9％となっている。

(2) 採用状況

　令和3年度における採用者総数は、22,188人（男性15,770人、女性6,418人）であり、令和2年度に比べ560人増加（男性389人、女性171人）している。採用者総数のうち、試験採用者は10,246人、選考採用等試験採用以外の採用者は11,942人（うち、再任用2,687人、任期付採用2,859人、特別職職員、地方公務員、行政執行法人職員以外の独立行政法人職員、国立大学法人職員又は大学共同利用機関法人職員及び公庫、公団又は事業団等職員（特・地・公等）からの人事交流による採用4,565人、国の機関におけるその他の選考採用1,694人、行政執行法人におけるその他の選考採用137人）となっている（図1−3、資料1−20）。

図1-3　**令和3年度における職員の採用状況**

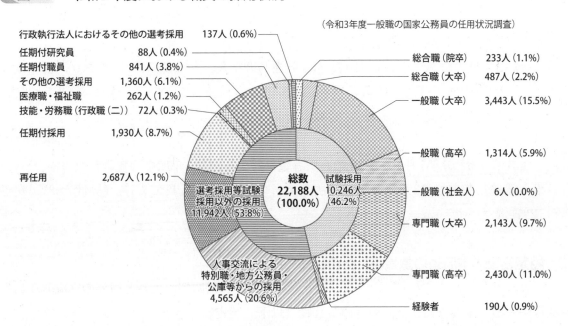

（令和3年度一般職の国家公務員の任用状況調査）

行政執行法人におけるその他の選考採用	137人（0.6％）
任期付研究員	88人（0.4％）
任期付職員	841人（3.8％）
その他の選考採用	1,360人（6.1％）
医療職・福祉職	262人（1.2％）
技能・労務職（行政職（二））	72人（0.3％）
任期付採用	1,930人（8.7％）
再任用	2,687人（12.1％）
総合職（院卒）	233人（1.1％）
総合職（大卒）	487人（2.2％）
一般職（大卒）	3,443人（15.5％）
一般職（高卒）	1,314人（5.9％）
一般職（社会人）	6人（0.0％）
専門職（大卒）	2,143人（9.7％）
専門職（高卒）	2,430人（11.0％）
経験者	190人（0.9％）

総数 22,188人（100.0％）
試験採用 10,246人（46.2％）
選考採用等試験採用以外の採用 11,942人（53.8％）
人事交流による特別職・地方公務員・公庫等からの採用 4,565人（20.6％）

　　最近5年間の採用者総数を男女別構成比でみると、女性の割合は徐々に増加し、令和3年度は28.9%となっている（図1-4）。

図1-4　最近5年間の採用者の男女別構成比

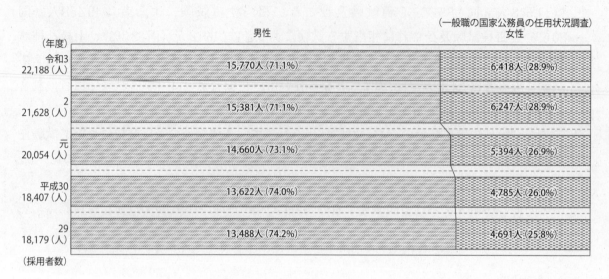

（一般職の国家公務員の任用状況調査）

（年度）	男性	女性
令和3 22,188（人）	15,770人（71.1%）	6,418人（28.9%）
2 21,628（人）	15,381人（71.1%）	6,247人（28.9%）
元 20,054（人）	14,660人（73.1%）	5,394人（26.9%）
平成30 18,407（人）	13,622人（74.0%）	4,785人（26.0%）
29 18,179（人）	13,488人（74.2%）	4,691人（25.8%）

（採用者数）

　　令和3年度の試験採用者を採用試験の種類別で見ると、総合職試験（院卒者試験）による者は233人（試験採用者全体の2.3%）、総合職試験（大卒程度試験）による者は487人（同4.8%）、一般職試験（大卒程度試験）による者は3,443人（同33.6%）、一般職試験（高卒者試験）による者は1,314人（同12.8%）、一般職試験（社会人試験（係員級））による者は6人（同0.1%）、専門職試験（大卒程度試験）による者は2,143人（同20.9%）、専門職試験（高卒程度試験）による者は2,430人（同23.7%）、経験者採用試験による者は190人（同1.9%）となっている。給与法適用職員について見ると、試験採用者は10,183人となっている（資料1-20）。

（3）離職状況

　　離職とは、職員が職員としての身分を失うことをいい、定年退職、辞職（人事交流によるものを含む。）、免職、失職等である。

　　令和3年度の離職者総数は21,171人（男性17,397人、女性3,774人）であり、前年度に比べ1,342人増加（男性832人、女性510人）している。このうち、給与法適用職員は20,127人（前年度比1,202人増）、行政執行法人職員は433人（同11人増）となっている（資料1-20）。

　　離職率（令和3年1月15日現在の在職者数に対する令和3年度中の離職者数の割合）は、給与法適用職員で7.3%、行政執行法人職員で6.1%、全職員で7.5%（男性7.8%、女性6.2%）となっている。

③ 特定官職（本府省の課長等）への任命等

　　本府省の課長相当以上の官職及び地方支分部局、施設等機関等のこれと同等の官職並びに行政執行法人の官職のうち人事院の定める官職（以下「特定官職」という。）に昇任、採用、配置換等を行う場合には、その職責の高さに鑑み、情実人事を求める圧力や働きかけその他の不

当な影響を受けることなく、公正に任用が行われる必要があるため、職務遂行に必要な知識、経験、管理・監督能力等の有無を、経歴評定、人事評価の結果、その他客観的な判定方法により、公正に検証しなければならない。なお、特定官職のうち内閣による人事管理の一元化の対象となる官職以外のものに選考採用する場合等には、あらかじめ人事院と協議することとされている。

また、特定官職への採用、昇任等を行った場合（人事院にあらかじめ協議した場合を除く。）には、任命権者はその旨を人事院に報告することとされている。

人事院が定める特定官職の総数は、令和5年3月31日現在2,584あり、令和4年度中における特定官職への採用、昇任等に係る各府省からの報告は742人、協議は4人である。その内訳は表1-5に示すとおりである。

表1-5　令和4年度特定官職（本府省課長等）への任命の報告・協議状況

（単位：人）

区分＼官職	次官級	本府省局長級	本府省審議官級	本府省課長級	計
採　用	1 0	9 4	23 0	52 0	85 4
昇　任	26 0	64 0	159 0	182 0	431 0
転　任	0 0	7 0	56 0	137 0	200 0
配置換	0 0	4 0	3 0	19 0	26 0
計	27 0	84 4	241 0	390 0	742 4

（注）　上段は「報告」、下段は「協議」の人数を示す。

④ 幹部職員人事の一元管理

「幹部職員の任用等に関する政令」（平成26年政令第191号）において、国家公務員でない者を採用する際の適格性審査に際し、「人事行政に関し高度の知見又は豊富な経験を有し、客観的かつ中立公正な判断をすることができる者の意見を聴くものとする」と規定されており、このような枠組みの下、内閣官房長官より、公務外からの採用者に関して、上記に該当する者として人事院人事官に見解を求められ、令和4年度においては1件について人事官が意見を述べた。

⑤ 女性職員の採用・登用の拡大

国の行政への女性の参画は、男女共同参画社会実現のために政府全体として積極的に取り組むべき重要な課題である。

「第5次男女共同参画基本計画」において、政府全体の成果目標として、採用については、国家公務員採用試験からの採用者に占める女性の割合を毎年度35％以上、国家公務員採用総合職試験からの採用者に占める女性の割合を毎年度35％以上、国家公務員採用試験（技術系区分）からの採用者に占める女性の割合を2025年度までに30％とする目標が定められており、登用については、国家公務員の各役職段階に占める女性の割合を2025年度末までに、それぞ

第1編

第3部

令和4年度業務状況

れ本省係長相当職を30%、本省係長相当職のうち新たに昇任した職員を35%、地方機関課長・本省課長補佐相当職を17%、本省課室長相当職を10%、指定職相当を8%以上とする目標が定められている。

また、女性職員の採用・登用の拡大については、内閣人事局長を議長に全府省の事務次官等で構成される「女性職員活躍・ワークライフバランス推進協議会」において、具体的な施策を盛り込んだ「国家公務員の女性活躍とワークライフバランス推進のための取組指針」（令和3年1月改正）に基づき、政府全体で取組が進められている。

一方、人事院においては、政府の取組と連携しつつ、「女性国家公務員の採用・登用の拡大等に向けて」（平成27年12月25日人事院事務総長通知）に基づき、各府省における目標達成に向けた取組を支援している。

このような状況の中、2022年度国家公務員採用試験の申込者に占める女性の割合については、総合職試験で40.9%、一般職試験（大卒程度）で41.3%と、いずれも過去最高の水準となった。採用については、図1−5のとおり、令和4年度の総合職試験（法務・教養区分を除く。）の採用者に占める女性の割合は34.5%であり、令和5年度の採用内定者は35.3%となっている。今後とも、優秀な女子学生等を公務に誘致するために、各府省と協力して行う人材確保策を強化していくことが重要である。

図1-5　Ⅰ種試験・総合職試験の申込者・合格者・採用者に占める女性の割合の推移

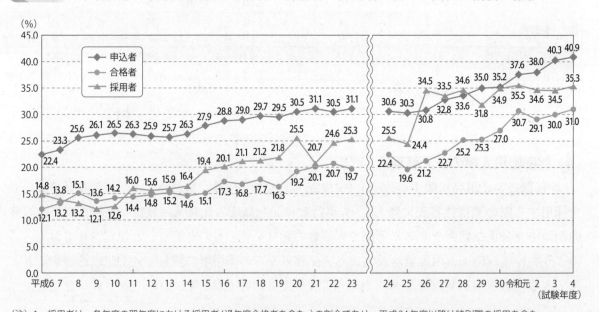

（注）1　採用者は、各年度の翌年度における採用者（過年度合格者を含む。）の割合であり、平成24年度以降は特別職の採用を含む。
（注）2　平成23年度までは I 種試験、平成24年度以降は総合職試験である。令和4年度の採用者数は法務区分及び教養区分を除く。
（注）3　令和3年度は令和4年4月1日現在の採用者に占める割合、令和4年度は令和4年10月1日現在の採用内定者に占める割合である。

また、管理職等への登用については、図1−6のとおり、指定職を除く各役職段階において、女性の占める割合が高まっている。今後とも、女性の採用拡大が女性職員の登用拡大につながるよう、各府省におけるより一層の取組強化が必要である。

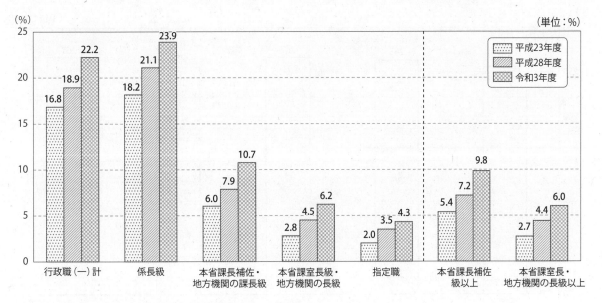

図1-6　各役職段階に占める女性の割合（行政職俸給表（一）、指定職俸給表）

凡例：
- 平成23年度
- 平成28年度
- 令和3年度

（単位：%）

	平成23年度	平成28年度	令和3年度
行政職（一）計	16.8	18.9	22.2
係長級	18.2	21.1	23.9
本省課長補佐・地方機関の課長級	6.0	7.9	10.7
本省課室長級・地方機関の長級	2.8	4.5	6.2
指定職	2.0	3.5	4.3
本省課長補佐級以上	5.4	7.2	9.8
本省課室長・地方機関の長級以上	2.7	4.4	6.0

（注）1　人事院「一般職の国家公務員の任用状況調査報告」より作成
（注）2　各年度1月15日現在の割合
（注）3　係長級は行政職俸給表（一）3、4級、本省課長補佐・地方機関の課長級は同5、6級、本省課室長・地方機関の長級は同7～10級の適用者に占める女性の割合

　人事院では、各府省と連携して、女性の国家公務員志望者の拡大に向けた広報活動を行うとともに、管理職等へのアプローチや女性職員へのアプローチを通じて、意識改革のための研修や女性職員が働きやすい勤務環境の整備等を行っている。

　こうした取組を通じて、今後とも、女性職員の採用・登用の拡大に向けた各府省の具体的な取組を支援していくこととしている。

⑥　Ⅱ種・Ⅲ種等採用職員の幹部職員への登用

　意欲と能力のある優秀なⅡ種・Ⅲ種等採用職員の幹部職員への登用を着実に推進するため、各府省においては、「Ⅱ種・Ⅲ種等採用職員の幹部職員への登用の推進に関する指針」（平成11年事務総長通知）に基づき、「計画的育成者」の選抜、育成に努めており、従前Ⅰ種採用職員が就いていたポストへの任用や出向ポストの拡大等、各府省それぞれの実情に応じた取組がなされている。また、人事院においては、「計画的育成者」の登用に資することを目的として、行政研修（特別課程）を係員級、係長級及び課長補佐級に分けて実施している。令和4年度においては、係員級では26府省から116人、係長級では30府省から106人、課長補佐級では29府省から73人の参加があった。

　また、各府省の行政官を諸外国の政府機関等に派遣する研修制度である行政官短期在外研究員制度には、Ⅱ種・Ⅲ種等採用職員の登用を推進するための施策の一環として実施しているコースもあり、行政研修（係長級特別課程）の対象者である「計画的育成者」で、課長補佐級までの職員を対象としている。令和4年度は、5名を米国に派遣した。

　令和3年度末におけるⅡ種・Ⅲ種等採用職員の幹部職員（本府省課長級以上）の在職者数は、指定職30人、本府省課長等135人、地方支分部局長等38人、外務省（大使・総領事）64人で、計267人となっている（図1-7）。

　人事院は、これらの登用の状況を各府省に提供し、登用の啓発に努めている。

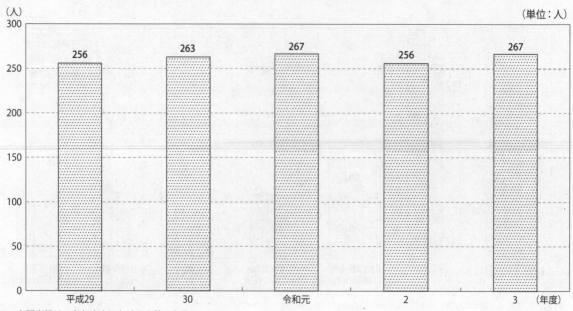

図1-7　Ⅱ種・Ⅲ種等採用職員の幹部職員（本府省課長級以上）の在職者数の推移

※　在職者数は、各年度末における人数である。

7　法科大学院等への派遣

　各府省は、法科大学院派遣法、福島復興再生特別措置法、令和三年東京オリンピック競技大会・東京パラリンピック競技大会特別措置法、令和七年に開催される国際博覧会の準備及び運営のために必要な特別措置に関する法律又は令和九年に開催される国際園芸博覧会の準備及び運営のために必要な特別措置に関する法律に基づき、職員をその同意の下に法科大学院、公益社団法人福島相双復興推進機構若しくは公益財団法人福島イノベーション・コースト構想推進機構、公益財団法人東京オリンピック・パラリンピック競技大会組織委員会、公益社団法人2025年日本国際博覧会協会又は公益社団法人2027年国際園芸博覧会協会に派遣している。

　令和4年度において法科大学院又は各法人に派遣された期間のある職員数は表1－6のとおりである。

表1-6　令和4年度に派遣された期間のある職員数

（単位：人）

派遣先			派遣された期間のある職員数
法科大学院			22（21）
	うち	パートタイム型派遣	7（6）
		フルタイム型派遣	15（15）
公益社団法人福島相双復興推進機構			42
公益財団法人福島イノベーション・コースト構想推進機構			8
公益財団法人東京オリンピック・パラリンピック競技大会組織委員会			10
公益社団法人2025年日本国際博覧会協会			51
公益社団法人2027年国際園芸博覧会協会			4

（注）（　）内は、検察官の人数を内数で示す。

第4節　民間人材の採用の促進

　民間人材の公務における活用に関しては、①公務の活性化のための民間人材の採用、②任期を定めた職員の採用、③研究公務員の任期を定めた採用、④官民人事交流など多様な制度によりこれを実施している。

1　公務の活性化のための民間人材の採用

　規則1－24（公務の活性化のために民間の人材を採用する場合の特例）によって、部内の養成では得られない高度の専門性や多様な経験を有する民間の人材を円滑に採用し、公務の活性化に資するための弾力的な採用システムを設けている。

　対象となるのは、（1）実務経験等により高度の専門的な知識経験を有する民間の人材を採用する場合、（2）新規の行政需要に対応するため、実務経験等により公務に有用な資質等を有する民間の人材を採用する場合、（3）公務と異なる分野における多様な経験等を通じて公務に有用な資質等を有する民間の人材を採用する場合であり、具体的には、気象予報士、原子力に関する専門技術者、金融実務経験者等をこの制度により採用している。

　この制度による令和4年度の採用者数は表1－7のとおりである。

表1-7　民間人材の採用（規則1－24）に基づく採用状況

（単位：人）

府省名	採用者数					
	平成30年度	令和元年度	令和2年度	令和3年度	令和4年度	累計
人　　事　　院						3
内　閣　官　房						177
宮　　内　　庁	9	4	2	2	2	67
公　正　取　引　委　員　会				1	1	75
個　人　情　報　保　護　委　員　会		1			5	6
金　　融　　庁	7	3	5	2	1	264
消　　費　　者　　庁			3			10
法　　務　　省				1	1	38
公　安　調　査　庁				23	19	71
外　　務　　省	9	5	2	6	3	219
財　　務　　省	1	1		8	6	151
国　　税　　庁						3
文　部　科　学　省		1				124
厚　生　労　働　省						9
農　林　水　産　省						31
水　　産　　庁						3
経　済　産　業　省	1					180
資　源　エ　ネ　ル　ギ　ー　庁						1
特　　許　　庁					2	2
中　小　企　業　庁						1
国　土　交　通　省	8	12	5	7	8	171
気　　象　　庁					27	27
環　　境　　省						1
原　子　力　規　制　委　員　会	11	19	6	8	17	236
国　立　印　刷　局					1	1
（参考）家畜改良センター						1
（参考）国立病院機構						170
（参考）社会保険庁						59
（参考）日本郵政公社						254
合　　　　計	46	46	24	58	92	2,355

（注）累計は制度発足時（平成10年4月1日施行）以降の累積数

② 任期を定めた職員の採用

　任期付職員法に基づく任期付職員制度は、試験研究機関の研究員等を除く一般職の職員について実施しているものであり、(1) 高度の専門的な知識経験又は優れた識見を有する者をその者が有する当該高度の専門的な知識経験又は優れた識見を一定の期間活用して遂行することが特に必要とされる業務に従事させる場合、(2) 専門的な知識経験を有する者を当該専門的な知識経験が必要とされる業務に期間を限って従事させることが公務の能率的運営を確保するために必要である場合の二つに分けて実施している。また、(1) の場合については、当該職員に対し、その高度の専門性等にふさわしい給与を支給できることとしている。

　この制度による採用に当たっては、高度な専門的知識経験等を有することについての適正な能力実証に加え、公募又は公募に準じた公正な手続を経ることが必要である。

　この制度による令和4年度の採用者数等は846人であり、幅広い府省において着実な活用が図られている（図1－8、表1－8）。

図1-8　任期付職員法に基づく採用状況

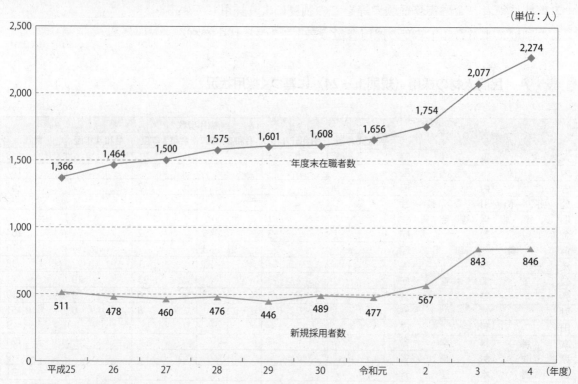

※　在職者数は、各年度末における人数である。

表1-8　任期付職員法に基づく府省別採用状況

（単位：人）

府省名	令和4年度における採用官職の例 ※〔　〕内は令和3年度以前の採用官職の例	平成29年度	平成30年度	令和元年度	令和2年度	令和3年度	令和4年度	累計
会計検査院	事務総長官房上席情報システム調査官付統括情報システム調査官		1	4	1	3	1	43
人事院	人材局企画課採用企画班主査	1	4	3	2	2	3	36
内閣官房	内閣サイバーセキュリティセンター上席サイバーセキュリティ分析官	19	21	26	21	30	39	389
内閣府	参事官補佐（政策統括官（経済社会システム）付参事官（市場システム）付）	13	18	22	21	19	23	404
公正取引委員会	事務総局審査局第一審査審査専門官	7	2	1	5	7	5	101
個人情報保護委員会	事務局参事官補佐	6	1	3	12	9	8	43
カジノ管理委員会	事務局総務企画部企画課情報システム第三係長				8	2	1	11
金融庁	総合政策局リスク分析総括課金融証券検査官	69	98	77	105	81	88	1,410
消費者庁	取引対策課消費者取引対策官	16	14	19	18	19	20	218
デジタル庁	統括官付参事官					6	4	10
復興庁	統括官付参事官付主査	1					4	6
総務省	国際戦略局技術政策課研究推進室課長補佐	4	12	8	5	10	13	106
法務省	訟務局訟務支援課法務専門職	10	15	16	7	12	6	201
公安調査庁	〔公安調査専門職〕							1
外務省	大臣官房国際報道官室課長補佐	52	56	68	83	136	114	946
財務省	国際局為替市場課資金管理専門官	21	18	20	15	16	16	370
国税庁	東京国税不服審判所国税審判官	17	18	18	21	14	24	255
文部科学省	初等中等教育局主任視学官	5	8	1	6	8	2	158
文化庁	文化財第一課文化財調査官			2	2	1	4	14
スポーツ庁	健康スポーツ課専門職	1		1	2		4	11
厚生労働省	大臣官房業務改革推進室業務改革推進専門官	16	16	25	28	53	74	337
農林水産省	輸出・国際局知的財産課業務推進専門官	9	6	4	16	23	21	100
林野庁	〔関東森林管理局森林整備部森林放射性物質汚染対策センター事業第一係長〕							5
経済産業省	経済産業政策局産業創造課長補佐	15	21	10	14	18	29	231
資源エネルギー庁	省エネルギー・新エネルギー部新エネルギー課長補佐	1	2	1	2	2	3	37
特許庁	審査第一部審査官	109	99	101	104	123	93	1,898
中小企業庁	長官官房総務課長補佐（コンプライアンス担当）	1	2	4	2	1	8	25
国土交通省	大臣官房総務課公文書監理・情報公開室専門官	12	12	14	18	17	15	192
観光庁	〔観光産業課専門官〕			1	3	1		7
気象庁	大気海洋部業務課気象技術開発室技術専門官						3	3
運輸安全委員会	事務局鉄道事故調査官	3	4	2	4	2	4	45
海上保安庁	〔海上保安大学校講師〕							1
環境省	自然環境局自然環境計画課生物多様性主流化室室長補佐	30	30	19	37	220	196	614
原子力規制委員会	原子力安全人材育成センター原子炉技術研修課教官	8	9	7	5	6	16	145
国立印刷局	IT企画推進室主任専門官		1	1			2	10
造幣局	総務部海外業務課主事		1				1	4
製品評価技術基盤機構	化学物質管理センター安全審査課主任					1	2	3
（参考）国立環境研究所	〔地球環境研究センター主幹〕							1
（参考）社会保険庁	〔総務部サービス推進課社会保険指導室特別社会保険指導官〕							1
（参考）日本郵政公社	〔コーポレートIT部門企画室企画役〕							9
合計		446	489	477	567	843	846	8,401

（注）累計は制度発足時（平成12年11月27日施行）以降の累積数

第1編　第3部　令和4年度業務状況

③ 研究公務員の任期を定めた採用

　任期付研究員法に基づく任期付研究員制度は、国の試験研究機関等で研究業務に従事する一般職の職員について、（1）高度の専門的な知識経験を必要とする研究業務に従事させるため特に優れた研究者を採用する「招へい型」と、（2）当該研究分野における先導的役割を担う有為な研究者となるために必要な能力のかん養に資する研究業務に従事させるため、独立して研究する能力があり、研究者として高い資質を有すると認められる若手研究者を採用する「若手育成型」の二つの場合に分けて実施している。

　この制度により、令和4年度は、招へい型として29人、若手育成型として43人の者が採用されている。

　なお、任期付職員法や任期付研究員法のほか、任期を定めた採用としては、規則8－12（職員の任免）第42条に基づき、（ア）3年以内に廃止される予定の官職、（イ）特別の計画に基づき実施される研究事業に係る5年以内に終了する予定の科学技術等に従事する官職に採用する場合がある。これによる令和4年度の採用者数は、（ア）については公共職業安定所の職員として3人、（イ）については採用実績はなかった。

④ 官民人事交流

　官民人事交流法に基づく官民人事交流制度は、公務の公正な運営を確保しつつ、民間企業と国の機関との人事交流を通じて、民間と国との相互理解を深めるとともに、組織の活性化と人材の育成を図ることを目的とする制度であり、（1）府省の職員を民間企業に派遣する交流派遣と、（2）民間企業の従業員を府省で任期を付して採用する交流採用の二つのケースがある。

　人事院は、官民人事交流法第23条第2項の規定に基づき、令和5年3月24日に令和4年における官民人事交流の状況を国会及び内閣に報告した。

　令和4年中に交流派遣職員であった者は100人、交流採用職員であった者は952人であり、令和2年から令和4年までの間に交流派遣後職務に復帰した職員は114人であった。

　また、令和4年における新たな交流派遣者数は37人、交流採用者数は378人であった（図1－9、表1－9）。

　さらに、経済団体等の協力を得て、内閣官房内閣人事局及び内閣府官民人材交流センターと共同して民間企業を対象とした説明会を、東京及び大阪において開催するとともに、令和4年11月14日から同年12月13日までの1か月、インターネットを利用した録画配信により実施した。また、制度のあらましと官民人事交流経験者や民間企業の人事担当者の体験談を紹介するパンフレットを、内閣官房内閣人事局及び内閣府官民人材交流センターと共同して作成し、各種説明会等の機会を通じて配布するなど、官民人事交流の推進に努めた。

図1-9　官民人事交流の実施状況

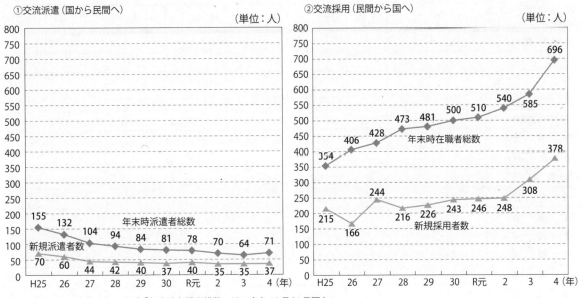

①交流派遣（国から民間へ）　　（単位：人）
年末時派遣者総数：155、132、104、94、84、81、78、70、64、71
新規派遣者数：70、60、44、42、40、37、40、35、35、37
（H25、26、27、28、29、30、R元、2、3、4（年））

②交流採用（民間から国へ）　　（単位：人）
年末時在職者総数：354、406、428、473、481、500、510、540、585、696
新規採用者数：215、166、244、216、226、243、246、248、308、378
（H25、26、27、28、29、30、R元、2、3、4（年））

（注）　「年末時派遣者総数」及び「年末時在職者総数」は、各年12月31日現在。

表1-9　府省別官民人事交流の実施状況

(1)　交流派遣　　　　　　　　　　　　　　　　　　　　　　　　　（単位：人）

年（平成・令和）／府省名	H12	13	14	15	16	17	18	19	20	21	22	23	24	25	26	27	28	29	30	R元	2	3	4	派遣者計
会計検査院																1	1	2	1	1		3		9
人事院		1																						1
内閣官房																	1		1	1				3
内閣府						1			1	1	1		2	1	2	1	1		1		1	1	1	15
公正取引委員会																	1							1
警察庁																			1	1		1	1	4
金融庁											4	2	2	5	6	7	6	6	5	6	2	6	2	59
総務省							1	1		1		11	17	18	11	6	8	3	2	3	2	2	3	89
法務省							1	1		1														3
外務省							1						1								2			4
財務省									2		2	7	3		1					1	1	2	1	20
文部科学省		1	2	1								2	2	2	1	1			1	1	1	1	1	17
厚生労働省											1	6	5	7	9	7	8	7	8	5	7	2	5	77
農林水産省							5	2	1	4	2	6	9	5	7	2	1	2	2	2	3	1	4	58
林野庁								1		1		2		1	2	3	1	4		4	2			21
水産庁																				1				1
経済産業省		2	1	2	1	1	1	3	15	9	22	7	20	9	10	3	8	5	6	3	6	4	8	146
資源エネルギー庁							1																	1
特許庁													2		2	2	1	1	2	1	2	1	3	17
中小企業庁		1																						1
国土交通省		4	4	2	6	10	7	11	13	9	15	18	21	18	9	9	7	6	5	6	9	6	5	200
観光庁						1		1		1														3
気象庁																						1		1
海上保安庁																						1		1
環境省											1		2	2	1	1		1	1	2	2	1	4	18
原子力規制庁																				1				1
(独)製品評価技術基盤機構																						2		2
計	0	9	7	5	7	12	16	22	30	29	53	62	81	70	60	44	42	40	37	40	35	35	37	773

(2) 交流採用

（単位：人）

年（平成・令和）／府省名	H12	13	14	15	16	17	18	19	20	21	22	23	24	25	26	27	28	29	30	R元	2	3	4	採用者計
会計検査院																1		1	1			1	2	6
内閣官房																						1	1	2
内閣府								1		1	2	3	2	4	3	4	3	6	7	4	12		5	57
宮内庁																	1						1	2
公正取引委員会				1													2		2	1	1		1	8
警察庁																	2	3	2	3	1	2	3	16
金融庁		1		1		1		1	6	7	5	7	4	6	12	10	14	5	10	9	10	13	7	129
消費者庁										1			2	3		2	1	3	2			4		18
デジタル庁																						1	24	25
総務省	1		1				2	4	3	9	4	8	8	12	10	10	11	15	10	14	11	16	17	166
法務省												1												1
外務省	2	4	10	7	11	6	11	1	3	11	2	6	9	4	6	13	9	13	12	16	17	23	30	226
財務省		2	1	2	2	4		2		9	13	17	14	18	8	17	9	10	8	9	10	9	12	176
国税庁																	1							1
文部科学省		1		1			1			2			1		1			2	4	4	2	6	4	29
スポーツ庁																10	3	2	9	2	7	4	4	44
文化庁																					5	2	2	9
厚生労働省							2		1	1	4	4	9	40	12	26	14	23	20	22	24	43	52	297
農林水産省		2		2		1	12	3	3	8	1	7	8	8	6	8	6	8	6	8	13	7	7	124
林野庁								1		1		1		1	1		1		1			1		8
水産庁										1			2				1		1			2		7
経済産業省	3	9	3	4	12	4	7	5	16	18	14	21	21	42	29	54	38	49	51	42	47	43	47	579
資源エネルギー庁		1		1	3			1	3	3	2	3	2	6	5	4	6	4	5	5	3	2	7	66
特許庁													1	1	1	1	2	1	2	2	3	2		16
中小企業庁							1				1	1	2	5	1	4	2	5	1	4		1	6	34
国土交通省	4	8	7	9	11	17	14	11	25	20	18	29	35	57	42	66	73	68	77	77	78	94	101	941
観光庁									4	3	7	2	5	6	6	2	7	3	4	5	2	2	1	59
気象庁																						1		1
運輸安全委員会																						1	1	2
海上保安庁											1				1					1	1	1		5
環境省								1		1	1	2	14	5	17	13	8	10	4	12	7	13	40	148
原子力規制庁																	3			3	2		1	9
計	10	28	22	27	37	36	50	31	64	92	75	112	137	215	166	244	216	226	243	246	248	308	378	3,211

| （参考）日本郵政公社を含む | 10 | 28 | 22 | 29 | 41 | 49 | 72 | 31 | 64 | 92 | 75 | 112 | 137 | 215 | 166 | 244 | 216 | 226 | 243 | 246 | 248 | 308 | 378 | 3,252 |

（注）「派遣者計」、「採用者計」は、制度の施行（平成12年3月21日）以降令和4年12月31日までに交流派遣又は交流採用された者の累積数である。

第5節　分限処分の状況

　分限処分とは、職員の責任の有無にかかわらず、公務能率を維持するため、法令に定められた事由に該当する場合に降任、免職、休職、降給を行うことである。人事院では、分限制度の趣旨に則した適正な運用が図られるよう、本院のほか各地方事務局（所）において、各府省が対応に苦慮している事例等をもとに、分限処分を行うに当たって留意すべき点や対応方法につ

いて研修会を実施し、各府省人事担当者に対して周知徹底を図るとともに、個別の相談にも随時対応している。

① 降任・免職

　任命権者が職員の意に反して降任又は免職の処分を行った場合には、規則11－4（職員の身分保障）により、その処分の際に職員に交付した処分説明書の写しを人事院に提出することとされている。令和4年度中において、免職処分された者は9人であり、降任処分された者はいなかった。処分の状況をみると、免職処分のうち最も多い事由は、「心身の故障のため職務遂行に支障がある場合」に該当するとされたもの（7人）である（資料1－22）。

② 休職

　令和4年7月1日現在で、休職中の職員は1,944人であり、事由別にみると、いわゆる病気休職が1,630人で全体の83.8％を占めている（資料1－23）。

③ 降給

　任命権者が職員の意に反して降給（降格・降号）の処分を行った場合には、規則11－10（職員の降給）により、その処分の際に職員に交付した処分説明書の写しを人事院に提出することとされている。令和4年度中において、降給処分された者は3人（勤務実績不良に伴う降格）である。

第1編

第**3**部

令和4年度業務状況

第1章　補足資料

資料1-1　2022年度国家公務員採用試験実施状況

（その1）試験機関が人事院であるもの

試験の程度	試験の種類	申込受付期間	第1次試験 試験日	第1次試験 試験地	第2次試験 試験日	第2次試験 試験地	合格者発表日
大学（大学院）卒業程度	国家公務員採用総合職試験（院卒者試験）（法務区分を除く。）	3月18日〜4月4日	4月24日	札幌市ほか22都市	5月22日筆記	札幌市ほか8都市	6月20日
					6月2日〜6月10日人物	さいたま市ほか2都市	
	国家公務員採用総合職試験（院卒者試験）（法務）	9月6日〜9月13日	10月2日	東京都	10月13日・10月14日	東京都	10月21日
	国家公務員採用総合職試験（大卒程度試験）（教養区分を除く。）	3月18日〜4月4日	4月24日	札幌市ほか22都市	5月22日筆記	札幌市ほか8都市	6月20日
					5月24日〜6月10日人物	札幌市ほか9都市	
	国家公務員採用総合職試験（大卒程度試験）（教養）	7月29日〜8月22日	10月2日	東京都ほか3都市	11月26日・11月27日	さいたま市ほか2都市	12月14日
	国家公務員採用一般職試験（大卒程度試験）	3月18日〜4月4日	6月12日	札幌市ほか25都市	7月13日〜7月29日	札幌市ほか17都市	8月16日
	皇宮護衛官採用試験（大卒程度試験）	3月18日〜4月4日	6月5日	札幌市ほか5都市	7月12日〜7月20日	札幌市ほか4都市	8月16日
	法務省専門職員（人間科学）採用試験	3月18日〜4月4日	6月5日	札幌市ほか8都市	7月4日〜7月7日	札幌市ほか9都市	8月16日
	財務専門官採用試験	3月18日〜4月4日	6月5日	札幌市ほか18都市	7月4日〜7月7日	札幌市ほか10都市	8月16日
	国税専門官採用試験	3月18日〜4月4日	6月5日	札幌市ほか20都市	7月4日〜7月15日	札幌市ほか11都市	8月16日
	食品衛生監視員採用試験	3月18日〜4月4日	6月5日	小樽市ほか3都市	7月12日〜7月20日	東京都	8月16日
	労働基準監督官採用試験	3月18日〜4月4日	6月5日	札幌市ほか18都市	7月12日〜7月14日	札幌市ほか10都市	8月16日
	航空管制官採用試験	3月18日〜4月4日	6月5日	札幌市ほか10都市	7月6日	札幌市ほか4都市	8月16日
					（3次試験）8月25日〜8月26日	泉佐野市	10月3日
	海上保安官採用試験	3月18日〜4月4日	6月5日	札幌市ほか10都市	7月12日〜7月20日	小樽市ほか10都市	8月16日
	経験者採用試験	7月25日〜8月15日	10月2日	東京都	11月上旬〜12月上旬	札幌市ほか11都市	11月18日(注)
					（3次試験）11月下旬〜12月中旬	札幌市ほか13都市	12月22日
高等学校卒業程度	国家公務員採用一般職試験（高卒者試験）	6月20日〜6月29日	9月4日	札幌市ほか51都市	10月12日〜10月21日	札幌市ほか33都市	11月15日
	国家公務員採用一般職試験（社会人試験（係員級））	6月20日〜6月29日	9月4日	札幌市ほか14都市	10月12日〜10月21日	札幌市ほか17都市	11月15日
	皇宮護衛官採用試験（高卒程度試験）	7月19日〜7月28日	9月25日	札幌市ほか5都市	10月24日〜10月28日	札幌市ほか4都市	11月22日
	刑務官採用試験	7月19日〜7月28日	9月18日	札幌市ほか48都市	10月20日〜10月26日	札幌市ほか49都市	11月22日
			（再実施）10月2日	福岡市ほか7都市			
	入国警備官採用試験	7月19日〜7月28日	9月25日	札幌市ほか8都市	10月25日〜10月27日	札幌市ほか8都市	11月22日
	税務職員採用試験	6月20日〜6月29日	9月4日	札幌市ほか51都市	10月12日〜10月21日	札幌市ほか33都市	11月15日
	航空保安大学校学生採用試験	7月19日〜7月28日	9月25日	千歳市ほか10都市	11月14日〜11月17日	千歳市ほか4都市	12月20日
	気象大学校学生採用試験	8月25日〜9月5日	10月29日10月30日	札幌市ほか10都市	12月16日	札幌市ほか5都市	5年1月19日
	海上保安大学校学生採用試験	8月25日〜9月5日	10月29日10月30日	札幌市ほか38都市	12月16日	小樽市ほか11都市	5年1月19日
	海上保安学校学生採用試験（航空課程以外）	7月19日〜7月28日	9月25日	札幌市ほか38都市	10月18日〜10月27日	小樽市ほか11都市	11月22日
	（航空課程）				（3次試験）12月3日〜12月13日	東京都	5年1月19日
	海上保安学校学生採用試験（特別）	3月18日〜3月25日	5月15日	札幌市ほか37都市	6月8日〜6月29日	小樽市ほか11都市	7月29日

（注）「経験者採用試験」の「合格者発表日」は、次のとおりである。
経験者採用試験（係長級（事務））：11月18日、総務省経験者採用試験（係長級（技術））、外務省経験者採用試験（書記官級）、国税庁経験者採用試験（国税調査官級）、農林水産省経験者採用試験（係長級（技術））、国土交通省経験者採用試験（係長級（技術））、観光庁経験者採用試験（係長級（事務））、気象庁経験者採用試験（係長級（技術））：12月22日

試験の程度	試験の種類	申込受付期間	第1次試験		第2次試験		合格者発表日
			試験日	試験地	試験日	試験地	
大学卒業程度	外務省専門職員採用試験	3月25日〜4月8日	6月11日6月12日	東京都大阪市	7月26日〜8月4日	東京都	8月24日

資料 1-2-1　2022年度国家公務員採用総合職試験（院卒者試験）の区分試験別申込者数・合格者数・採用内定者数

（単位：人）

項目／区分試験	申込者数	うち女性数	合格者数	うち女性数	採用内定者数	うち女性数
行政	344	117	154	54	62	25
人間科学	125	79	46	24	18	8
デジタル	60	8	28	4	8	2
工学	365	54	149	22	73	13
数理科学・物理・地球科学	158	28	38	1	20	3
化学・生物・薬学	305	101	60	22	31	13
農業科学・水産	174	67	79	28	23	10
農業農村工学	17	4	10	3	5	2
森林・自然環境	108	37	54	18	28	13
小計	1,656	495	618	176	268	89
法務	13	3	9	2	1	1
合計	1,669	498	627	178	269	90

（注）1　採用内定者数は、令和5年3月31日現在の人数であり、令和4年度内の採用者を含む。
　　　2　採用内定者数は、過年度名簿等からの採用内定者を含む。
　　　3　上記のほか、防衛省（特別職）で行政1人（うち女性0人）、デジタル1人（同1人）、工学21人（同3人）、数理科学・物理・地球科学1人（同0人）、化学・生物・薬学2人（同0人）、計26人（同4人）の採用内定者がいる。

資料 1-2-2　2022年度国家公務員採用総合職試験（大卒程度試験）の区分試験別申込者数・合格者数・採用内定者数

（単位：人）

項目／区分試験	申込者数	うち女性数	合格者数	うち女性数	採用内定者数	うち女性数
政治・国際	1,300	565	196	65	63	29
法律	7,954	3,760	380	131	99	42
経済	1,342	412	154	41	44	18
人間科学	370	247	28	17	11	7
デジタル	147	31	47	12	11	5
工学	1,200	255	195	33	63	9
数理科学・物理・地球科学	162	38	16	5	8	4
化学・生物・薬学	381	177	23	6	9	6
農業科学・水産	428	203	114	58	41	24
農業農村工学	163	45	64	19	15	5
森林・自然環境	227	88	38	10	14	5
小計	13,674	5,821	1,255	397	378	154
教養	2,952	1,162	255	87	130	36
合計	16,626	6,983	1,510	484	508	190

（注）1　採用内定者数は、令和5年3月31日現在の人数であり、令和4年度内の採用者を含む。
　　　2　採用内定者数は、過年度名簿等からの採用内定者を含む。
　　　3　上記のほか、防衛省（特別職）で政治・国際8人（うち女性4人）、法律1人（同1人）、経済1人（同0人）、デジタル1人（同1人）、工学2人（同0人）、化学・生物・薬学1人（同0人）、教養4人（同1人）、計18人（同7人）の採用内定者がいる。

資料1-3　**2022年度国家公務員採用一般職試験（大卒程度試験）の申込者数・合格者数**

（単位：人）

区分（地域）試験 \ 項目	申込者数	うち女性数	合格者数	うち女性数
行政	23,711	10,365	6,099	2,691
北海道	1,017	348	470	179
東北	1,535	649	559	243
関東甲信越	9,204	3,983	1,844	779
東海北陸	2,568	1,107	749	323
近畿	3,291	1,525	794	386
中国	1,635	711	495	204
四国	1,003	469	323	160
九州	2,703	1,244	734	352
沖縄	755	329	131	65
デジタル・電気・電子	487	80	214	29
機械	312	32	126	9
土木	1,193	250	581	123
建築	160	69	65	28
物理	314	68	157	36
化学	541	208	217	92
農学	762	346	377	175
農業農村工学	184	57	79	23
林学	439	137	241	65
計	28,103	11,612	8,156	3,271

資料1-4　**2022年度法務省専門職員（人間科学）採用試験の区分試験別申込者数・合格者数**

（単位：人）

区分試験 \ 項目	申込者数	合格者数
矯正心理専門職A（男子）	104	33
矯正心理専門職B（女子）	275	66
法務教官A（男子）	887	188
法務教官B（女子）	399	80
法務教官A（社会人）（男子）	106	20
法務教官B（社会人）（女子）	24	8
保護観察官	317（204）	98（73）
計	2,112（902）	493（227）

（注）計及び保護観察官の（　）内の数字は、女性を内数で示す。

資料1-5　**2022年度労働基準監督官採用試験の区分試験別申込者数・合格者数**

（単位：人）

区分試験 \ 項目	申込者数	うち女性数	合格者数	うち女性数
労働基準監督A	2,254	975	319	148
労働基準監督B	668	175	144	34
計	2,922	1,150	463	182

資料1-6-1 **2022年度国家公務員採用一般職試験（高卒者試験）の区分試験別・地域試験別申込者数・合格者数**

（単位：人）

区分（地域）試験 　 項目	申込者数		合格者数	
事務 合計（うち女性数）	9,416	(3,791)	2,341	(1,078)
北海道	517		176	
東北	823		167	
関東甲信越	4,615		1,387	
東海北陸	631		160	
近畿	609		144	
中国	423		59	
四国	247		43	
九州	1,201		165	
沖縄	350		40	
技術 合計（うち女性数）	1,285	(206)	774	(129)
北海道	110		63	
東北	156		112	
関東甲信越	264		153	
東海北陸	121		85	
近畿	74		46	
中国	62		33	
四国	58		37	
九州	413		237	
沖縄	27		8	
農業土木（うち女性数）	291	(36)	161	(21)
林業（うち女性数）	199	(25)	57	(9)
総計（うち女性数）	11,191	(4,058)	3,333	(1,237)

（注）1　農業土木区分及び林業区分は、全国試験であり、地域試験を行っていない。
　　　2　農業区分は休止とした。

資料1-6-2 **2022年度国家公務員採用一般職試験（社会人試験（係員級））の区分試験別・地域試験別申込者数・合格者数**

（単位：人）

区分（地域）試験 　 項目	申込者数		合格者数	
技術 合計（うち女性数）	235	(38)	33	(4)
北海道	25		7	
関東甲信越	88		2	
東海北陸	24		3	
近畿	35		8	
中国	23		5	
四国	10		2	
沖縄	30		6	
農業土木（うち女性数）	64	(13)	11	(4)
総計（うち女性数）	299	(51)	44	(8)

（注）1　農業土木区分は、全国試験であり、地域試験を行っていない。
　　　2　事務区分、技術区分（東北地域、九州地域）、農業区分及び林業区分は休止とした。

資料1-7　**2022年度刑務官採用試験の区分試験別・地域試験別申込者数・合格者数**

（単位：人）

区分（地域）試験 ＼ 項目	申込者数	合格者数
刑務A（男子）合計	**2,502**	**561**
北海道	101	32
東北	103	41
関東甲信越静	672	166
東海北陸	183	47
近畿	383	120
中国	150	39
四国	99	32
九州	459	77
沖縄	352	7
刑務B（女子）合計	**854**	**230**
北海道	30	10
東北	31	13
関東甲信越静	276	81
東海北陸	60	22
近畿	142	40
中国	42	13
四国	17	7
九州	256	44
沖縄	—	—
刑務A（社会人）（男子）合計	**266**	**47**
北海道	15	5
東北	13	2
関東甲信越静	104	15
東海北陸	22	5
近畿	41	10
中国	15	3
四国	19	4
九州	37	3
沖縄	—	—
刑務B（社会人）（女子）合計	**36**	**12**
北海道	3	2
東北	2	1
関東甲信越静	15	5
東海北陸	4	2
近畿	4	2
中国	2	0
四国	3	0
九州	3	0
沖縄	—	—
刑務A（武道）（男子）合計	**405**	**168**
北海道	29	15
東北	28	11
関東甲信越静	131	54
東海北陸	37	21
近畿	39	20
中国	45	14
四国	24	10
九州	65	20
沖縄	7	3
刑務B（武道）（女子）合計	**52**	**27**
北海道	7	6
東北	3	0
関東甲信越静	14	8
東海北陸	7	3
近畿	11	4
中国	5	3
四国	5	3
九州	0	0
沖縄	—	—
刑務官総計	**4,115**	**1,045**

（注）刑務B、刑務A（社会人）、刑務B（社会人）及び刑務B（武道）の沖縄地域は休止とした。

資料1-8　2022年度入国警備官採用試験の区分試験別申込者数・合格者数

(単位：人)

項目 区分試験	申込者数	うち女性数	合格者数	うち女性数
警備官	1,599	519	169	53
警備官（社会人）	223	37	5	1
計	1,822	556	174	54

資料1-9　2022年度税務職員採用試験の地域試験別申込者数・合格者数

(単位：人、%)

項目 地域試験	申込者数		うち女性数		合格者数		うち女性数	
北　海　道	223	(3.4)	77	(3.7)	50	(3.0)	24	(3.5)
東　　北	475	(7.3)	174	(8.4)	110	(6.6)	47	(6.9)
関東甲信越	2,152	(33.0)	676	(32.5)	630	(38.0)	258	(37.7)
東海北陸	795	(12.2)	232	(11.2)	188	(11.4)	77	(11.2)
近　　畿	950	(14.6)	240	(11.5)	283	(17.1)	105	(15.3)
中　　国	592	(9.1)	191	(9.2)	128	(7.7)	56	(8.2)
四　　国	272	(4.2)	85	(4.1)	64	(3.9)	28	(4.1)
九　　州	876	(13.4)	331	(15.9)	183	(11.1)	81	(11.8)
沖　　縄	188	(2.9)	72	(3.5)	20	(1.2)	9	(1.3)
計	6,523	(100.0)	2,078	(100.0)	1,656	(100.0)	685	(100.0)

(注)（　）内は、申込者総数又は合格者総数に対する割合（％）を示す。

資料1-10　2022年度航空保安大学校学生採用試験の区分試験別申込者数・合格者数

(単位：人)

項目 区分試験	申込者数	うち女性数	合格者数	うち女性数
航空情報科	249	117	42	22
航空電子科	141	38	78	24
計	390	155	120	46

資料1-11　2022年度海上保安学校学生採用試験の区分試験別申込者数・合格者数

(単位：人)

項目 区分試験	申込者数	うち女性数	合格者数	うち女性数
船舶運航システム課程	2,977	501	519	76
航空課程	269	15	34	1
情報システム課程	143	36	50	13
管制課程	105	42	24	7
海洋科学課程	79	19	20	4
計	3,573	613	647	101

資料 1-12　2022年度経験者採用試験の試験の種類別申込者数・合格者数

(単位：人)

試験の種類	項目	申込者数	うち女性数	合格者数	うち女性数
経験者採用試験（係長級（事務））		592	186	53	15
総務省経験者採用試験（係長級（技術））		16	0	2	0
外務省経験者採用試験（書記官級）		215	99	14	10
国税庁経験者採用試験（国税調査官級）		856	181	53	3
農林水産省経験者採用試験（係長級（技術））		35	3	1	0
国土交通省経験者採用試験（係長級（技術））	本省区分	26	6	1	0
	地方整備局・北海道開発局区分	32	1	4	0
観光庁経験者採用試験（係長級（事務））		100	31	5	3
気象庁経験者採用試験（係長級（技術））		50	8	20	3
計		1,922	515	153	34

(注) 経験者採用試験（係長級（事務））は、会計検査院、人事院、内閣府、金融庁、デジタル庁、外務省、財務省、文部科学省、厚生労働省、農林水産省、経済産業省、国土交通省及び環境省の事務系の係長級の職員を採用するために実施した試験である。

資料 1-13　2022年度国家公務員採用総合職試験（法務・教養区分を除く。）の系統別・学歴別申込者数・合格者数

(単位：人、％)

項目 学歴		法文系 申込者数	うち女性数	法文系 合格者数	うち女性数	理工系 申込者数	うち女性数	理工系 合格者数	うち女性数	農学系 申込者数	うち女性数	農学系 合格者数	うち女性数	合計 申込者数	うち女性数	合計 合格者数	うち女性数
院卒者試験	大学院	458 (97.7)	191 (97.4)	194 (97.0)	76 (97.4)	887 (99.9)	191 (100.0)	274 (99.6)	49 (100.0)	299 (100.0)	108 (100.0)	143 (100.0)	49 (100.0)	1,644 (99.3)	490 (99.0)	611 (98.9)	174 (98.9)
	その他	11 (2.3)	5 (2.6)	6 (3.0)	2 (2.6)	1 (0.1)	0 (0.0)	1 (0.4)	0 (0.0)	0 (0.0)	0 (0.0)	0 (0.0)	0 (0.0)	12 (0.7)	5 (1.0)	7 (1.1)	2 (1.1)
	計	469 (100.0)	196 (100.0)	200 (100.0)	78 (100.0)	888 (100.0)	191 (100.0)	275 (100.0)	49 (100.0)	299 (100.0)	108 (100.0)	143 (100.0)	49 (100.0)	1,656 (100.0)	495 (100.0)	618 (100.0)	176 (100.0)
大卒程度試験	大学院	184 (1.7)	69 (1.4)	26 (3.4)	8 (3.1)	304 (16.1)	73 (14.6)	55 (19.6)	9 (16.1)	75 (9.2)	35 (10.4)	22 (10.2)	9 (10.3)	563 (4.1)	177 (3.0)	103 (8.2)	26 (6.5)
	大学	10,655 (97.2)	4,875 (97.8)	732 (96.6)	246 (96.9)	1,573 (83.2)	428 (85.4)	226 (80.4)	47 (83.9)	738 (90.2)	298 (88.7)	194 (89.8)	78 (89.7)	12,966 (94.8)	5,601 (96.2)	1,152 (91.8)	371 (93.5)
	その他	127 (1.2)	40 (0.8)	0 (0.0)	0 (0.0)	13 (0.7)	0 (0.0)	0 (0.0)	0 (0.0)	5 (0.6)	3 (0.9)	0 (0.0)	0 (0.0)	145 (1.1)	43 (0.7)	0 (0.0)	0 (0.0)
	計	10,966 (100.0)	4,984 (100.0)	758 (100.0)	254 (100.0)	1,890 (100.0)	501 (100.0)	281 (100.0)	56 (100.0)	818 (100.0)	336 (100.0)	216 (100.0)	87 (100.0)	13,674 (100.0)	5,821 (100.0)	1,255 (100.0)	397 (100.0)
合計	大学院	642 (5.6)	260 (5.0)	220 (23.0)	84 (25.3)	1,191 (42.9)	264 (38.2)	329 (59.2)	58 (55.2)	374 (33.5)	143 (32.2)	165 (46.0)	58 (42.6)	2,207 (14.4)	667 (10.6)	714 (38.1)	200 (34.9)
	大学	10,655 (93.2)	4,875 (94.1)	732 (76.4)	246 (74.1)	1,573 (56.6)	428 (61.8)	226 (40.6)	47 (44.8)	738 (66.1)	298 (67.1)	194 (54.0)	78 (57.4)	12,966 (84.6)	5,601 (88.7)	1,152 (61.5)	371 (64.7)
	その他	138 (1.2)	45 (0.9)	6 (0.6)	2 (0.6)	14 (0.5)	0 (0.0)	1 (0.2)	0 (0.0)	5 (0.4)	3 (0.7)	0 (0.0)	0 (0.0)	157 (1.0)	48 (0.8)	7 (0.4)	2 (0.3)
	総計	11,435 (100.0)	5,180 (100.0)	958 (100.0)	332 (100.0)	2,778 (100.0)	692 (100.0)	556 (100.0)	105 (100.0)	1,117 (100.0)	444 (100.0)	359 (100.0)	136 (100.0)	15,330 (100.0)	6,316 (100.0)	1,873 (100.0)	573 (100.0)

(注) 1　「法文系」とは、院卒者試験の行政及び人間科学区分並びに大卒程度試験の政治・国際、法律、経済及び人間科学区分を示し、「理工系」とは、院卒者試験及び大卒程度試験ともに、デジタル、工学、数理科学・物理・地球科学及び化学・生物・薬学を示し、「農学系」とは、院卒者試験及び大卒程度試験ともに、農業科学・水産、農業農村工学及び森林・自然環境を示す。
2　（　）内は、申込者総数又は合格者総数に対する割合（％）を示す。

2022年度国家公務員採用総合職試験（法務・教養区分を除く。）の国・公・私立別出身大学（含大学院）別申込者数・合格者数

（単位：人、%）

学 歴		項 目	申込者数	うち女性数	合格者数	うち女性数
院卒者試験	大学院	国立	1,213 (73.2)	343 (69.3)	470 (76.1)	124 (70.5)
		公立	50 (3.0)	20 (4.0)	19 (3.1)	7 (4.0)
		私立	381 (23.0)	127 (25.7)	122 (19.7)	43 (24.4)
	その他		12 (0.7)	5 (1.0)	7 (1.1)	2 (1.1)
	計		1,656 (100.0)	495 (100.0)	618 (100.0)	176 (100.0)
大卒程度試験	大学院・大学	国立	5,932 (43.4)	2,510 (43.1)	778 (62.0)	241 (60.7)
		公立	892 (6.5)	474 (8.1)	59 (4.7)	22 (5.5)
		私立	6,662 (48.7)	2,777 (47.7)	409 (32.6)	128 (32.2)
	その他		188 (1.4)	60 (1.0)	9 (0.7)	6 (1.5)
	計		13,674 (100.0)	5,821 (100.0)	1,255 (100.0)	397 (100.0)
合 計	大学院・大学	国立	7,145 (46.6)	2,853 (45.2)	1,248 (66.6)	365 (63.7)
		公立	942 (6.1)	494 (7.8)	78 (4.2)	29 (5.1)
		私立	7,043 (45.9)	2,904 (46.0)	531 (28.4)	171 (29.8)
	その他		200 (1.3)	65 (1.0)	16 (0.9)	8 (1.4)
	総 計		15,330 (100.0)	6,316 (100.0)	1,873 (100.0)	573 (100.0)

（注）1　（　）内は、申込者総数又は合格者総数に対する割合（%）を示す。
　　　2　「その他」は、短大・高専、外国の大学等である。

資料1-15　国家公務員採用一般職試験（大卒程度試験）の学歴別申込者数・合格者数

（2022年度）　　　　　　　　　　　　　　　　　　　　　　　　　　　　　　　　　　（単位：人、％）

学歴 ＼ 項目	申込者数		うち女性数		合格者数		うち女性数	
大学院	1,794	(6.4)	584	(5.0)	603	(7.4)	175	(5.4)
大学	25,297	(90.0)	10,679	(92.0)	7,342	(90.0)	3,030	(92.6)
短大・高専等	846	(3.0)	294	(2.5)	190	(2.3)	64	(2.0)
高校・その他	166	(0.6)	55	(0.5)	21	(0.3)	2	(0.1)
合計	28,103	(100.0)	11,612	(100.0)	8,156	(100.0)	3,271	(100.0)

（注）（　）内は、申込者総数又は合格者総数に対する割合（％）を示す。

（2021年度）　　　　　　　　　　　　　　　　　　　　　　　　　　　　　　　　　　（単位：人、％）

学歴 ＼ 項目	申込者数		うち女性数		合格者数		うち女性数	
大学院	1,740	(6.4)	529	(4.8)	548	(7.3)	141	(4.8)
大学	24,550	(89.9)	10,177	(92.3)	6,813	(90.2)	2,705	(93.0)
短大・高専等	874	(3.2)	281	(2.5)	177	(2.3)	63	(2.2)
高校・その他	153	(0.6)	42	(0.4)	15	(0.2)	1	(0.0)
合計	27,317	(100.0)	11,029	(100.0)	7,553	(100.0)	2,910	(100.0)

（注）（　）内は、申込者総数又は合格者総数に対する割合（％）を示す。

資料1-16　国家公務員採用一般職試験（大卒程度試験）の国・公・私立別出身大学（含大学院）別申込者数・合格者数

（2022年度）　　　　　　　　　　　　　　　　　　　　　　　　　　　　　　　　　　（単位：人、％）

学歴 ＼ 項目		申込者数		うち女性数		合格者数		うち女性数	
大学・大学院	国立	9,640	(34.3)	4,066	(35.0)	3,848	(47.2)	1,588	(48.5)
	公立	2,135	(7.6)	1,081	(9.3)	721	(8.8)	344	(10.5)
	私立	15,271	(54.3)	6,092	(52.5)	3,368	(41.3)	1,269	(38.8)
その他		1,057	(3.8)	373	(3.2)	219	(2.7)	70	(2.1)
合計		28,103	(100.0)	11,612	(100.0)	8,156	(100.0)	3,271	(100.0)

（注）1　（　）内は、申込者総数又は合格者総数に対する割合（％）を示す。
　　　2　「その他」は、短大・高専、外国の大学等である。

（2021年度）　　　　　　　　　　　　　　　　　　　　　　　　　　　　　　　　　　（単位：人、％）

学歴 ＼ 項目		申込者数		うち女性数		合格者数		うち女性数	
大学・大学院	国立	9,761	(35.7)	4,129	(37.4)	3,616	(47.9)	1,431	(49.2)
	公立	2,018	(7.4)	949	(8.6)	651	(8.6)	285	(9.8)
	私立	14,463	(52.9)	5,608	(50.8)	3,083	(40.8)	1,127	(38.7)
その他		1,075	(3.9)	343	(3.1)	203	(2.7)	67	(2.3)
合計		27,317	(100.0)	11,029	(100.0)	7,553	(100.0)	2,910	(100.0)

（注）1　（　）内は、申込者総数又は合格者総数に対する割合（％）を示す。
　　　2　「その他」は、短大・高専、外国の大学等である。

　国家公務員採用一般職試験（高卒者試験）の学歴別申込者数・合格者数

（2022年度）　　　　　　　　　　　　　　　　　　　　　　　　　　　　　　　　　　（単位：人、%）

項目 学歴	申込者数		うち女性数		合格者数		うち女性数	
短大・高専	297	(2.7)	197	(4.9)	59	(1.8)	43	(3.5)
専修学校等	5,500	(49.1)	1,784	(44.0)	1,792	(53.8)	695	(56.2)
高校	5,307	(47.4)	2,041	(50.3)	1,465	(44.0)	489	(39.5)
中学	33	(0.3)	14	(0.3)	8	(0.2)	5	(0.4)
その他	54	(0.5)	22	(0.5)	9	(0.3)	5	(0.4)
合計	11,191	(100.0)	4,058	(100.0)	3,333	(100.0)	1,237	(100.0)

（2021年度）　　　　　　　　　　　　　　　　　　　　　　　　　　　　　　　　　　（単位：人、%）

項目 学歴	申込者数		うち女性数		合格者数		うち女性数	
短大・高専	309	(2.4)	179	(4.1)	63	(2.0)	43	(3.9)
専修学校等	6,192	(47.7)	1,896	(43.1)	1,663	(53.3)	640	(57.3)
高校	6,388	(49.3)	2,291	(52.1)	1,385	(44.4)	429	(38.4)
中学	25	(0.2)	8	(0.2)	0	(0.0)	0	(0.0)
その他	56	(0.4)	25	(0.6)	7	(0.2)	4	(0.4)
合計	12,970	(100.0)	4,399	(100.0)	3,118	(100.0)	1,116	(100.0)

（注）1　（　）内は、申込者総数又は合格者総数に対する割合（%）を示す。
　　　2　学歴は、既卒、卒見、在学中、中退の総数である。
　　　3　「その他」は、大学在学中、中退の総数である。

第1編

第**3**部

令和4年度業務状況

資料1-18-1 令和4年度における国家公務員採用総合職試験（院卒者試験）の区分試験別・府省等別採用状況

（単位：人）

区分試験 府省等	行政	人間科学	デジタル	工学	数理科学・物理・地球科学	化学・生物・薬学	農業科学・水産	農業農村工学	森林・自然環境	計	法務	合計
会計検査院												
人事院	1	1 (1)								2 (1)		2 (1)
内閣府	1 (1)									1 (1)		1 (1)
デジタル庁	2 (1)			2 (1)						4 (2)		4 (2)
公正取引委員会	4 (1)									4 (1)		4 (1)
警察庁	3 (1)	1		1		2 (1)				7 (2)		7 (2)
金融庁	1			1						2		2
消費者庁	1 (1)									1 (1)		1 (1)
総務省	6 (3)			4		1 (1)			1 (1)	12 (5)		12 (5)
消防庁				1						1		1
法務省	1 (1)	5 (4)								6 (5)		6 (5)
出入国在留管理庁	2 (2)									2 (2)		2 (2)
公安調査庁	1 (1)			1						2 (1)		2 (1)
外務省												
財務省	6 (4)				1					7 (4)	1	8 (4)
国税庁	2					2 (1)				4 (1)		4 (1)
文部科学省	3 (1)	2			5 (2)	2 (1)	1		2 (1)	15 (5)		15 (5)
厚生労働省	6 (5)	4 (3)			3	5 (1)				18 (9)		18 (9)
農林水産省	1 (1)			1	1 (1)	6 (3)	20 (6)	5 (1)	7 (3)	41 (15)		41 (15)
経済産業省	3			7 (1)		1	1 (1)		1 (1)	13 (3)		13 (3)
特許庁				14 (3)	1 (1)	7 (4)	1			23 (8)		23 (8)
国土交通省	5 (3)			42 (11)	2 (1)			2	6 (2)	57 (17)		57 (17)
気象庁				1 (1)	4					5 (1)		5 (1)
海上保安庁				2						2		2
環境省	4 (1)			2 (1)		4 (2)			6 (2)	16 (6)		16 (6)
原子力規制委員会					1 (1)					1 (1)		1 (1)
（独）造幣局	1									1		1
（独）国立印刷局												
計	54 (27)	13 (8)		77 (18)	20 (6)	30 (14)	23 (7)	7 (1)	23 (10)	247 (91)	1	248 (91)

（注）1 （　）内は、女性を内数で示す。
2 採用者数は、過年度名簿等からの採用者を含む。
3 上記のほか、防衛省（特別職）で行政4人（うち女性4人）、工学19人（同2人）、化学・生物・薬学2人（同2人）、計25人（同8人）の採用者がいる。

資料1-18-2 令和4年度における国家公務員採用総合職試験（大卒程度試験）の区分試験別・府省等別採用状況

（単位：人）

区分試験 府省等	政治・国際	法律	経済	人間科学	デジタル	工学	数理科学・物理・地球科学	化学・生物・薬学	農業科学・水産	農業農村工学	森林・自然環境	計	教養	合計
会計検査院		3 (2)	1			1	1					6 (2)		6 (2)
人事院	1 (1)	2 (1)						1				4 (2)	1	5 (2)
内閣府	1 (1)	5 (2)	3 (1)									9 (4)	4 (1)	13 (5)
デジタル庁														
公正取引委員会		2 (1)										2 (1)		2 (1)
警察庁		6 (3)				4		1				11 (3)	7 (1)	18 (4)
金融庁	2 (2)	1 (1)	3 (2)									6 (5)	6 (3)	12 (8)
消費者庁		2										2		2
総務省	5 (3)	13 (4)	8 (3)		1 (1)	4			3 (3)			34 (14)	12	46 (17)
消防庁						1 (1)						1 (1)		1 (1)
法務省		12 (6)		9 (5)		1 (1)						22 (12)		22 (12)
出入国在留管理庁	5	1 (1)										6 (1)		6 (1)
公安調査庁		4 (2)										4 (2)		4 (2)
外務省	14 (10)	3	1 (1)									18 (11)	15	33 (16)
財務省	6	9 (4)	8 (4)									23 (8)	10 (2)	33 (10)
国税庁		5 (1)	1 (1)					2 (1)				8 (3)		8 (3)
文部科学省		5 (2)	2			6 (1)		1 (1)				14 (4)	8 (5)	22 (9)
厚生労働省	6 (3)	7 (2)	4 (2)	1		2 (1)	3 (1)	3 (1)	1			27 (10)	13 (4)	40 (14)
農林水産省	2 (1)	5 (3)	2			2			15 (6)	13 (6)	9 (4)	48 (20)	5 (2)	53 (22)
経済産業省	10 (5)	4 (1)	5 (2)			8 (1)		1		1		29 (9)	14 (2)	43 (11)
特許庁						8 (2)	1	4 (2)		1 (1)	1	15 (5)		15 (5)
国土交通省	5	12 (3)	8 (2)			37 (4)					1	63 (9)	3	66 (9)
気象庁						1	1					2		2
海上保安庁						1				1		2		2
環境省	2 (2)					2	1	1				6 (2)	3 (1)	9 (3)
原子力規制委員会		1										1		1
(独)造幣局						1						1		1
(独)国立印刷局	1 (1)	1										2 (1)		2 (1)
計	60 (29)	103 (39)	46 (18)	10 (5)	1 (1)	79 (11)	7 (1)	12 (4)	22 (10)	15 (7)	11 (4)	366 (129)	101 (29)	467 (158)

（注）1　（　）内は、女性を内数で示す。
2　採用者数は、過年度名簿等からの採用者を含む。
3　上記のほか、防衛省（特別職）で政治・国際2人（うち女性1人）、法律5人（同0人）、経済1人（同1人）、工学6人（同1人）、数理科学・物理・地球科学1人（同0人）、化学・生物・薬学1人（同1人）、教養5人（同0人）、計21人（同4人）の採用者がいる。

資料 1-19-1　　**2022年度総合職試験相当の試験及び一般職試験相当の試験実施状況**

（単位：人）

程度	区分	府省	申込者数	うち女性数	合格者数	うち女性数	採用内定者数	うち女性数
総合職 （院卒者）	獣医学	厚生労働省	6	2	4	1	4	1
		農林水産省	51	26	28	13	17	7
	計		57	28	32	14	21	8
総合職 （大卒程度）	意匠学	特許庁	35	24	3	2	3	2
一般職 （大卒程度）	畜産	農林水産省	118	77	35	29	26	22
	水産	農林水産省	139	27	30	11	17	9
	船舶工学	国土交通省	11	2	3	0	3	0
	原子力工学	原子力規制 委員会	2	1	2	1	2	1
	計		270	107	70	41	48	32
合計			362	159	105	57	72	42

（注）　採用内定者数は、令和5年3月31日現在の人数である。

資料 1-19-2　　**2021年度総合職試験相当の試験及び一般職試験相当の試験実施状況**

（単位：人）

程度	区分	府省	申込者数	うち女性数	合格者数	うち女性数	採用者数	うち女性数
総合職 （院卒者）	獣医学	厚生労働省	4	3	3	2	3	2
		農林水産省	48	22	20	12	15	8
	計		52	25	23	14	18	10
総合職 （大卒程度）	意匠学	特許庁	32	20	2	1	2	1
一般職 （大卒程度）	畜産	農林水産省	109	73	27	22	20	16
	水産	農林水産省	138	44	21	8	14	6
	造船工学	国土交通省	22	4	10	3	10	3
	原子力工学	原子力規制 委員会	6	0	1	0	1	0
	計		275	121	59	33	45	25
合計			359	166	84	48	65	36

注記：下表の「計」「行政職(一)」「行政職(二)」「専門行政職」は〈給与法適用職員〉。各項目右欄の（ ）内は女性の内数。「-」は0。

区分			全職員	計	行政職(一)	行政職(二)	専門行政職
在職者		19歳以下	1,011 (352)	952 (329)	814 (279)	- (-)	- (-)
		20～24歳	21,059 (7,673)	20,551 (7,453)	12,129 (4,704)	32 (15)	347 (142)
		25～29歳	32,108 (10,590)	31,459 (10,368)	18,122 (6,514)	37 (10)	1,050 (449)
		30～34歳	27,325 (7,351)	26,611 (7,136)	13,466 (3,711)	46 (14)	1,020 (358)
		35～39歳	28,320 (7,234)	27,537 (6,974)	13,898 (3,675)	87 (18)	1,026 (335)
		40～44歳	31,801 (7,439)	30,965 (7,164)	17,878 (4,303)	177 (39)	1,116 (328)
		45～49歳	42,520 (9,464)	41,240 (9,030)	25,730 (5,636)	351 (85)	1,028 (233)
		50～54歳	44,441 (8,027)	42,797 (7,601)	24,536 (4,354)	623 (170)	1,227 (184)
		55～59歳	40,389 (4,425)	38,878 (4,141)	21,714 (2,323)	746 (211)	995 (67)
		60～64歳	14,400 (1,043)	13,401 (945)	6,319 (450)	428 (123)	267 (10)
		65歳以上	731 (32)	563 (29)	128 (8)	36 (8)	13 (2)
		計	284,105 (63,630)	274,954 (61,170)	154,734 (35,957)	2,563 (693)	8,089 (2,108)
	試験任用	総合職（院卒）	1,760 (576)	1,752 (576)	1,444 (471)		168 (45)
		総合職（大卒）	3,280 (1,121)	3,268 (1,117)	2,922 (976)		132 (56)
		一般職（大卒）	23,042 (8,014)	22,714 (7,889)	20,736 (7,131)		342 (132)
		一般職（高卒）	7,967 (3,056)	7,833 (2,980)	7,354 (2,798)		3 (2)
		一般職（社会人）	27 (6)	27 (6)	27 (6)		- (-)
		専門職（大卒）	14,805 (4,831)	14,803 (4,831)	3,870 (1,343)		848 (392)
		専門職（高卒）	14,966 (3,656)	14,965 (3,656)	2,102 (643)		157 (75)
		経験者	1,302 (317)	1,301 (316)	376 (113)		- (-)
		I　種　等	11,548 (1,611)	11,456 (1,604)	8,135 (1,187)		1,268 (182)
		II　種　等	49,458 (10,182)	48,777 (10,019)	41,569 (8,620)		1,504 (382)
		III　種　等	91,912 (17,642)	90,969 (17,187)	47,228 (9,214)		1,213 (326)
		上級乙種等	18,555 (3,365)	18,553 (3,365)	2,575 (324)		- (-)
		中級等	1,410 (105)	1,368 (102)	1,239 (94)		35 (-)
		計	240,032 (54,482)	237,786 (53,648)	139,577 (32,920)		5,670 (1,592)
採用	試験採用	総合職（院卒）	233 (78)	232 (78)	216 (72)		- (-)
		総合職（大卒）	487 (175)	487 (175)	466 (166)		- (-)
		一般職（大卒）	3,443 (1,320)	3,405 (1,301)	3,357 (1,285)		- (-)
		一般職（高卒）	1,314 (455)	1,290 (442)	1,280 (437)		- (-)
		一般職（社会人）	6 (1)	6 (1)	6 (1)		- (-)
		専門職（大卒）	2,143 (836)	2,143 (836)	561 (222)		40 (24)
		専門職（高卒）	2,430 (693)	2,430 (693)	1,622 (501)		- (-)
		経験者	190 (58)	190 (58)	71 (26)		- (-)
		計	10,246 (3,616)	10,183 (3,584)	7,579 (2,710)		40 (24)
	選考採用	特・地・公等から	4,565 (527)	4,532 (524)	3,295 (419)	1 (-)	51 (4)
		再任用	2,687 (172)	2,496 (148)	1,081 (56)	85 (27)	46 (1)
		任期付採用	2,859 (1,485)	1,925 (1,258)	1,819 (1,191)	- (-)	47 (31)
		その他の選考採用	1,831 (618)	1,694 (565)	1,081 (336)	72 (35)	19 (2)
		計	11,942 (2,802)	10,647 (2,495)	7,276 (2,002)	158 (62)	163 (38)
		計	22,188 (6,418)	20,830 (6,079)	14,855 (4,712)	158 (62)	203 (62)
他府省等からの転任			5,817 (1,002)	5,714 (969)	5,107 (909)	1 (-)	55 (5)
他の俸給表からの異動			5,824 (1,304)	5,481 (1,204)	1,639 (271)		319 (113)
離職	定年退職	60歳	5,497 (478)	5,300 (451)	3,739 (277)	111 (28)	158 (7)
		62歳	1 (-)	1 (-)	- (-)	- (-)	- (-)
		63歳	71 (8)	71 (8)	47 (5)	18 (2)	2 (-)
		65歳	24 (4)	24 (4)	7 (1)	- (-)	2 (-)
		計	5,593 (490)	5,396 (463)	3,793 (283)	129 (30)	162 (7)
	勤務延長の期限到来		1,317 (94)	1,316 (94)	35 (1)	- (-)	- (-)
	再任用の任期満了		1,820 (90)	1,713 (84)	727 (39)	59 (17)	37 (5)
	辞職	19歳以下	76 (21)	76 (21)	57 (12)	- (-)	- (-)
		20～24歳	883 (281)	868 (278)	456 (146)	2 (2)	6 (3)
		25～29歳	1,243 (383)	1,234 (379)	826 (260)	2 (-)	23 (11)
		30～34歳	1,057 (244)	1,035 (237)	769 (167)	1 (-)	22 (14)
		35～39歳	928 (198)	900 (190)	644 (138)	1 (-)	25 (6)
		40～44歳	1,121 (202)	1,098 (189)	674 (141)	1 (-)	13 (3)
		45～49歳	1,155 (217)	1,137 (211)	782 (150)	2 (-)	12 (1)
		50～54歳	1,175 (178)	1,150 (172)	759 (109)	3 (-)	21 (2)
		55～59歳	1,596 (189)	1,563 (183)	936 (101)	10 (6)	46 (7)
		60～64歳	760 (35)	734 (34)	316 (17)	10 (3)	11 (1)
		65歳以上	37 (-)	30 (-)	7 (-)	1 (-)	- (-)
		計	10,031 (1,948)	9,825 (1,894)	6,226 (1,241)	33 (11)	179 (48)
	辞職（特・地・公等を除く）	19歳以下	55 (19)	55 (19)	36 (10)	- (-)	- (-)
		20～24歳	683 (224)	668 (221)	307 (101)	2 (2)	6 (3)
		25～29歳	844 (289)	836 (285)	495 (177)	1 (-)	18 (9)
		30～34歳	505 (159)	485 (152)	289 (94)	1 (-)	15 (11)
		35～39歳	383 (123)	357 (115)	214 (69)	1 (-)	13 (5)
		40～44歳	292 (120)	272 (107)	168 (76)	1 (-)	8 (2)
		45～49歳	337 (139)	326 (135)	206 (91)	2 (-)	2 (-)
		50～54歳	446 (134)	427 (128)	228 (73)	3 (-)	9 (2)
		55～59歳	1,028 (160)	1,008 (155)	556 (86)	10 (6)	39 (7)
		60～64歳	716 (32)	703 (31)	297 (14)	10 (3)	10 (1)
		65歳以上	37 (-)	30 (-)	7 (-)	1 (-)	- (-)
		計	5,326 (1,399)	5,167 (1,348)	2,803 (791)	32 (11)	120 (40)
	任期付任用の任期満了		2,133 (1,129)	1,606 (1,022)	1,511 (962)	- (-)	43 (29)
	分限免職		10 (1)	9 (1)	4 (-)	1 (-)	1 (-)
	懲戒免職		15 (-)	15 (-)	8 (-)	1 (-)	- (-)
	失職		3 (-)	3 (-)	3 (-)	- (-)	- (-)
	死亡		249 (22)	244 (21)	140 (8)	8 (-)	4 (-)
		計	21,171 (3,774)	20,127 (3,579)	12,447 (2,534)	230 (58)	426 (89)

（注）1　各項目右欄の（ ）内は、女性を内数で示す。表中の「-」は0を示す。
　　　2　「特・地・公等」とは、特別職に属する職、地方公務員の職、行政執行法人以外の独立行政法人に属する職、国立大学法人又は大学共同利用機関法人に属する職及び公庫、公団又は事業団等の国との人事交流の対象となっている法人に属する職をいう。

第1編　第3部　令和4年度業務状況

項目			税務職	公安職（一）	公安職（二）	海事職（一）	海事職（二）
給与法適用職員（俸給表）							
在職者	19歳以下		-（-）	128（48）	3（2）	-（-）	7（-）
	20～24歳		4,183（1,728）	1,543（407）	2,243（441）	13（-）	40（2）
	25～29歳		6,191（1,994）	2,217（453）	3,654（877）	27（-）	24（1）
	30～34歳		5,977（1,834）	2,849（466）	2,828（596）	29（1）	46（1）
	35～39歳		6,197（1,802）	3,222（396）	2,537（519）	18（-）	47（1）
	40～44歳		5,026（1,323）	3,731（364）	2,185（414）	22（-）	43（-）
	45～49歳		6,526（1,761）	3,450（336）	3,049（454）	24（-）	56（-）
	50～54歳		9,043（1,813）	2,600（201）	3,378（348）	36（-）	50（-）
	55～59歳		7,735（728）	2,709（96）	3,157（219）	37（-）	45（-）
	60～64歳		2,835（110）	1,483（46）	1,449（54）	10（-）	34（-）
	65歳以上		119（1）	91（1）	104（-）	-（-）	1（-）
	計		53,032（13,094）	24,023（2,814）	24,587（3,924）	216（1）	393（5）
	試験任用	総合職（院卒）	31（13）	26（16）	37（25）		
		総合職（大卒）	35（12）	124（46）	41（23）		
		一般職（大卒）	1（-）	82（23）	1,531（595）		
		一般職（高卒）	-（-）	18（2）	457（178）		
		一般職（社会人）	-（-）	-（-）	-（-）		
		専門職（大卒）	8,787（2,735）	370（73）	928（288）		
		専門職（高卒）	4,429（1,614）	4,720（911）	3,557（413）		
		経験者	924（203）	-（-）	1（-）		
		Ⅰ　種　等	93（11）	352（70）	155（42）		
		Ⅱ　種　等	44（5）	708（111）	4,847（884）		
		Ⅲ　種　等	21,341（5,313）	11,028（1,087）	10,059（1,242）		
		上級乙種等	15,965（3,041）	-（-）	-（-）		
		中　級　等	-（-）	3（1）	80（7）		
		計	51,650（12,947）	17,434（2,340）	21,693（3,697）		
採用	試験採用	総合職（院卒）	-（-）	3（1）	9（4）		
		総合職（大卒）	-（-）	13（3）	6（5）		
		一般職（大卒）	-（-）	8（2）	37（11）		
		一般職（高卒）	-（-）	-（-）	10（5）		
		一般職（社会人）	-（-）	-（-）	-（-）		
		専門職（大卒）	1,377（534）	33（9）	132（47）		
		専門職（高卒）	-（-）	808（192）	-（-）		
		経験者	119（32）	-（-）	-（-）		
		計	1,496（566）	865（207）	194（72）		
	選考採用	特・地・公等から	11（-）	903（52）	19（1）	18（1）	15（-）
		再任用	603（29）	323（6）	279（7）	3（-）	8（-）
		任期付採用	-（-）	38（21）	5（3）	-（-）	-（-）
		その他の選考採用	-（-）	77（14）	80（15）	15（-）	30（-）
		計	614（29）	1,341（93）	383（26）	36（1）	53（-）
	計		2,110（595）	2,206（300）	577（98）	36（1）	53（-）
他府省等からの転任			116（14）	87（14）	106（19）	-（-）	-（-）
他の俸給表からの異動			1,101（398）	438（87）	1,592（305）	3（-）	2（-）
離職	定年退職	60歳	58（7）	417（21）	579（39）	5（-）	14（-）
		62歳	-（-）	-（-）	-（-）	-（-）	-（-）
		63歳	-（-）	-（-）	-（-）	-（-）	-（-）
		65歳	-（-）	-（-）	-（-）	-（-）	-（-）
		計	58（7）	417（21）	579（39）	5（-）	14（-）
	勤務延長の期限到来		1,256（92）	1（-）	-（-）	-（-）	-（-）
	再任用の任期満了		363（12）	210（1）	275（3）	3（-）	8（-）
	辞職	19歳以下	-（-）	16（9）	-（-）	-（-）	3（-）
		20～24歳	102（35）	179（73）	101（13）	1（-）	17（2）
		25～29歳	140（49）	121（33）	102（22）	8（-）	4（-）
		30～34歳	66（19）	87（14）	47（7）	4（1）	4（1）
		35～39歳	44（13）	108（10）	30（5）	3（-）	2（-）
		40～44歳	39（10）	312（17）	20（6）	3（-）	4（-）
		45～49歳	55（22）	215（13）	19（2）	3（-）	3（-）
		50～54歳	114（23）	156（7）	19（5）	2（-）	2（-）
		55～59歳	149（27）	121（6）	45（9）	1（-）	2（-）
		60～64歳	75（4）	214（-）	19（1）	-（-）	-（-）
		65歳以上	3（-）	11（-）	5（-）	-（-）	-（-）
		計	787（202）	1,540（182）	407（70）	24（1）	39（3）
	特・地・公等を除く	19歳以下	-（-）	16（9）	-（-）	-（-）	3（-）
		20～24歳	102（35）	143（63）	98（13）	1（-）	7（2）
		25～29歳	139（49）	76（25）	96（22）	2（-）	3（-）
		30～34歳	66（19）	40（8）	41（7）	2（-）	3（1）
		35～39歳	40（12）	31（6）	18（5）	1（-）	2（-）
		40～44歳	39（10）	21（6）	12（6）	-（-）	1（-）
		45～49歳	53（22）	15（5）	17（2）	3（-）	-（-）
		50～54歳	113（23）	15（4）	18（5）	1（-）	2（-）
		55～59歳	147（27）	55（5）	45（9）	1（-）	-（-）
		60～64歳	75（4）	212（-）	19（1）	-（-）	-（-）
		65歳以上	3（-）	11（-）	5（-）	-（-）	-（-）
		計	777（201）	635（131）	369（70）	11（-）	21（3）
	任期付任用の任期満了		-（-）	33（18）	7（4）	-（-）	-（-）
	分限免職		2（-）	1（-）	-（-）	-（-）	-（-）
	懲戒免職		1（-）	2（-）	3（-）	-（-）	-（-）
	失職		-（-）	-（-）	-（-）	-（-）	-（-）
	死亡		43（8）	17（1）	20（-）	-（-）	-（-）
	計		2,510（321）	2,221（223）	1,291（116）	34（1）	61（3）

（注）1　各項目右欄の（　）内は、女性を内数で示す。表中の「-」は０を示す。
　　　2　「特・地・公等」とは、特別職に属する職、地方公務員の職、行政執行法人以外の独立行政法人に属する職、国立大学法人又は大学共同利用機関法人に属する職及び公庫、公団又は事業団等の国との人事交流の対象となっている法人に属する職をいう。

給与法適用職員						
教育職（一）	教育職（二）	研究職	医療職（一）	医療職（二）	医療職（三）	福祉職
-（ - ）	-（ - ）	-（ - ）	-（ - ）	-（ - ）	-（ - ）	-（ - ）
-（ - ）	1（ 1 ）	6（ 4 ）	-（ - ）	2（ 1 ）	8（ 7 ）	4（ 1 ）
4（ 1 ）	-（ - ）	56（ 15 ）	3（ - ）	13（ 9 ）	46（ 37 ）	15（ 8 ）
11（ 1 ）	5（ 1 ）	111（ 22 ）	33（ 6 ）	49（ 21 ）	113（ 92 ）	28（ 12 ）
14（ - ）	1（ 1 ）	152（ 37 ）	79（ 17 ）	67（ 35 ）	165（ 123 ）	27（ 15 ）
9（ 2 ）	10（ - ）	237（ 55 ）	67（ 25 ）	77（ 42 ）	332（ 242 ）	55（ 27 ）
19（ 3 ）	12（ 7 ）	271（ 54 ）	82（ 31 ）	104（ 50 ）	454（ 347 ）	70（ 30 ）
23（ 3 ）	20（ 5 ）	345（ 62 ）	115（ 27 ）	102（ 48 ）	416（ 347 ）	36（ 16 ）
13（ - ）	21（ 8 ）	241（ 49 ）	150（ 32 ）	92（ 36 ）	383（ 339 ）	21（ 8 ）
13（ 1 ）	2（ - ）	80（ 13 ）	140（ 33 ）	39（ 13 ）	96（ 82 ）	11（ 3 ）
2（ - ）	-（ - ）	6（ - ）	52（ 5 ）	1（ 1 ）	2（ 2 ）	-（ - ）
108（ 11 ）	72（ 23 ）	1,505（ 311 ）	721（ 176 ）	546（ 256 ）	2,015（ 1,618 ）	267（ 120 ）
		46（ 6 ）				
		14（ 4 ）				
		22（ 8 ）				
		1（ - ）				
		-（ - ）				
		-（ - ）				
		-（ - ）				
		356（ 60 ）				
		85（ 15 ）				
		45（ 5 ）				
		1（ - ）				
		-（ - ）				
		570（ 98 ）				
		4（ 1 ）				
		2（ 1 ）				
		3（ 3 ）				
		-（ - ）				
		-（ - ）				
		-（ - ）				
		9（ 5 ）				
-（ - ）	2（ 2 ）	28（ 6 ）	6（ 1 ）	32（ 15 ）	22（ 18 ）	-（ - ）
8（ - ）	-（ - ）	20（ 2 ）	-（ - ）	7（ 3 ）	16（ 16 ）	-（ - ）
-（ - ）	-（ - ）	1（ 1 ）	2（ - ）	2（ 2 ）	8（ 7 ）	3（ 2 ）
2（ 1 ）	-（ - ）	55（ 19 ）	92（ 20 ）	14（ 11 ）	149（ 107 ）	7（ 5 ）
10（ 1 ）	2（ 2 ）	104（ 28 ）	100（ 21 ）	55（ 31 ）	195（ 148 ）	10（ 7 ）
10（ 1 ）	2（ 2 ）	113（ 33 ）	100（ 21 ）	55（ 31 ）	195（ 148 ）	10（ 7 ）
-（ - ）	-（ - ）	11（ 1 ）	1（ - ）	-（ - ）	-（ - ）	-（ - ）
4（ - ）	1（ - ）	108（ 16 ）	-（ - ）	1（ - ）	2（ 2 ）	2（ - ）
5（ 1 ）	2（ - ）	30（ 7 ）	-（ - ）	20（ 7 ）	58（ 51 ）	11（ 3 ）
-（ - ）	-（ - ）	-（ - ）	-（ - ）	-（ - ）	-（ - ）	-（ - ）
-（ - ）	-（ - ）	3（ 1 ）	-（ - ）	-（ - ）	-（ - ）	-（ - ）
-（ - ）	-（ - ）	1（ - ）	12（ 2 ）	-（ - ）	-（ - ）	-（ - ）
5（ 1 ）	2（ - ）	34（ 8 ）	12（ 2 ）	20（ 7 ）	58（ 51 ）	11（ 3 ）
-（ - ）	-（ - ）	-（ - ）	6（ 1 ）	-（ - ）	-（ - ）	-（ - ）
4（ - ）	-（ - ）	12（ - ）	-（ - ）	2（ 1 ）	6（ 5 ）	1（ - ）
-（ - ）	-（ - ）	-（ - ）	-（ - ）	1（ 1 ）	3（ 3 ）	-（ - ）
-（ - ）	-（ - ）	2（ - ）	2（ - ）	1（ 1 ）	2（ 2 ）	1（ 1 ）
1（ - ）	-（ - ）	5（ 1 ）	17（ 3 ）	3（ 2 ）	7（ 6 ）	2（ 2 ）
-（ - ）	-（ - ）	6（ 2 ）	25（ 7 ）	3（ 2 ）	9（ 7 ）	-（ - ）
-（ - ）	-（ - ）	12（ 3 ）	7（ - ）	3（ 2 ）	11（ 6 ）	1（ 1 ）
1（ 1 ）	1（ 1 ）	10（ 1 ）	6（ 1 ）	10（ 5 ）	16（ 13 ）	1（ 1 ）
-（ - ）	-（ - ）	13（ 2 ）	7（ - ）	5（ 1 ）	24（ 20 ）	1（ 1 ）
1（ - ）	1（ - ）	14（ 2 ）	8（ 1 ）	2（ 1 ）	15（ 15 ）	-（ - ）
-（ - ）	-（ - ）	2（ 1 ）	4（ - ）	-（ - ）	9（ 7 ）	-（ - ）
-（ - ）	-（ - ）	-（ - ）	2（ - ）	-（ - ）	1（ - ）	-（ - ）
3（ 1 ）	2（ 1 ）	64（ 12 ）	78（ 12 ）	28（ 15 ）	97（ 79 ）	6（ 6 ）
-（ - ）	-（ - ）	-（ - ）	-（ - ）	-（ - ）	-（ - ）	-（ - ）
-（ - ）	-（ - ）	-（ - ）	-（ - ）	1（ 1 ）	1（ 1 ）	-（ - ）
-（ - ）	-（ - ）	1（ - ）	2（ - ）	1（ 1 ）	2（ 2 ）	-（ - ）
1（ - ）	-（ - ）	3（ 1 ）	15（ 3 ）	-（ - ）	7（ 6 ）	2（ 2 ）
-（ - ）	-（ - ）	4（ 2 ）	22（ 7 ）	2（ 2 ）	9（ 7 ）	-（ - ）
-（ - ）	-（ - ）	4（ - ）	7（ - ）	1（ 1 ）	10（ 6 ）	-（ - ）
1（ 1 ）	1（ 1 ）	4（ 1 ）	5（ 1 ）	3（ 1 ）	12（ 9 ）	1（ 1 ）
-（ - ）	-（ - ）	3（ 2 ）	7（ - ）	2（ 1 ）	21（ 17 ）	1（ 1 ）
1（ - ）	1（ - ）	11（ 2 ）	7（ 1 ）	1（ - ）	9（ 9 ）	-（ - ）
-（ - ）	-（ - ）	2（ 1 ）	4（ - ）	-（ - ）	9（ 7 ）	-（ - ）
-（ - ）	-（ - ）	-（ - ）	2（ - ）	-（ - ）	1（ - ）	-（ - ）
3（ 1 ）	2（ 1 ）	32（ 9 ）	71（ 12 ）	11（ 7 ）	81（ 64 ）	4（ 4 ）
-（ - ）	-（ - ）	1（ 1 ）	-（ - ）	1（ 1 ）	8（ 6 ）	2（ 1 ）
-（ - ）	-（ - ）	-（ - ）	-（ - ）	-（ - ）	1（ 1 ）	-（ - ）
-（ - ）	-（ - ）	-（ - ）	-（ - ）	-（ - ）	-（ - ）	-（ - ）
-（ - ）	-（ - ）	1（ 1 ）	1（ 1 ）	-（ - ）	3（ 3 ）	-（ - ）
12（ 2 ）	4（ 1 ）	112（ 21 ）	97（ 16 ）	51（ 24 ）	173（ 145 ）	20（ 10 ）

（令和３年度一般職の国家公務員の任用状況調査）

（単位：人）

項目	専門スタッフ職	指定職	任期付職員	任期付研究員	行政執行法人職員
在職者					
19歳以下	- (-)	- (-)	- (-)	- (-)	59 (23)
20～24歳	- (-)	- (-)	1 (1)	- (-)	507 (219)
25～29歳	- (-)	- (-)	26 (6)	7 (2)	616 (214)
30～34歳	- (-)	- (-)	151 (43)	39 (9)	524 (163)
35～39歳	- (-)	- (-)	257 (68)	50 (21)	476 (171)
40～44歳	- (-)	- (-)	278 (85)	34 (11)	524 (179)
45～49歳	14 (3)	- (-)	313 (105)	19 (9)	948 (320)
50～54歳	46 (7)	201 (16)	233 (52)	7 (6)	1,404 (368)
55～59歳	122 (1)	697 (24)	213 (30)	1 (1)	1,297 (253)
60～64歳	91 (2)	104 (5)	296 (12)	1 (1)	702 (85)
65歳以上	3 (-)	5 (1)	167 (3)	1 (-)	- (-)
計	276 (13)	1,007 (46)	1,935 (405)	159 (60)	7,057 (1,995)
任用者 試験任用					
総合職（院卒）	- (-)	- (-)			8 (-)
総合職（大卒）	- (-)	- (-)			12 (4)
一般職（大卒）	- (-)	- (-)			328 (125)
一般職（高卒）	- (-)	- (-)			134 (76)
一般職（社会人）	- (-)	- (-)			2 (-)
専門職（大卒）	- (-)	- (-)			1 (-)
専門職（高卒）					1 (-)
経験者	- (-)	- (-)			1 (1)
Ⅰ種等	169 (9)	928 (43)			92 (7)
Ⅱ種等	15 (2)	5 (-)			681 (163)
Ⅲ種等	24 (-)	31 (-)			943 (455)
上級乙種等	4 (-)	5 (-)			2 (-)
中級等	8 (-)	3 (-)			42 (3)
計	220 (11)	972 (43)			2,246 (834)
採用 試験採用					
総合職（院卒）					1 (-)
総合職（大卒）					- (-)
一般職（大卒）					38 (19)
一般職（高卒）					24 (13)
一般職（社会人）					- (-)
専門職（大卒）					- (-)
専門職（高卒）					- (-)
経験者					- (-)
計					63 (32)
選考採用					
特・地・公等から	21 (2)	108 (3)			33 (3)
再任用	17 (1)	- (-)			191 (24)
任期付採用	- (-)	- (-)	841 (185)	88 (37)	5 (5)
その他の選考採用	- (-)	1 (-)			137 (53)
計	38 (3)	109 (3)	841 (185)	88 (37)	366 (85)
計	38 (3)	109 (3)	841 (185)	88 (37)	429 (117)
他府省等からの転任	18 (1)	212 (6)	- (-)	- (-)	103 (33)
他の俸給表からの異動	84 (4)	184 (8)			343 (100)
離職 定年退職					
60歳	44 (1)	49 (2)			197 (27)
62歳	- (-)	1 (-)			- (-)
63歳	1 (-)	- (-)			- (-)
65歳	- (-)	2 (1)			- (-)
計	45 (1)	52 (3)			197 (27)
勤務延長の期限到来	- (-)	18 (-)			1 (-)
再任用の任期満了	6 (1)	- (-)			107 (6)
辞職					
19歳以下	- (-)	- (-)	- (-)	- (-)	- (-)
20～24歳	- (-)	- (-)	- (-)	- (-)	15 (3)
25～29歳	- (-)	- (-)	1 (1)	- (-)	8 (3)
30～34歳	- (-)	- (-)	8 (2)	6 (1)	8 (4)
35～39歳	- (-)	- (-)	16 (8)	6 (-)	5 (2)
40～44歳	- (-)	- (-)	13 (8)	5 (3)	5 (2)
45～49歳	1 (-)	- (-)	6 (1)	2 (2)	10 (3)
50～54歳	7 (-)	17 (2)	10 (3)	1 (1)	14 (2)
55～59歳	18 (-)	195 (8)	5 (1)	- (-)	28 (5)
60～64歳	3 (-)	71 (-)	9 (-)	- (-)	17 (1)
65歳以上	- (-)	- (-)	7 (-)	- (-)	- (-)
計	29 (-)	283 (10)	75 (24)	20 (7)	111 (23)
特・地・公等を除く					
19歳以下	- (-)	- (-)	- (-)	- (-)	- (-)
20～24歳	- (-)	- (-)	- (-)	- (-)	15 (3)
25～29歳	- (-)	- (-)	1 (1)	- (-)	7 (3)
30～34歳	- (-)	- (-)	8 (2)	6 (1)	6 (4)
35～39歳	- (-)	- (-)	16 (8)	6 (-)	4 (-)
40～44歳	- (-)	- (-)	13 (8)	5 (3)	2 (2)
45～49歳	1 (-)	- (-)	6 (1)	2 (2)	3 (1)
50～54歳	3 (-)	1 (-)	10 (3)	1 (1)	8 (2)
55～59歳	14 (-)	111 (3)	5 (1)	- (-)	15 (4)
60～64歳	2 (-)	63 (-)	9 (-)	- (-)	4 (1)
65歳以上	- (-)	- (-)	7 (-)	- (-)	- (-)
計	20 (-)	175 (3)	75 (24)	20 (7)	64 (20)
任期付任用の任期満了	- (-)	- (-)	497 (92)	18 (7)	12 (8)
分限免職	- (-)	- (-)	1 (-)	- (-)	- (-)
懲戒免職	- (-)	- (-)	- (-)	- (-)	- (-)
失職	- (-)	- (-)	- (-)	- (-)	- (-)
死亡	3 (-)	2 (-)	- (-)	- (-)	5 (1)
計	83 (2)	355 (13)	573 (116)	38 (14)	433 (65)

（注）　1　各項目右欄の（　）内は、女性を内数で示す。表中の「-」は０を示す。
　　　　2　「特・地・公等」とは、特別職に属する職、地方公務員の職、行政執行法人以外の独立行政法人に属する職、国立大学法人又は大学共同利用機関法人に属する職及び公庫、公団又は事業団等の国との人事交流の対象となっている法人に属する職をいう。

行政職俸給表（一）における試験任用者等の在職状況 （令和4年1月15日現在）

（令和3年度一般職の国家公務員の任用状況調査）
（単位：人、%）

区分	職務の級	1	2	3	4	5	6	7	8	9	10	計
試験任用	総合職（院卒）	－ （－）	708 （3.9）	601 （1.9）	129 （0.4）	6 （0.0）	－ （－）	－ （－）	－ （－）	－ （－）	－ （－）	1,444 （0.9）
	総合職（大卒）	－ （－）	1,513 （8.3）	1,141 （3.6）	268 （0.8）	－ （－）	－ （－）	－ （－）	－ （－）	－ （－）	－ （－）	2,922 （1.9）
	一般職（大卒）	9,485 （44.8）	9,669 （52.9）	1,582 （5.0）	－ （－）	－ （－）	－ （－）	－ （－）	－ （－）	－ （－）	－ （－）	20,736 （13.4）
	一般職（高卒）	6,869 （32.5）	484 （2.7）	1 （0.0）	－ （－）	－ （－）	－ （－）	－ （－）	－ （－）	－ （－）	－ （－）	7,354 （4.8）
	一般職（社会人）	10 （0.0）	14 （0.1）	3 （0.0）	－ （－）	－ （－）	－ （－）	－ （－）	－ （－）	－ （－）	－ （－）	27 （0.0）
	専門職（大卒）	1,447 （6.8）	1,761 （9.6）	662 （2.1）	－ （－）	－ （－）	－ （－）	－ （－）	－ （－）	－ （－）	－ （－）	3,870 （2.5）
	専門職（高卒）	1,974 （9.3）	126 （0.7）	2 （0.0）	－ （－）	－ （－）	－ （－）	－ （－）	－ （－）	－ （－）	－ （－）	2,102 （1.4）
	経験者	－ （－）	4 （0.0）	198 （0.6）	92 （0.3）	50 （0.2）	29 （0.2）	3 （0.1）	－ （－）	－ （－）	－ （－）	376 （0.2）
	Ⅰ種等	－ （－）	13 （0.1）	122 （0.4）	472 （1.3）	835 （3.8）	2,320 （12.7）	1,374 （31.6）	1,417 （57.5）	1,286 （83.6）	296 （94.9）	8,135 （5.3）
	Ⅱ種等	7 （0.0）	552 （3.0）	12,725 （40.5）	14,536 （41.5）	7,039 （32.2）	5,447 （29.8）	960 （22.1）	258 （10.5）	42 （2.7）	3 （1.0）	41,569 （26.9）
	Ⅲ種等	33 （0.2）	1,439 （7.9）	9,107 （29.0）	16,207 （46.2）	10,969 （50.1）	7,520 （41.1）	1,331 （30.6）	503 （20.4）	112 （7.3）	7 （2.2）	47,228 （30.5）
	上級乙種等	－ （－）	6 （0.0）	407 （1.3）	516 （1.5）	946 （4.3）	556 （3.0）	94 （2.2）	33 （1.3）	15 （1.0）	2 （0.6）	2,575 （1.7）
	中級等	－ （－）	－ （－）	19 （0.1）	104 （0.3）	284 （1.3）	541 （3.0）	179 （4.1）	91 （3.7）	21 （1.4）	－ （－）	1,239 （0.8）
	計	19,825 （93.7）	16,289 （89.2）	26,570 （84.6）	32,324 （92.2）	20,129 （92.0）	16,413 （89.8）	3,941 （90.7）	2,302 （93.5）	1,476 （95.9）	308 （98.7）	139,577 （90.2）
選考等試験任用以外		1,337 （6.3）	1,973 （10.8）	4,846 （15.4）	2,743 （7.8）	1,757 （8.0）	1,871 （10.2）	402 （9.3）	161 （6.5）	63 （4.1）	4 （1.3）	15,157 （9.8）
合計		21,162 （100.0）	18,262 （100.0）	31,416 （100.0）	35,067 （100.0）	21,886 （100.0）	18,284 （100.0）	4,343 （100.0）	2,463 （100.0）	1,539 （100.0）	312 （100.0）	154,734 （100.0）

（注） 1　上段は在職者数、下段の（　）内は級別全在職者数に対する割合（％）を示す。
　　　 2　試験の種類は、これに相当する試験を含む。
　　　 3　表中の「－」は0を示す。

第1編

第**3**部

令和4年度業務状況

資料1-22　令和4年度における職員の意に反する降任・免職の状況

（単位：人）

種類 ＼ 事由	勤務実績がよくない場合	心身の故障のため職務遂行に支障がある場合	官職に必要な適格性を欠く場合	廃職又は過員を生じた場合	計
降　任	0 (1)	0 (0)	0 (0)	0 (0)	0 (1)
免　職	1 (3)	7 (2)	1 (5)	0 (0)	9 (10)

（注）1　（　）内は、前年度の人数を示す。
　　　2　降任・免職事由が「勤務実績がよくない場合」及び「官職に必要な適格性を欠く場合」である場合は、「勤務実績がよくない場合」に計上。

資料1-23　休職の状況（令和4年7月1日現在）

（単位：人）

心身の故障のため長期の休養を要する場合					刑事事件に関し起訴された場合	学術に関する研究等に従事する場合	共同研究等に従事する場合	研究成果活用企業の役員等に兼業する場合	公共的機関の設立を援助する場合	災害により行方不明になった場合	復職時に欠員がない場合	合計
公務傷病	通勤傷病	結核性疾患	非結核性疾患	小計								
6 (6)	1 (0)	1 (0)	1,622 (1,529)	1,630 (1,535)	5 (2)	309 (356)	0 (0)	0 (0)	0 (0)	0 (0)	0 (0)	1,944 (1,893)

（注）（　）内は、令和3年7月1日現在の人数を示す。

第2章 人材の育成

人事院は、全府省の職員を対象として以下の研修を計画し、実施している（図2－1）。

図2-1 人事院が実施する主な研修

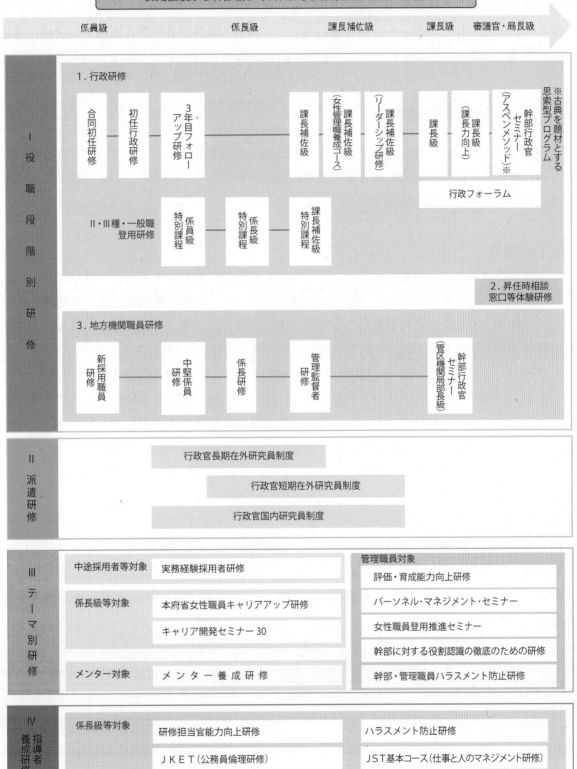

第1節　人事院が実施する研修の概要

　研修（Off-JT）は、職場での人材育成（OJT）を補完し、キャリア形成や各役職段階での能力発揮など、様々な場面で職業生活を支える重要なものであり、人事院は、多様で効果的な研修を幅広く提供し、各府省における有為な人材の育成を促進していくこととしている。具体的には、役職段階別研修、派遣研修、テーマ別研修等を実施しており、マネジメント能力向上のための研修を始め、各種研修の充実・強化に取り組んでいる。

　また、人事院では、各府省からの要請に応じて、人事院職員を各府省が実施する研修に講師として派遣しており、令和4年度においては、10機関延べ11コースに職員を派遣した。

第2節　役職段階別研修

　人事院では、各役職段階において求められる資質・能力を伸ばすことができるよう、行政研修、昇任時相談窓口等体験研修及び地方機関職員研修を実施し、採用時から幹部級まで必要な研修の体系化と研修内容の充実を図っている。

① 行政研修

　各府省の行政運営の中核を担うことが期待される職員等を対象とする行政研修は、高い倫理感に基づいた国民全体の奉仕者としての使命感の向上、広い視野や柔軟な発想など国民の視点に立つために求められる資質・能力の向上及び国家公務員として協力して施策を行うための相互の信頼関係の醸成を基本的な目的としている。

　行政研修は、役職段階ごとに、採用時の合同初任研修、初任行政研修を始め、3年目フォローアップ研修、本府省の係長級、課長補佐級、課長級の職員に対する研修、さらには課長級以上の職員を対象とした行政フォーラムなどからなり、①国民全体の奉仕者としての使命と職責について考える、②公共政策の在り方を多角的に検証し考える、③公正な公務運営について学ぶ、の3点をカリキュラムの柱としている。また、研修参加者が、互いに啓発しながら相互の理解・信頼を深めることができるよう、多くの行政研修で班別での討議を設定し、意見交換を行う機会の提供に努めている。

　課長級及び課長補佐級の研修では、様々な分野の者との交流を通じ幅広い視野を身に付け相互の理解を促進する観点から、民間企業、外国政府等からも研修員の参加を得ている。

　令和4年度における行政研修の実施状況は、表2-1のとおりであり、全体で41コースを実施した。

表2-1 令和4年度行政研修実施状況

研修名	回次	実施方法	研修期間	研修修了者数（人）	うち独立行政法人等	うち民間企業等	うち外国政府
国家公務員合同初任研修	第56回	オンライン	4.6	791	4	−	−
初任行政研修	Aコース	通勤、オンライン	5.13、5.16〜5.27	91	−	−	−
	Bコース		5.13、5.23〜6.3	87	−	−	−
	Cコース		5.13、5.30〜6.10	88	−	−	−
	Dコース		5.13、6.6〜6.17	86	−	−	−
	Eコース		6.8、6.13〜6.24	90	−	−	−
	Fコース		6.8、6.20〜7.1	92	−	−	−
	Gコース		6.8、6.27〜7.8	88	−	−	−
	Hコース		6.8、7.4〜7.15	85	−	−	−
3年目フォローアップ研修	Aコース	オンライン、合宿	8.30〜9.2	90	1	※3	−
	Bコース		9.6〜9.9	89	1	※1	−
	Cコース		9.13〜9.16	81	−	※1	−
	Dコース		9.27〜9.30	89	−	※2	−
	Eコース		10.4〜10.7	93	−	※6	−
	Fコース		10.18〜10.21	92	−	※1	−
	Gコース		10.25〜10.28	93	1	※1	−
行政研修（課長補佐級）	第287回	オンライン	8.23〜8.26	46	2	8	−
	第288回		10.26〜10.28	57	1	9	−
	第289回	合宿	11.15〜11.18	45	−	10	−
	第290回		12.13〜12.16	41	−	10	1
	第291回	オンライン	2.7〜2.10	45	2	9	−
行政研修（課長補佐級）国際コース		通勤	2.1〜2.3	49	2	5	15
行政研修（課長補佐級）女性管理職養成コース		通勤	1.18〜1.20	35	1	15	1
行政研修（課長補佐級）リーダーシップ研修		合宿	8.1〜8.3 10.19〜10.21 又は 10.26〜10.28 11.28〜11.30	25	−	−	−
		オンライン	9.21				
		通勤	11.9〜11.11 1.6				
行政研修（課長級）	第236回（現場訪問コース）	オンライン	8.5	22	−	−	−
		合宿	8.25〜8.27				
	第237回	オンライン	9.27〜9.30	43	1	17	−
	第238回（課長力向上コース）	通勤、オンライン	1.11〜1.13、2.22	39	1	14	−
行政研修（係員級特別課程）	第39回	通勤	8.15〜8.19	34	−	−	−
	第40回		11.14〜11.18	40	−	−	−
	第41回	合宿	1.23〜1.27	42	−	−	−
行政研修（係長級特別課程）	第57回	通勤	12.5〜12.9	38	−	−	−
	第58回	合宿	1.16〜1.20	35	−	−	−
	第59回		2.27〜3.3	33	−	−	−
行政研修（課長補佐級特別課程）	第39回	合宿	11.7〜11.11	33	−	−	−
	第40回	通勤	2.13〜2.17	40	−	−	−
行政フォーラム	第187回	オンライン	7.20	103	−	−	−
	第188回		10.5、10.14	212	−	−	−
	第189回		11.15	140	−	−	−
	第190回		1.25	124	−	−	−
	第191回		2.15	85	−	−	−
幹部行政官セミナー（アスペンメソッド）		オンライン	9.15、11.2、12.2	9	−	−	−

（注）1 行政研修（課長補佐級）中国派遣コース、行政研修（課長補佐級）韓国国家公務員人材開発院派遣コース、行政研修（課長級）中国派遣コースについては、新型コロナウイルス感染症に係る諸般の事情により中止した
2 「実施方法」は主な実施方法であり、個々のカリキュラムの実施に当たってはオンラインによる講義等も含まれる。
3 研修修了者数の内数の「−」は、該当する修了者がいないことを示す。
4 ※ はいずれも各府省から地方公共団体又は民間企業へ出向中の者である。
5 行政フォーラムの研修修了者数については参加登録をした者としている。

（1）国家公務員合同初任研修

例年、各府省において、主に政策の企画立案等の業務に従事することが想定される新規採用職員を対象に合同研修を実施している。（4月に内閣官房内閣人事局と共催で実施。）

令和4年度は、前年同様、新型コロナウイルス感染症の感染拡大防止の観点からオンラインにより、現下の世界情勢に関する有識者の講演のほか、公務員の基本に関する講義を実施した。

（2）初任行政研修

（1）の合同初任研修対象者のうち、本府省において主に政策の企画立案等の業務に従事することが想定される職員を対象として、初任行政研修を8コースで、5月から7月にかけて第1週目（1日）をオンライン、第2週目（5日間）を通勤4日間及び福島県被災地域への現場訪問1日、第3週目（5日間）をオンラインで実施した。

同研修は、国家公務員としての一体感を醸成するとともに、全体の奉仕者としての素養を身に付けさせ、国民の視点に立って行政を遂行する姿勢を学ばせることをねらいとしている。令和4年度は、過去2年間と同様、新型コロナウイルス感染症に係る状況を踏まえての実施となったが、中止していた実地体験型のプログラム（介護等実地体験、地方自治体実地体験、被災地復興・地方創生プログラム）について、福島県浜通り被災地域への現場訪問として一部復活させた。さらに、研修員間の相互の学びと交流をより深めるため、対面での研修（通勤形式）を2年ぶりに実施した。カリキュラムについては、前年同様、過去の5週間から2週間＋1日（11日間）へと研修期間を短縮して実施したことから、研修科目を厳選し、討議を重視したカリキュラムとした。具体的には、基軸科目として、歴史的意義の大きい過去の行政事例を題材に、公共政策の在り方を多角的に研究・考察する「行政政策事例研究」、あるいは、府省横断的な政策課題について調査研究を行い、公共政策の在り方を多角的に検討する「政策課題研究」を行った。また、論題に関する論理的かつ説得的な立案・説明手法を実践的に学ぶ「政策ディベート」、事例を通じて倫理的な行動の在り方を考える「公務員倫理を考える」、駐日大使館等に勤務する外交官等からの話を聞き、意見交換を行うことで、国際社会における日本の役割への理解を深める「諸外国から見た日本」、自治体、市民、NPO等の地域の現場で活動している関係者等と行政課題の解決に関する市民との協働について考える「市民との協働について考える」等のカリキュラムを実施した。また、研修員間の相互理解が円滑なものとなるようチームビルディングの科目も実施した（表2-2）。

表2-2　令和4年度初任行政研修のカリキュラム

分類	研修科目	科目のねらい
国民全体の奉仕者としての使命と職責について考える	公務員の在り方	各府省の事務次官等から、行政官としての心構え等に関する講義を聞いた上で、期待される国家公務員の在り方について、レポートにまとめることにより、国家公務員としての自覚と使命感を醸成する。
	公務員倫理を考える	事例研究などを通じて、倫理学の基礎理論に基づく価値判断や政策立案の在り方について検討し、実践への動機付けを図る。
	人権	人権問題に関わる講義を聞き、我が国や国際社会が抱える人権問題の現状を認識するとともに、基本的人権に対する意識を高める。
公共政策の在り方を多角的に検証し考える	行政政策事例研究	歴史的意義の大きい過去の行政事例を題材として、当時の困難な状況の下で取るべき方策を模索した関係者から話を聞き、批判的な視点も含めて多角的な立場から見た「行政官として取るべき行動」について、率直かつ自由に討議することで、行政官としての使命感や識見、問題解決能力をかん養する。
	政策課題研究	府省横断的な政策課題について調査研究を行い、縦割りを超えた班別討議及び長期的展望に立った具体的な政策提言を通じて、国民全体の奉仕者としての自覚、問題発見能力、問題解決能力、表現力等行政官として求められる資質をかん養する。
	若手公務員の歩み	各府省の課長補佐等を講師とし、各府省が取り組んだ行政課題等を題材にした講義、質疑を行い、実際の政策形成に当たって必要となる視点、関係者との調整の在り方を学ぶほか、若手公務員の能力開発・キャリア形成について理解を深める。
	政策ディベート	論題について、本来の自分の主張ではなく対立している立場からも立論し、相手の反論に抗しつつ自分の立場の主張を受け入れてもらえるよう説得することや、審判として双方の立論の論理性や説得力を客観的に判断することを通じて、幅広い視点から物事をとらえる力を養うとともに、相手の意見を的確に把握する力や効果的な説明手法を身に付ける。
	特別講義	行政課題に関する講義、意見交換を通じ、国民全体の視点から施策を行うための素養、見識を養う。
公正な公務運営について学ぶ	コミュニケーション	テレワークの普及等の環境変化を踏まえ、職場において上司、同僚等と円滑なコミュニケーションを図るための効果的な手法について学ぶ。
	公務員の在り方	（再掲）
	公務員倫理を考える	（再掲）
	若手公務員の歩み	（再掲）
体験を通して行政の在り方を考える	国際行政の現場	国際的な業務の最前線で活躍した経験に基づく話を聞き、国際情勢や我が国の置かれている立場、国際協力の在り方や諸外国との関係などについて認識を深める。
	諸外国から見た日本	駐日大使館等に勤務する外交官等から、外交交渉の場における日本政府との折衝や日本での勤務経験等を踏まえた話を聞き、意見交換を行うことで、国際社会において日本に期待される役割や、日本と各国との相互理解・協力を増進するために日本の国家公務員として心がけるべきこと等について、理解を深める。
	現場訪問	福島県浜通り地域を訪問し、視察、関係者との意見交換等を通じて、復興に向けた取組や地域の現状について理解するとともに、政策立案を行う上で現場を知ることの重要性を学ぶ。
	市民との協働について考える	自治体、市民、NPO等の地域の現場で活動している関係者から、現場の実情や取組を聞き、事例研究や演習、意見交換等を通じて、我が国が直面している諸課題、地域の多様性、住民の意識やニーズ、各地域における課題解決の取組等について認識を深め、行政課題の解決に関する市民との協働の在り方や、今後の行政の役割・在り方について考える。
諸行事	開・閉講式、オリエンテーション、チームビルディング等	

(注) それぞれの科目につき、講義、討議、実習等の技法を組み合わせて実施している。

(3) 3年目フォローアップ研修

　　原則として (2) の初任行政研修を受講した職員のうち、本府省において政策の企画立案等の業務に従事することが想定される採用3年目の者を対象として研修を実施している。

　　前年は、新型コロナウイルス感染症の感染拡大の影響でオンラインでの実施となったが、令和4年度は、令和2年度採用者を7コースに分け、前半2日間をオンラインで、後半

2日間を合宿で実施した。本研修の参加者は新型コロナウイルス感染症の影響により、2年前の初任行政研修で実地体験型のプログラムを行えなかったことから、公務員研修所が所在する埼玉県入間市及び同市内の中小企業の協力を得て、同市内の公共施設や企業への現場訪問、入間市長との意見交換を行う体験型プログラムを取り入れた。他にも、会議や日常業務においてグループでの討議を円滑に進めるためのファシリテーション技法や、グループをまとめる上で必要となるマネジメント力の入門的な講義・演習、初任行政研修受講後からの2年間の自身を振り返り、先輩職員の参画を得て今後の自身の課題とキャリアを考えるプログラム、各々が所属する組織の政策や課題等を発表し、相互に討議するなど、多彩なカリキュラムにより実施した。

(4) 行政研修（課長補佐級）

　本府省課長補佐級に昇任後おおむね1年以内の職員のうち、政策の企画立案等の業務に従事する者を対象に、オンラインでの3日間の研修を1コース、同4日間の研修を2コース、合宿での4日間の研修を2コースの計5コースを実施した。

　本研修は、班別討議を経て政策提言・分析を行う「政策課題研究」、研修員自らが直面する行政課題をテーマに議論を行う「個別政策研究」、「マネジメント研究」等からなるカリキュラムにより実施した。

(5) 行政研修（課長補佐級）国際コース

　英語による発表や議論を通じ、英語での意思伝達及び説得能力の向上を図り、各府省における行政の国際化に対応できる人材の育成に資すること等を目的とする国際コース（3日間）を1コース、通勤で実施した。擬似的なグローバル環境における議論ができるよう、駐日大使館等から多数の外国人研修員の参加を得て、日本人参加者が所属組織の政策や課題を英語で発表し、外国人研修員と共に討議等を実施した。

(6) 行政研修（課長補佐級）女性管理職養成コース

　近い将来、本府省の管理職員として行政運営の一翼を担い、後に続く女性管理職員のロールモデルとなることが期待される者を対象に、官民の女性リーダーとの意見交換や、部下のマネジメント、組織運営について考察する研修を1コース（3日間）、通勤で実施した。

(7) 行政研修（課長補佐級）リーダーシップ研修

　本府省課長補佐級の職員で、将来、本府省幹部職員として行政運営の中核を担うことが期待される者を対象に、令和4年8月から令和5年1月までの間に通算14日間の研修を1コース、通勤及び合宿、オンラインの組合せにより実施した。

　本研修では、10年後の日本を見据えた研究課題の設定と改革ビジョンの作成を、「東京大学エグゼクティブ・マネジメント・プログラム」の協力を得て、研修員が小グループに分かれて「共同研究」を行ったほか、リーダーの在り方に関する各界有識者からの講義を実施した。また、島根県海士町で活動する「株式会社風と土と」に委託し、民間企業からの研修参加者とともに、現地での人々との交流を交えながら、離島という非日常の環境において自らを深く見つめ直し、今後のビジョンや志を言葉にする現場学習を初めて行った。

(8) 行政研修（課長級）

　令和4年度は、本府省課長級職員を対象に、オンラインによる講義に加え福島県への現

場訪問を行う現場訪問コースを行ったほか、安全保障や米国の政治・外交に係る最新の動向、マネジメントに関する第一線の専門家の講義や、「個別政策研究」などからなるオンラインでの4日間のコースを実施した。

さらに、課長級の職員として求められる組織統率力、人材育成力及び政策の実現に必要となる対外的説明能力等を充実・向上させることを目的とした「課長力向上コース」を通勤3日間、オンライン1日間の日程で試行した。同研修では、日本の組織・人材マネジメントの第一線で活躍される講師からの講義を通じ、これからの組織運営の課題や目指すべき方向性について理解を深めるとともに、官民双方からの幅広い参加者による、自らが所属する組織におけるマネジメント上の取組や課題について、討議や意見交換を行った。通勤研修の最後には3日間の研修を振り返り、自ら実践すべき課題設定を行い、当該課題について1か月間にわたって職場で実践し、その結果と今後に向けた課題を、引き続くオンライン研修で共有し、行政経験豊富な講師からの講評を通じて、組織統率に当たり必要となる自らの使命と職責について深く考察するカリキュラムを実施した。この試行結果を踏まえ、次年度においては「課長力向上コース」の一層の拡充を行うこととしている。

(9) 行政研修（係員級特別課程）

係長級への昇任直前のⅡ種・Ⅲ種等採用職員又は一般職試験等採用職員で、勤務成績優秀な者を対象として、将来の幹部職員への登用を視野に入れた育成に資するために実施している。

令和4年度は、「政策課題研究」、「公務員倫理を考える」等からなるカリキュラムにより、5日間の日程で 通勤2コース、合宿1コースを実施した。

(10) 行政研修（係長級特別課程）

本府省係長級のⅡ種・Ⅲ種等採用職員又は一般職試験等採用職員で、各府省が将来の幹部要員として計画的に育成しようとしている者を対象に実施している。

令和4年度は、「政策課題研究」、「個別政策研究」、政策上の論題に関する立論・反論・説得等を通じて、幅広い視点から物事をとらえる力や効果的な説明手法を養う「政策ディベート」、政策課題研究に関連付けて埼玉県内の中小企業を訪問する「現場訪問」等からなるカリキュラムにより、5日間の日程で通勤1コース、合宿2コースを実施した。

(11) 行政研修（課長補佐級特別課程）

本府省課長補佐級のⅡ種・Ⅲ種等採用職員又は一般職試験等採用職員で、各府省が将来の幹部要員として計画的に育成しようとしている者を対象に実施している。

令和4年度は、「政策課題研究」、「個別政策研究」、本府省課長補佐級職員に求められるマネジメント能力について、講義及び具体的な事例や課題を題材とする相互討議を通じて、必要なスキルの向上や意識の醸成を図る「マネジメント研究」等からなるカリキュラムにより、5日間の日程で通勤1コース、合宿1コースを実施した。

なお、係長級及び課長補佐級の特別課程では、研修員の所属府省における今後の育成の参考に資するため、研修期間中のレポートの内容、研修への参加状況等を通じて、研修員の能力・適性等について評価を行うこととしている。

(12) 行政フォーラム（本府省課長級及び本府省幹部級）

本府省の課長級以上の職員の研修機会として、約2時間、我が国の抱える諸問題について各界の優れた有識者による講義と意見交換を行っている。

令和4年度はオンラインで計5回実施した（表2-3）。

表2-3　令和4年度行政フォーラムのテーマ及び講師

実施回	テ　ー　マ	講　師	
第187回	米中対立	佐橋　亮	東京大学東洋文化研究所准教授
第188回	安倍内閣における官邸主導の強みと限界	竹中　治堅	政策研究大学院大学教授
第189回	幸せの企画術	小山　薫堂	放送作家／脚本家
第190回	欧州における国際戦略環境の変化と日本の役割	細谷　雄一	慶応義塾大学法学部教授
第191回	NTTデータのグローバルビジネス再編	豊田　麻子	株式会社NTTデータ執行役員グローバルガバナンス本部長

（注）講師の役職は出講時のものである。

（13）幹部行政官セミナー（アスペンメソッド）

　　本府省審議官級及び筆頭課長級の職員を対象に、3日間の研修を1コース、オンラインで実施した。アスペンメソッドとは、米国アスペン研究所が行っている研修手法であり、様々な古典を素材に、参加者相互の対話を通じて高次のリーダーシップの養成を目指す思索型プログラムである。幹部行政官セミナーでは、このプログラムを活用して優れた思想や人間的価値の本質を探る中で、現代社会の複雑な課題に的確に対応できる高次のリーダーシップの養成を図っている。

② 昇任時相談窓口等体験研修

　　原則として直近1年間に本府省の審議官級に昇任した職員を対象に、消費者・生活者を主役とする行政を担う国家公務員としての意識改革を図るとともに、今後の行政や公務員の在り方について考える契機とすることを目的として、消費者庁と共催で実施している。

　　本研修は、①消費生活センター等7種類の相談窓口機関のいずれかに赴いて、消費者・生活者の声に触れる業務を体験する「業務体験研修」、②業務体験研修で得られた経験や気付きについて、研修参加者同士で意見交換を行う「事後研修」により構成されている。

　　令和4年度は、新型コロナウイルス感染症の感染状況に鑑み、令和3年度と同様に、「業務体験研修」及び「事後研修」を見送り、その代替措置として、消費生活相談員を講師として、消費者目線に立った姿勢の重要性について学ぶオンライン形式の研修を実施し、83人が参加した。

③ 地方機関職員研修

　　人事院各地方事務局（所）では、管内の各府省の地方機関の実情を踏まえつつ、役職段階別に求められる資質・能力を向上させるとともに、国民全体の奉仕者としての意識の徹底を図ることを目的とする役職段階別の研修を実施している。また、行政運営の在り方及び幹部行政官として求められる倫理感を考察させることを目的とする幹部行政官セミナーを実施している。これらの研修では、各役職段階に必要な基本的知識等を付与するカリキュラムのほか、近年の公務を取り巻く諸情勢を踏まえたカリキュラムを取り入れて行っている（表2-4）。

　　このほか、係長級職員を主な対象として、役職段階別研修におけるマネジメント科目の設定

や、JST教材を活用したマネジメント研修（1日コース）の実施など、マネジメント能力を高めることを主眼とする研修を引き続き行った。

　令和4年度は、各地域の新型コロナウイルス感染症の感染状況に鑑み、主にオンライン受講により実施し、会場受講では、定員を減らすこと、受講者間の間隔を空けた座席配置とすること、机・椅子等の消毒を行うこと等の感染防止対策を徹底した上で実施した。

表2-4　令和4年度地方機関職員研修実施状況

研修 \ 項目		実施回数	研修日数	修了者数
		回	日	人
地方機関職員研修	新採用職員研修	10	2〜3	877
	中堅係員研修	12	2〜4	457
	係長研修	12	2〜4	475
	管理監督者研修	10	1〜4	318
	幹部行政官セミナー	1	1	15
合　計		45	―	2,142

（1）新採用職員研修

　各府省の地方機関に採用された職員を対象として、公務員としての心構え、公務員倫理、公務員制度の解説などのカリキュラムを中心に実施している。

　令和4年度は、オンライン受講又は会場受講により実施した。会場受講を中止したものは、資料提供等の代替措置を講じた。

（2）中堅係員研修

　一定の職務経験を積んだ中堅の係員を対象として、将来の職場のリーダーとしての心構えや、中堅係員に共通して求められる能力の向上を目的として、公務員倫理、人権、情報発信スキルなどのカリキュラムを中心に実施した。

（3）係長研修

　各府省地方機関の係長級職員を対象として、将来の中堅幹部としての心構えや、職場のリーダーに求められる能力の向上を目的として、公務員倫理、部下の育成、メンタルヘルスなどのカリキュラムを中心に実施した。

（4）管理監督者研修（課長補佐研修・課長研修）

　各府省地方機関の課長補佐又は課長を対象として、将来の地方機関における上級幹部職員の養成を目的として、管理監督者の心構えや役割に関するカリキュラムを中心に実施した。

（5）幹部行政官セミナー

　管区機関の局部長級の職員を対象として、これからの行政と行政官の在り方を基本に立ち返って考え、意識改革を図ることを目的として、各界の有識者からの講話と講師を交えた意見交換を行った（表2-5）。

表2-5　令和4年度地方機関における幹部行政官セミナー実施状況

開催地	テーマ	講師		開催日
大阪市	エネルギー情勢と今後の課題	岩間　剛一	和光大学経済経営学部 教授	12月15日

第3節　派遣研修

　人事院は、各府省の行政官を国内外の大学院等に派遣する派遣研修の制度を運営、実施しており、応募者の研究計画や人物に関する厳格な審査を通じ、国民全体の奉仕者としての自覚、研究の有用性、公務に対する成果還元の意欲等について様々な角度からチェックするなど、厳正な運用に努めている。

① 在外研究員制度

（1）行政官長期在外研究員制度

　本制度は、行政の国際化が進展する中で、国際的視野を持ち、複雑・多様化する国際環境に的確に対応できる行政官の育成を図ることを目的に、各府省の行政官を原則として2年間諸外国の大学院に派遣し、研究に従事させる制度である（令和6年度派遣から1年制の大学院に1年間派遣するコースを新設）。

　派遣される研究員は、在職期間が10年未満の行政官で、各府省の長が推薦する者のうちから、人事院の選抜審査及び大学院の選考を経て決定している。

　令和4年度は、新型コロナウイルス感染症の感染拡大を受け、渡航中の研究員の十分な安全確保を図った上で161人を派遣した。派遣先内訳は、表2-6のとおりである。なお、令和4年度の新規派遣者には、令和2年度又は3年度に派遣予定だったものの、新型コロナウイルス感染症の影響により令和4年度に派遣を延期した職員が含まれる。

表2-6　令和4年度行政官長期在外研究員派遣状況

（単位：人）

派遣先国（地域）名	アメリカ	イギリス	フランス	オランダ	シンガポール	ドイツ	スイス	中国	計
派遣人数	89	48	10	4	4	3	2	1	161

（注）当該年度に派遣を開始した人数を示す。

　昭和41年度の制度発足以来、令和4年度までに派遣した研究員の総数は4,372人で、各年度の派遣者数は、昭和62年度以降着実に増加しており、平成5年度には50人、平成12年度には100人を超えた。平成26年度以降令和4年度までの新規派遣者数は、令和2年度を除き140人以上で推移している。

図2-2　行政官長期在外研究員新規派遣者数の推移

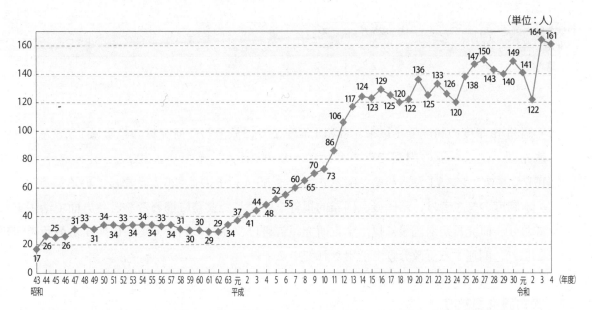

（注）1　博士課程への派遣のため、当該年度に研究従事期間を延長した者及び当該年度に再度派遣された者（平成24年度3人、平成25年度2人、平成26年度2人、平成28年度1人、平成29年度1人、　平成30年度2人、令和2年度3人、令和3年度1人、令和4年度1人）を含む。
（注）2　当該年度に派遣を開始した人数を示す。

第1編

第**3**部

令和4年度業務状況

　派遣した研究員の総数を派遣先国（地域）別の内訳で見ると、アメリカ3,097人、イギリス801人、フランス195人、ドイツ91人、カナダ53人、オーストラリア37人、中国27人、オランダ24人、シンガポール21人、韓国5人、スウェーデン5人、その他16人となっており、各国大使館、シンガポール国立大学などの海外大学院等と連携し、派遣予定者、各府省に対する情報提供や留学支援を行っているほか、留学希望者向けに説明会を開催する等、派遣先国の多様化に努めている。

　本制度の修了者は、帰国後、留学中に得た知見、人的ネットワークを生かし、国際会議、国際交渉、海外勤務等国際的な業務に従事したり、国内にあっても、国際的視野に立った行政施策の企画・立案等の業務を担っているなど、我が国行政の国際対応という点で大きな役割を果たしている。

（2）行政官短期在外研究員制度

　本制度は、諸外国において専門的な知識、技能等を習得させることにより、増大する国際的業務に適切かつ迅速に対処し得る人材の育成を図ることを目的に、各府省の行政官を6か月間又は1年間、諸外国の政府機関等に派遣する制度である。

　派遣される研究員は、在職期間がおおむね6年以上で、かつ、職務の級が行政職俸給表（一）の3級以上（他の俸給表についてはこれに相当する級）の行政官で、各府省の長が推薦する者のうちから、人事院の選抜審査を経て決定している。研究員は、諸外国の政府機関、国際機関等の派遣先でそれぞれの課題について調査・研究活動に従事している。

　令和4年度は、新型コロナウイルス感染症の感染拡大を受け、渡航中の研究員の十分な安全確保を図った上で21人を派遣した。派遣先内訳は、表2-7のとおりである。

表2-7　令和4年度行政官短期在外研究員派遣状況

（単位：人）

派遣先国 （地域）名	アメリカ	イギリス	シンガ ポール	スウェ ーデン	オースト ラリア	スイス	ドイツ	ベルギー	計
派遣人数	9	4	2	2	1	1	1	1	21

（注）当該年度に派遣を開始した人数を示す。

　　昭和49年度の制度発足以来、令和4年度までに派遣した研究員の総数は1,578人で、派遣先国（地域）別の内訳でみると、アメリカ741人、イギリス320人、オーストラリア101人、フランス71人、ドイツ64人、カナダ55人、その他226人となっている。

　　本制度の修了者は、帰国後、国際的視野をいかした業務に携わるなど各方面で活躍をしており、研究員が帰国後に提出する研究報告書は、海外の制度、実情に関する最新の情報として、関連する行政分野で活用されている。

② 国内研究員制度

　本制度は、複雑かつ高度化する行政に対応し得る専門的な知識、技能等を有する行政官の育成を図ることを目的に、各府省の行政官を国内の大学院に派遣し、研究に従事させる制度である。

（1）行政官国内研究員制度（博士課程コース）

　　本コースは、各府省の行政官を原則として3年間を限度として、国内の大学院の博士課程に派遣し研究に従事させる制度である。

　　派遣される研究員は、在職期間がおおむね2年以上25年未満で、かつ、職務の級が行政職俸給表(一)の2級から9級まで（他の俸給表についてはこれに相当する級）の行政官で、各府省の長が推薦する者のうちから、人事院の選抜審査及び大学院の入学試験を経て決定される。

　　令和4年度は、7人を派遣した（表2−8）。

（2）行政官国内研究員制度（修士課程コース）

　　本コースは、各府省の行政官を原則として2年間を限度として、国内の大学院の修士課程に派遣し研究に従事させる制度である。

　　派遣される研究員は、在職期間がおおむね2年以上18年未満で、かつ、職務の級が行政職俸給表(一)の1級から6級まで（他の俸給表についてはこれに相当する級）の行政官で、各府省の長が推薦する者のうちから、人事院の選抜審査及び大学院の入学試験を経て決定される。

　　令和4年度は、16人を派遣した（表2−8）。

表2-8　令和4年度行政官国内研究員（博士課程コース・修士課程コース）派遣状況

(単位：人)

派遣先大学院	令和4年度派遣人数		派遣人数（累計）	
	博士課程	修士課程	博士課程	修士課程
北海道大学大学院				1
東北大学大学院	1		2	3
筑波大学大学院			4	123
埼玉大学大学院				97
千葉大学大学院				1
東京大学大学院	2	2	9	101
東京農工大学大学院			2	1
東京工業大学大学院			2	
東京海洋大学大学院			5	
お茶の水女子大学大学院	1		1	
電気通信大学大学院			1	4
一橋大学大学院		6	1	90
横浜国立大学大学院	1		2	65
名古屋大学大学院				1
滋賀大学大学院		2		4
京都大学大学院			5	50
大阪大学大学院		1		1
神戸大学大学院				2
愛媛大学大学院	1		1	
九州大学大学院				1
政策研究大学院大学		3	15	104
京都府立大学大学院				1
慶應義塾大学大学院	1	.	1	1
情報セキュリティ大学院大学				1
同志社大学大学院				1
法政大学大学院		1		1
明治大学大学院		1		1
早稲田大学大学院		1		1
計	7	16	51	656
	23		707	

（注）修士課程コースは昭和51年度、博士課程コースは平成20年度に派遣を開始した。

(3) 留学費用償還制度

　国家公務員の留学の実効性を確保するとともに、留学に対する国民の信頼の確保に資すること等を目的として、平成18年6月19日に留学費用償還法が施行された。同法に基づき、国の機関の職員が留学中又はその終了後原則として5年以内に離職した場合、その職員は、留学費用相当額の全部又は一部を償還することとされている。

　令和3年度に新たに留学費用の償還義務が発生した件数は76件（特別職国家公務員36件を含む。）である（表2-9）。

表2-9　留学費用償還義務者の状況

（単位：件）

	当該年度に償還義務者となった者の数	うち留学期間中離職	うち留学期間終了後5年以内離職
令和3年度	76	3	73
令和2年度	59	6	53
令和元年度	71	3	68
総数（平成18年6月19日以降）	492	48	444

（注）件数には、特別職国家公務員を含む。

第4節　テーマ別研修等

　人事院は、公務における人材育成のため、必要な知識及び能力の向上を図る「テーマ別研修」を実施しているほか、各府省において職員の能力の向上をより効果的に図るための技法を修得させるなど研修の指導者を養成する「指導者養成研修」を実施している。

　令和4年度は、新型コロナウイルス感染症の感染状況に鑑み、主にオンラインで実施した。

1　テーマ別研修

（1）評価・育成能力向上研修

　各府省において評価者となる管理職員に、評価や面談に関する実践的な知識及び技法を修得させることを目的として、平成20年10月から評価・育成能力向上研修（平成28年度までは評価能力向上研修）を実施している。

　令和4年度は、管理職員の評価・育成能力の向上に向けて各府省が実施する研修を支援するため、各府省の新任評価者を対象に、内閣人事局と連携し、令和4年10月からの制度改正の内容も踏まえた講義や面談に関するロールプレイ等を内容とする研修を実施した。実施状況は、表2－10のとおりである。

表2-10　評価・育成能力向上研修（ロールプレイ編）の実施状況

区分	本院	北海道	東北	関東	中部	近畿	中国	四国	九州	沖縄	計
実施回数（回）	2	2	1	1	2	1	2	2	2	1	16
受講者数（人）	53	89	25	57	59	31	52	60	108	21	555

（2）パーソネル・マネジメント・セミナー

　部下の能力発揮等の向上に取り組む際に管理職員として心得ておくべきポイント等を確認し、また、参加者同士の経験の共有や意見交換を通じて相互に啓発し合う機会を提供することにより、各府省の人材育成への取組を促進・支援することを目的として、平成22年度から管理職員を対象にパーソネル・マネジメント・セミナーを実施している。

　令和4年度は、オンラインで実施し、実施状況は、表2－11のとおりである。

表2-11　パーソネル・マネジメント・セミナーの実施状況

区分	本院	北海道	東北	関東	中部	近畿	中国	四国	九州	沖縄	計
実施回数（回）	1	0	0	1	0	0	0	0	0	0	2
受講者数（人）	80	0	0	50	0	0	0	0	0	0	130

(3) 女性職員登用推進セミナー

　女性職員登用推進施策の一環として、各府省において女性職員の登用を阻害する要因を見直し、女性職員登用のための環境を整備するため、各職場における人事管理・人材育成の責任を有する管理職員を対象に、本院及び各地方事務局（所）において、平成26年度から女性職員登用推進セミナーを実施している。

　令和4年度は、主にオンラインで実施し、人事担当課長等を対象に、有識者の講演や意見交換を行い、計9回で延べ314人が受講した。

(4) 実務経験採用者研修

　民間企業からの中途採用者等を対象に、「国民全体の奉仕者」として求められる服務規律に関する知識や公務員としての倫理感のかん養を図ること等を目的として、平成14年度から実務経験採用者研修を実施している。

　令和4年度は、主なカリキュラムのうち、国家公務員としての服務規律や倫理、基本的な国家公務員制度について、講義形式の研修からeラーニングによる自習に変更することとし、教材を作成して受講生及び各府省に提供した。受講生を集めて実施する研修については、先輩職員の経験談を聞く、実務経験採用者どうしの意見交換など、交流に重点を置くカリキュラムとするとともに、年1回を2回に増やしてオンライン・会場で1回ずつ実施し、本院において計93人が受講した。

(5) 女性職員を対象とした研修

　公務における女性職員の登用拡大を促進するため、各府省合同の研修を通じた相互啓発等による能力伸長と、マネジメント能力開発や人的ネットワーク形成の機会の付与を目的として、平成13年度から女性職員を対象としたキャリアアップ研修を実施している。

　令和4年度は主にオンラインで実施し、実施状況は、表2－12のとおりである。本院においては、職員の自律的なキャリア形成を支援する観点から、今後のキャリア形成の見通しを日常の業務と関連付けて考えさせるカリキュラムとした。また、研修の4か月後に実施したフォローアップ・セッションにおいては、研修効果を高める観点から直属の上司等に対し、女性職員を部下に持つ上司の心構えや行うべき行動、性別や家庭の事情などに係る無意識の思い込み（アンコンシャス・バイアス）等についての講義の聴講・意見交換をオンラインで実施したところ、9割以上の上司等が参加した。

表2-12　女性職員を対象とした研修の実施状況

区分	本院	北海道	東北	関東	中部	近畿	中国	四国	九州	沖縄	計
実施回数（回）	1	1	1	1	1	2	1	1	1	1	11
受講者数（人）	21	26	31	47	27	51	27	31	40	16	317

(6) メンター養成研修

　　各府省における「メンター制度（人事当局の一定の関与の下、先輩職員が後輩職員の申出等を受けて助言等の支援を行う仕組み）」実施支援の一環として、メンターとなることが予定されている職員を対象に、職場におけるメンター、メンタリングに関する基本的な知識とコミュニケーション・スキルを習得させることを目的に、平成18年度からメンター養成研修を実施している。

　　令和4年度は、主にオンラインで実施し、実施状況は、表2-13のとおりである。

表2-13　メンター養成研修の実施状況

区分	本院	北海道	東北	関東	中部	近畿	中国	四国	九州	沖縄	計
実施回数（回）	1	2	1	2	1	0	2	1	1	1	12
受講者数（人）	30	98	45	127	31	0	82	52	54	29	548

(7) 幹部に対する役割認識の徹底のための研修

　　昨今、公務員に対する信頼が損なわれる事態が生じたことに鑑み、職員の模範となるべき幹部職員を対象として、全体の奉仕者としての公務員の役割を再認識してもらうための研修を実施している。令和4年度は、新任局長級職員を対象として、組織マネジメントの重要性に係る意識啓発に重点を置いた研修を、主にオンラインで実施し、計87人が参加した。

(8) 幹部・管理職員ハラスメント防止研修

　　職員の模範となるべき幹部・管理職員を主な受講対象として、ハラスメント防止に向けて求められる役割や行動様式等について再認識させることを目的とした研修を実施している。

　　令和4年度は、オンラインで実施し、実施状況は、表2-14のとおりである。

表2-14　幹部・管理職員ハラスメント防止研修の実施状況

区分	本院	北海道	東北	関東	中部	近畿	中国	四国	九州	沖縄	計
実施回数（回）	1	1	1	1	1	1	1	1	1	1	10
受講者数（人）	218	40	67	58	42	29	52	20	42	14	582

(9) キャリア形成支援研修

　　一定程度の経験を積んだ職員に対し、職業生活を振り返り、今後のキャリア形成を考えさせることなどを通じ、仕事や能力開発への意欲向上を図ること等を目的として、平成30年度からキャリア開発セミナー30を実施している。

　　令和4年度は、オンラインで2回実施し、本院において50人が受講した。

　　また、職員のキャリア意識の高まりや民間企業等におけるキャリア支援の進展等を踏まえ、若手職員に対しても、自身のキャリア形成について考え、仕事や能力開発への意欲を向上させる機会を設けることとして、令和4年度は、20歳台職員を対象に、キャリア理論に関する学習やグループ討議を内容としたキャリア支援研修20を2回試行実施し、計52人が受講した。

② 指導者養成研修

　人事院が令和4年度に実施した指導者養成研修のねらい及び実施状況は、表2－15及び表2－16のとおりである。

表2-15　指導者養成研修のねらい

研修名	ねらい
研修担当官能力向上研修	各府省等の新任の研修担当官を主たる対象に、その職務遂行に必要な基礎的知識の修得及び企画能力の向上等を図る。
ハラスメント防止研修	ハラスメント防止等に関する職員の意識を高め、また、管理・監督者にその果たすべき責務・役割について理解を徹底するとともに実践的能力を付与する。
JKET（公務員倫理研修）	公務員倫理について考えることにより、倫理感のかん養を図るとともに実践的能力を付与する。
JST基本コース（仕事と人のマネジメント研修）	仕事の管理や部下の指導等に関する原則を組織的、体系的に理解させるとともに実践的能力を付与する。

表2-16　指導者養成研修の実施状況

研修名 ＼ 項目	研修日数（日）	実施回数（回）	受講者数（人）
研修担当官能力向上研修	1	1	39
ハラスメント防止研修	1	9	425
JKET（公務員倫理研修）	3	2	26
JST基本コース（仕事と人のマネジメント研修）	4	3	49
合　計	－	15	539

第2章　補足資料

資料2-1　行政研修実施状況

研　修　名	実施開始年度等	実施回数	修了者数
	年度	回	人
国家公務員合同初任研修	昭和42	55	44,151
初任行政研修	平成9	124	14,069
3年目フォローアップ研修	平成20	73	7,650
行政研修（係員級特別課程）	平成17	41	1,644
行政研修（係長級特別課程）	平成11	59	2,565
行政研修（課長補佐級）	昭和40	287	13,024
行政研修（課長補佐級特別課程）	平成12	40	1,465
行政研修（課長補佐級）中国行政学院派遣コース	平成17	7	124
行政研修（課長補佐級）中国派遣コース	平成27	5	67
行政研修（課長補佐級）韓国国家公務員人材開発院派遣コース	平成18	14	179
行政研修（課長補佐級）リーダーシップ研修	平成22	13	292
行政研修（課長補佐級）シンガポール派遣コース	平成25	1	11
行政研修（課長補佐級）フィリピン派遣コース	平成26	1	13
行政研修（課長補佐級）国際コース	平成24	11	461
行政研修（課長補佐級）女性管理職養成コース	平成25	10	273
行政研修（課長級）	昭和38	238	5,715
行政研修（課長級）課長力向上コース	令和4	1	39
行政研修（課長級）中国派遣コース	平成28	4	58
行政フォーラム	平成8	190	9,552
幹部行政官セミナー（アスペンメソッド）	平成15	20	250
行政研修（係員級）	平成2〜平成8	27	2,584
行政研修（係長級）	昭和31〜平成19	123	9,078
行政研修基礎課程（係長級）	昭和60〜平成10	15	855
行政研修（研究職室長級）	昭和54〜平成12	22	814
行政研修（課長補佐級）マネジメントコース	平成7〜平成11	5	244
行政研修（課長補佐級）科学技術・研究振興コース	平成13〜平成21	8	367
行政フォーラム（本府省幹部級）	平成11〜平成23	25	384
合　　　　計		1,419	115,928

（注）1　行政研修（係員級）は、「初任行政研修」の開始に伴って廃止された。
　　　2　行政研修（係長級）は、「3年目フォローアップ研修」の開始に伴って廃止された。
　　　3　行政研修基礎課程（係長級）は、「行政研修（係長級特別課程）」の開始に伴って廃止された。
　　　4　行政研修（研究職室長級）は、「行政研修（課長補佐級）科学技術・研究振興コース」の開始に伴って廃止された。
　　　5　行政研修（課長補佐級）マネジメントコースは、「行政研修（課長補佐級特別課程）」の開始に伴って廃止された。
　　　6　行政研修（課長補佐級）科学技術・研究振興コースは、研修対象者の減少により廃止された。
　　　7　行政研修（課長級）には、平成10年度まで行われていた「管理者研究会」を含む。
　　　8　行政フォーラムは、平成24年度から「本府省幹部級」と「本府省課長級」を統一して行うこととされた。

第3章　職員の給与

　職員の給与は、国公法上、法律に基づき定められることとされ（給与法定主義）、社会一般の情勢に適応するよう国会により随時変更でき、その変更に関して人事院は勧告を怠ってはならないとされている。このため、人事院は、俸給表が適当であるかどうかについて、毎年少なくとも1回、国会及び内閣に同時に報告しなければならないとされており、その際、給与を決定する諸条件の変化に応じて適当な勧告をする義務を負っている（情勢適応の原則）。給与法においても、職員の給与額を研究して適当と認める改定等を国会及び内閣に同時に報告することが定められている。

　また、人事院は、給与制度の実施の責めに任じることとされており、その公正妥当な運用を確保するため、所要の規則の制定、給与支払いの監理等を行っている。

第1節　給与に関する勧告と報告

1　給与勧告制度の仕組み

（1）給与勧告制度の意義と役割

　国公法第28条は、国家公務員の給与について、国会により社会一般の情勢に適応するように随時変更することができるとしており、人事院には、その変更に関して勧告することを怠ってはならないとするとともに、国会及び内閣に対し、毎年、少なくとも1回、俸給表が適当であるかどうかについて報告を行う責務を課している。

　国家公務員は、その地位の特殊性及び職務の公共性に鑑み、憲法で保障された労働基本権が制約されており、人事院の給与勧告は、労働基本権制約の代償措置として、国家公務員に対し、社会一般の情勢に適応した適正な給与を確保する機能を有するものである。給与勧告においては、従前より、給与水準の改定のみならず、俸給制度及び諸手当制度の見直しも行ってきている。

　人事院が給与勧告を通じて国家公務員に適正な処遇を確保することは、職務に精励している国家公務員の士気の向上、公務における人材の確保や労使関係の安定にも資するものであり、能率的な行政運営を維持する上での基盤となっている。

（2）民間準拠による給与水準の改定

　給与勧告では、国家公務員の給与水準を民間企業従業員の給与水準と均衡させること（民間準拠）を基本としている。民間準拠を基本とするのは、国家公務員も勤労者であり、勤務の対価として適正な給与を支給することが必要とされる中で、公務の給与水準は、その時々の経済・雇用情勢等を反映して労使交渉等によって決定される民間の給与水準に準拠して定めることが最も合理的であると考えられることによる。

　国家公務員給与と民間給与との比較においては、主な給与決定要素を同じくする者同士の4月分の給与を比較している。また、「職種別民間給与実態調査」は、企業規模50人以上、かつ、事業所規模50人以上の事業所を調査対象として実施している。

　比較方法については、給与は、一般的に、職種を始め、役職段階、勤務地域、学歴、年齢等の要素を踏まえてその水準が定まっていることから、両者の給与の単純な平均値ではなく、給与決定要素を合わせて比較（同種・同等比較）することとしている。

　また、調査対象については、企業規模50人以上の多くの民間企業は公務と同様、部長、課長、係長等の役職段階を有しており、公務と同種・同等の者同士による給与比較が可能であることに加え、現行の調査対象となる事業所数であれば、精緻な調査が可能であり、調査の精確性を維持することができること等から、現行の調査対象としている（図3－1）。

図3-1　民間給与との比較

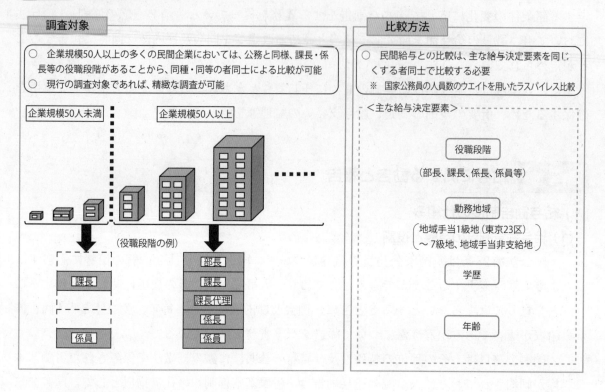

（3）民間給与との比較

〔月例給の比較〕

　月例給については、「国家公務員給与等実態調査」及び「職種別民間給与実態調査」を実施して公務と民間の4月分の給与を精確に把握し、前記の比較方法により精密に比較を行い、公務員と民間企業従業員の給与水準を均衡させること（民間準拠）を基本に勧告を行っている（図3－2）。

〔特別給の比較〕

　特別給については、「職種別民間給与実態調査」により、前年8月から当年7月までの直近1年間の民間の特別給（ボーナス）の支給実績を精確に把握し、これに公務員の特別給（期末手当及び勤勉手当）の年間支給月数を合わせることを基本に勧告を行っている（図3－2）。

図3-2　給与勧告の手順

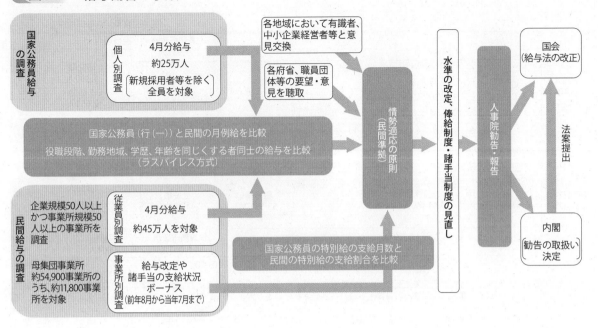

② 令和4年の報告と勧告

　令和4年8月8日、人事院は国会及び内閣に対し、一般職の職員の給与について報告及び勧告を行った。その内容は第1部第4章に掲げるとおりである。

③ 公務員給与の実態調査

　民間給与との比較のための基礎となる国家公務員の給与の状況を把握するため、毎年、各府省の協力を得て「国家公務員給与等実態調査」を実施している。

　調査の概要は次のとおりである。

> 調査の対象：1月15日現在に在職する給与法、任期付研究員法、任期付職員法の適用を
> 　　　　　　受ける職員（休職者、派遣職員（専ら派遣先の業務に従事する職員に限
> 　　　　　　る。）、在外公館勤務者等を除く。）
> 調 査 項 目：俸給、諸手当の受給状況、年齢、学歴、採用試験の種類等
> 調査の集計：4月1日における給与等の状況を集計

令和4年国家公務員給与等実態調査結果の概要は、次のとおりである。

（1）職員の構成

　　国家公務員の人数は、253,401人となっている（図3－3）。また、全職員の平均年齢は42.5歳であり、昨年と比べ0.2歳低くなっている（図3－4）（資料3－1～3－3）。

図3-3　職種別職員数

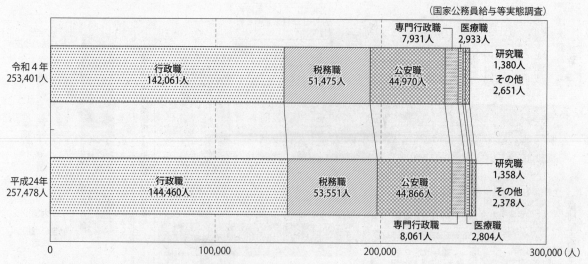

（国家公務員給与等実態調査）

（注）1　職員数は、給与法、任期付研究員法及び任期付職員法が適用される4月1日現在の在職者（新規採用者、再任用職員、休職者、派遣職員（専ら派遣先の業務に従事する職員に限る。）、在外公館勤務者等は含まない。）である（以下図3-4、表3-1及び表3-2において同じ。）。
　　2　行政職のうち、行政職俸給表（一）適用の在職者は、令和4年が139,947人（55.2%）、平成24年が140,981人（54.8%）である。

図3-4　平均年齢の推移

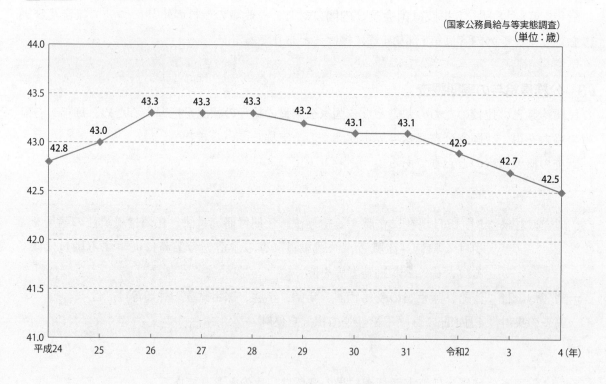

（国家公務員給与等実態調査）
（単位：歳）

（2）職員の給与

　　令和4年4月1日における平均給与月額及び諸手当の受給状況は、表3－1及び表3－2のとおりである（資料3－2）。

表3-1 給与種目別平均給与月額

給与種目	全職員	行政職俸給表（一）適用職員
俸給	334,711円	323,711円
地域手当等	43,123円	43,644円
俸給の特別調整額	11,956円	12,655円
扶養手当	9,264円	8,852円
住居手当	6,510円	7,129円
その他	7,500円	9,058円
合計	413,064円	405,049円

(注) 1 「俸給」には、俸給の調整額を含む。
    2 「地域手当等」には、異動保障による地域手当及び広域異動手当を含む。
    3 「その他」は、本府省業務調整手当、単身赴任手当（基礎額）、寒冷地手当、特地勤務手当等であり、通勤手当、特殊勤務手当、超過勤務手当等の実費弁償又は実績給である給与は含まない。

表3-2 主な手当の受給者数、受給者割合及び受給者平均手当月額

給与種目	受給者数	受給者割合	受給者平均手当月額
地域手当	206,653人	81.6%	49,541円
通勤手当	203,858人	80.4%	14,188円
扶養手当	117,533人	46.4%	19,973円
住居手当	64,573人	25.5%	25,548円
俸給の特別調整額	43,646人	17.2%	69,414円
広域異動手当	34,509人	13.6%	19,981円
寒冷地手当	25,408人	10.0%	6,675円
単身赴任手当	18,633人	7.4%	46,568円

④ 民間給与の実態調査

公務員給与を適切に決定するための基礎資料を得ることを目的として、毎年、都道府県、政令指定都市等の人事委員会と共同で「職種別民間給与実態調査」を実施している。

（1）令和4年調査の概要

ア 調査対象事業所

企業規模50人以上、かつ、事業所規模50人以上の全国の民間事業所54,866事業所。

なお、令和4年調査は、令和3年調査に引き続き新型コロナウイルス感染症に対処する厳しい医療現場の環境に鑑み、病院は調査対象から除外。

イ 調査事業所

調査対象事業所を都道府県、政令指定都市等別に組織、規模、産業により829層に層化し、これらの層から無作為に抽出した11,841事業所。

ウ 調査方法・内容

令和4年4月25日から同年6月17日までの間において、令和4年4月分として支払われた給与月額等について、人事院及び人事委員会の職員による調査を実施。

エ 集計の方法

総計及び平均値の算出に際しては、母集団に復元。

（2）令和4年調査結果の概要

ア　調査完了事業所

調査完了事業所は、資料3-4のとおりであり、調査完了率は83.2%となっている。

イ　調査実人員

公務と類似すると認められる54職種（行政職（一）相当職種22職種、その他の職種32職種）の調査実人員は、行政職（一）相当職種が433,725人（初任給関係 27,856人、初任給関係以外 405,869人）であり、その他の職種が19,758人（初任給関係 664人、初任給関係以外 19,094人）である。

なお、初任給関係以外の調査職種該当者の推定数は3,541,021人であり、このうち、行政職（一）相当職種は3,352,731人である。

ウ　初任給、職種別給与及び給与改定等の状況

初任給、職種別給与及び給与改定等の状況については、資料3-5から資料3-7のとおりである。

第2節　給与法の実施等

① 行政組織の新設等に伴う規則改正

行政組織の新設・改廃、官職の新設等に伴い、指定職俸給表の適用範囲の変更を行うため規則9-2（俸給表の適用範囲）の一部を改正したほか、規則9-6（俸給の調整額）、規則9-17（俸給の特別調整額）等の一部を逐次改正した。

② 級別定数の設定・改定等

（1）級別定数の設定・改定等に関する意見の申出等

職員の給与は、その職務と責任等に応じて決められる俸給表及び職務の級に基づいて支給され、職員の職務の級は級別定数の枠内で決定することとされている。級別定数は、府省ごとに、職員の職務をその複雑、困難及び責任の度に応じて各俸給表の職務の級別に分類し、その職務の級ごとの適用職員数（枠）を、会計別、組織別及び職名別に定めたものであり、各府省において、適正・妥当な職務の級の決定が行われるよう、給与格付の統一性、公正性を確保する役割を担っている。具体的には、各俸給表の職務の級ごとに定められた標準的な職務を基準とし、職員の担当する職務の困難度や責任の程度等を踏まえ、当該職務の遂行に必要な資格、能力や経験等の内容も考慮して級別定数が設定される。

級別定数の設定・改定及び指定職俸給表の号俸の決定は、組織管理の側面を持つことから内閣総理大臣の所掌に属するものとされているが、級別定数等は、職員の給与決定の基礎となる勤務条件であり、その設定・改定等に当たって、労働基本権制約の代償機能が十分に確保される必要があることから、「内閣総理大臣は、職員の適正な勤務条件の確保の観点からする人事院の意見については、十分に尊重するもの」と給与法で定められている。この人事院の意見は、憲法上保障された労働基本権制約の代償機能として、職員の適正な勤務条件を確保する観点から内閣総理大臣に提出するものであり、国会及び内閣に対し、その完全実施を要請している人事院勧告と同様の性格を有するものである。

級別定数等については、行政需要の増大や行政の複雑・多様化等に伴う業務の変化に対

応し、能率的な行政運営を推進するとともに、適正かつ安定した人事運用を確保するため、毎年、所要の見直しを行ってきている。令和4年度においても、令和4年8月末の各府省要求に始まる予算編成過程において、人事院は労使双方の意見を聴取して級別定数の設定・改定等に関する案を作成し、予算概算閣議決定前の令和4年12月22日に意見として内閣総理大臣に提出した。この人事院の意見を反映した予算の成立を視野に、人事院は各府省における級別定数の運用に必要な事項等を加えた級別定数等に係る意見の申出を令和5年3月29日に内閣総理大臣に行った。人事院の意見の申出を受けて、内閣総理大臣は、意見の申出どおり級別定数の設定・改定等を行った。

　意見の作成に当たって、人事院は、公務組織の円滑な運営及び職員の士気の維持・高揚を図る必要性並びに職員構成の変化による世代間の大きな不公平や府省間の著しい不均衡が生じないこと等に配慮しつつ、職務・職責の内容・程度、職務の遂行に必要な資格、能力や経験等の内容に応じた適切な給与上の評価を行うとともに、必要性の薄くなった定数については積極的に回収を進めるなど、各府省の実情を踏まえたものとしている。

　このほか、令和4年度の年度途中において政府が行った機構の新設及び定員の増減等に対応して、人事院は、級別定数の設定・改定等に関する意見の申出を2件行った。人事院の意見の申出を受けて、内閣総理大臣は、いずれも意見の申出どおり級別定数の設定・改定等を行った。また、指定職の運用及び級別定数の運用の改正に関する見解の申出を2件行った。人事院の見解の申出を受けて、内閣総理大臣は、見解の申出どおり、「指定職の運用について」（平成26年5月30日内閣総理大臣決定）及び「級別定数の運用について」（平成26年5月30日内閣総理大臣決定）の改正を行った。

（2）職務の級の決定等の審査

　職員の採用、昇格、昇給に当たっての給与決定については、規則9－8（初任給、昇格、昇給等の基準）等に定める基準に従い、各府省において決定できることとしている。ただし、本府省の企画官等の標準的な職務の級である行政職俸給表(一)7級以上の上位級への決定において基準どおりでない例外的な給与決定に係る案件や、民間における特に有用な知識・経験を有する者の初任給決定における特例的な決定を行う案件等については、人事院への協議を必要としている。このため、人事院は各府省からの個別の協議に応じ、審査を行った。

③　独立行政法人等の給与水準の公表

　総務大臣が定める給与水準公表のガイドライン等に基づき、独立行政法人、国立大学法人、特殊法人及び認可法人等の給与水準が公表されている。人事院は、これら法人（令和4年度191法人）による給与水準の公表に当たり、各法人と国家公務員との給与の比較指標等を作成、提供するなど、専門機関として必要な協力を行った。

第3章　補足資料

資料3-1　俸給表の適用範囲

俸給表の種類	適用を受ける職員の範囲
行政職俸給表（一）	他の俸給表の適用を受けない全ての職員（ただし、非常勤職員を除く。）
行政職俸給表（二）	機器の運転操作、庁舎の監視その他の庁務及びこれらに準ずる業務に従事する職員で人事院規則で定めるもの
専門行政職俸給表	植物防疫官、家畜防疫官、特許庁の審査官及び審判官、船舶検査官並びに航空交通管制の業務その他の専門的な知識、技術等を必要とする業務に従事する職員で人事院規則で定めるもの
税務職俸給表	国税庁に勤務し、租税の賦課及び徴収に関する事務等に従事する職員で人事院規則で定めるもの
公安職俸給表（一）	警察官、皇宮護衛官、入国警備官及び刑務所等に勤務する職員で人事院規則で定めるもの
公安職俸給表（二）	検察庁、公安調査庁、少年院、海上保安庁等に勤務する職員で人事院規則で定めるもの
海事職俸給表（一）	遠洋区域又は近海区域を航行区域とする船舶その他人事院の指定する船舶に乗り組む船長、航海士、機関長、機関士等で人事院規則で定めるもの
海事職俸給表（二）	船舶に乗り組む職員（海事職俸給表（一）の適用を受ける者を除く。）で人事院規則で定めるもの
教育職俸給表（一）	大学に準ずる教育施設で人事院の指定するものに勤務し、学生の教育、学生の研究の指導及び研究に係る業務に従事する職員その他の職員で人事院規則で定めるもの
教育職俸給表（二）	高等専門学校に準ずる教育施設で人事院の指定するものに勤務し、職業に必要な技術の教授を行う職員その他の職員で人事院規則で定めるもの
研究職俸給表	試験所、研究所等で人事院の指定するものに勤務し、試験研究又は調査研究業務に従事する職員で人事院規則で定めるもの
医療職俸給表（一）	病院、療養所、診療所等に勤務する医師及び歯科医師で人事院規則で定めるもの
医療職俸給表（二）	病院、療養所、診療所等に勤務する薬剤師、栄養士その他の職員で人事院規則で定めるもの
医療職俸給表（三）	病院、療養所、診療所等に勤務する保健師、助産師、看護師、准看護師その他の職員で人事院規則で定めるもの
福祉職俸給表	障害者支援施設、児童福祉施設等で人事院の指定するものに勤務し、入所者の指導、保育、介護等の業務に従事する職員で人事院規則で定めるもの
専門スタッフ職俸給表	行政の特定の分野における高度の専門的な知識経験に基づく調査、研究、情報の分析等を行うことにより、政策の企画及び立案等を支援する業務に従事する職員で人事院規則で定めるもの
指定職俸給表	事務次官、外局の長、試験所又は研究所の長、病院又は療養所の長その他の官職を占める職員で人事院規則で定めるもの
特定任期付職員俸給表	任期付職員法の規定により任期を定めて採用された職員のうち、高度の専門的な知識経験又は優れた識見を一定の期間活用して遂行することが特に必要とされる業務に従事する職員（特定任期付職員）
任期付研究員俸給表	任期付研究員法の規定により任期を定めて採用された職員

資料3-2　俸給表別職員数、平均年齢、平均経験年数及び平均給与月額

（令和4年国家公務員給与等実態調査）

俸給表	職員数	平均年齢	平均経験年数	平均給与月額	俸給	地域手当等	俸給の特別調整額	扶養手当	住居手当	その他
	人	歳	年	円	円	円	円	円	円	円
全俸給表	253,401	42.5	20.7	413,064	334,711	43,123	11,956	9,264	6,510	7,500
行政職俸給表（一）	139,947	42.7	20.7	405,049	323,711	43,644	12,655	8,852	7,129	9,058
行政職俸給表（二）	2,114	51.1	29.4	328,416	286,570	26,485		9,230	4,727	1,404
専門行政職俸給表	7,931	42.5	20.2	444,865	349,578	53,579	12,017	9,192	9,842	10,657
税務職俸給表	51,475	42.3	20.9	429,738	353,566	45,948	13,683	8,587	5,743	2,211
公安職俸給表（一）	21,989	41.4	20.1	379,615	320,437	31,608	6,062	12,922	3,332	5,254
公安職俸給表（二）	22,981	40.3	18.8	407,697	338,103	35,176	9,570	10,221	6,986	7,641
海事職俸給表（一）	199	42.8	21.7	454,999	362,640	51,025	15,515	12,209	5,288	8,322
海事職俸給表（二）	348	41.2	22.6	370,826	308,624	39,042		11,672	5,523	5,965
教育職俸給表（一）	90	45.5	21.3	470,670	417,359	26,046	4,158	14,994	4,780	3,333
教育職俸給表（二）	67	49.4	25.7	458,755	396,134	38,038	3,860	11,246	6,831	2,646
研究職俸給表	1,380	46.6	23.0	561,749	405,467	74,829	56,456	11,201	8,757	5,039
医療職俸給表（一）	607	52.8	25.8	840,532	507,742	90,890	34,536	10,851	6,304	190,209
医療職俸給表（二）	490	46.5	21.0	357,805	312,940	23,941	1,162	9,072	5,877	4,813
医療職俸給表（三）	1,836	47.7	22.3	358,479	319,817	20,623	792	8,779	5,488	2,980
福祉職俸給表	242	44.0	20.0	388,577	338,582	27,562	4,822	10,725	4,976	1,910
専門スタッフ職俸給表	174	56.0	32.5	599,219	488,602	96,942		8,560	3,784	1,331
指定職俸給表	958	56.9	33.4	1,027,657	857,194	165,095				5,368
特定任期付職員俸給表	432	42.9		625,769	526,382	99,374				13
第一号任期付研究員俸給表	65	42.5		472,626	406,077	66,549				
第二号任期付研究員俸給表	76	36.1		395,793	337,632	58,161				

（注）　1　職員数は、給与法、任期付研究員法及び任期付職員法が適用される4月1日現在の在職者（新規採用者、再任用職員、休職者、派遣職員（専ら派遣先の業務に従事する職員に限る。）、在外公館勤務者等は含まない。）である。
　　　　2　「全俸給表」の「平均経験年数」には、特定任期付職員及び任期付研究員は含まれていない。
　　　　3　「俸給」には、俸給の調整額を含む。
　　　　4　「地域手当等」には、異動保障による地域手当及び広域異動手当を含む。
　　　　5　「その他」は、本府省業務調整手当、単身赴任手当（基礎額）、寒冷地手当、特地勤務手当等である。

資料3-3　俸給表別、学歴別及び性別人員構成比

（令和4年国家公務員給与等実態調査）

（単位：％）

区分 俸給表	計	学歴別人員構成比					性別人員構成比	
		大学卒	うち 大学院修了	短大卒	高校卒	中学卒	男性	女性
全俸給表	100.0	56.3	6.7	14.3	29.3	0.1	78.0	22.0
行政職俸給表（一）	100.0	61.7	8.0	12.5	25.8	0.0	77.1	22.9
行政職俸給表（二）	100.0	7.1	0.0	13.6	74.1	5.2	73.7	26.3
専門行政職俸給表	100.0	65.7	24.7	25.0	9.3	0.0	75.1	24.9
税務職俸給表	100.0	49.2	1.6	5.4	45.4	0.0	75.9	24.1
公安職俸給表（一）	100.0	52.5	2.0	11.3	36.2	0.1	88.6	11.4
公安職俸給表（二）	100.0	42.0	2.8	39.7	18.2	0.1	84.0	16.0
海事職俸給表（一）	100.0	40.2	1.5	32.2	26.1	1.5	99.5	0.5
海事職俸給表（二）	100.0	4.0	—	25.9	65.5	4.6	99.1	0.9
教育職俸給表（一）	100.0	87.8	25.6	12.2	—	—	90.0	10.0
教育職俸給表（二）	100.0	68.7	13.4	22.4	9.0	—	68.7	31.3
研究職俸給表	100.0	98.8	82.6	0.5	0.7	—	79.9	20.1
医療職俸給表（一）	100.0	100.0	32.0	—	—	—	75.0	25.0
医療職俸給表（二）	100.0	51.6	5.5	47.1	1.2	—	52.7	47.3
医療職俸給表（三）	100.0	7.0	0.7	90.6	2.4	—	20.4	79.6
福祉職俸給表	100.0	78.9	6.2	16.1	4.5	0.4	56.6	43.4
専門スタッフ職俸給表	100.0	90.2	24.7	0.6	9.2	—	93.7	6.3
指定職俸給表	100.0	98.7	12.4	0.2	1.0	—	95.2	4.8
特定任期付職員俸給表	100.0	97.7	47.5	1.2	1.2	—	84.0	16.0
第一号任期付研究員俸給表	100.0	100.0	100.0	—	—	—	64.6	35.4
第二号任期付研究員俸給表	100.0	100.0	82.9	—	—	—	61.8	38.2

（注）1　「大学卒」には修士課程及び博士課程修了者を、「短大卒」には高等専門学校卒業者を含む。
　　　2　構成比は、小数点以下第2位を四捨五入しているため、内訳の合計が計と一致しない場合がある。

資料3-4　令和4年職種別民間給与実態調査の産業別、企業規模別調査事業所数

（単位：所）

企業規模 産業	規模計	3,000人以上	1,000人以上 3,000人未満	500人以上 1,000人未満	100人以上 500人未満	50人以上 100人未満
産業計	9,688	1,730	1,212	1,126	3,955	1,665
農業、林業、漁業	25	0	1	0	9	15
鉱業、採石業、砂利採取業、建設業	774	138	69	87	252	228
製造業	4,273	558	557	532	1,902	724
電気・ガス・熱供給・水道業、情報通信業、運輸業、郵便業	1,814	360	236	173	736	309
卸売業、小売業	740	112	120	114	316	78
金融業、保険業、不動産業、物品賃貸業	392	155	78	38	102	19
教育、学習支援業、医療、福祉、サービス業	1,670	407	151	182	638	292

（注）1　上記調査事業所のほか、企業規模、事業所規模が調査対象となる規模を下回っていたため調査対象外であることが判明した事業所が192所、調査不能の事業所が1,961所あった。
　　　2　調査対象事業所11,841所から企業規模、事業所規模が調査対象外であることが判明した事業所192所を除いた11,649所に占める調査完了事業所9,688所の割合（調査完了率）は、83.2％である。
　　　3　「サービス業」に含まれる産業は、日本標準産業大分類の「学術研究、専門・技術サービス業」、「宿泊業、飲食サービス業」、「生活関連サービス業、娯楽業」、「複合サービス事業」及び「サービス業（他に分類されないもの）」（宗教及び外国公務に分類されるものを除く。）である。

（令和4年職種別民間給与実態調査）

（単位：円）

職種		学歴	企業規模計	500人以上	100人以上 500人未満	50人以上 100人未満
事務・技術関係	新卒事務員	大学院修士課程修了	234,747	238,052	229,943	＊ 231,304
		大学卒	207,878	211,512	205,707	200,341
		短大卒	183,878	187,819	181,522	178,215
		高校卒	168,820	171,541	167,795	164,796
	新卒技術者	大学院修士課程修了	232,336	236,666	225,230	226,384
		大学卒	210,758	216,070	207,549	206,871
		短大卒	190,616	191,650	189,863	189,345
		高校卒	172,085	172,862	170,900	173,561
	新卒事務員・技術者計	大学院修士課程修了	233,227	237,160	227,033	228,553
		大学卒	208,990	213,078	206,461	203,336
		短大卒	188,026	190,207	186,659	184,705
		高校卒	170,766	172,352	169,585	170,145
その他	新卒船員	海上技術学校卒	＊ 199,626	－	＊ 207,164	＊ 185,807
	新卒大学助教	大学卒	＊ 226,325	－	＊ 226,325	－
	新卒高等学校教諭	大学卒	219,598	＊ 222,392	218,749	＊ 218,840
	新卒研究員	大学卒	212,722	210,546	214,662	＊ 213,373
	新卒研究補助員	短大卒	＊ 201,355	＊ 198,670	＊ 202,183	－
		高校卒	187,436	＊ 179,163	＊ 193,156	－

（注）1　金額は、基本給のほか事業所の従業員に一律に支給される給与を含めた額（採用のある事業所の平均）であり、時間外手当、家族手当、通勤手当等、特定の者にのみ支給される給与は除いている。
　　　2　「＊」は、調査事業所が10事業所以下であることを示す。

資料3-6　民間の職種別従業員数、平均年齢及び平均支給額

（令和4年職種別民間給与実態調査）

職種名	調査実人員	調査人員（復元後）	平均年齢	令和4年4月分平均支給額				備考
				きまって支給する給与（A）	うち時間外手当（B）	（A－B）	うち通勤手当	
支　店　長	729	3,454	54.0	766,149	2,502	763,647	24,176	構成員50人以上の支店（社）の長（取締役兼任者を除く。）
事　務　部　長	14,092	102,115	53.0	711,958	2,864	709,094	14,048	2課以上又は構成員20人以上の部の長 職能資格等が上記部の長と同等と認められる部の長及び部長級専門職 （取締役兼任者を除く。）
事　務　部　次　長	5,269	42,990	51.8	673,856	5,873	667,983	19,056	上記部長に事故等のあるときの職務代行者 職能資格等が上記部の次長と同等と認められる部の次長及び部次長級専門職 中間職（部長－課長間）
事　務　課　長	28,825	236,976	49.5	600,209	13,783	586,426	13,468	2係以上又は構成員10人以上の課の長 職能資格等が上記課の長と同等と認められる課の長及び課長級専門職
事務課長代理	11,559	89,107	46.6	558,486	56,041	502,445	14,771	上記課長に事故等のあるときの職務代行者 課長に直属し部下に係長等の役職者を有する者 課長に直属し部下4人以上を有する者 職能資格等が上記課長代理と同等と認められる課長代理及び課長代理級専門職 中間職（課長－係長間）
事　務　係　長	30,339	220,241	45.0	481,262	56,258	425,004	13,912	係の長及び係長級専門職
事　務　主　任	26,175	171,686	42.2	405,763	50,096	355,667	13,473	係長等のいる事業所における主任 係長等のいない事業所における主任のうち、課長代理以上に直属し、部下を有する者 係長等のいない事業所において、職能資格等が上記主任と同等と認められる主任 中間職（係長－係員間）
事　務　係　員	107,721	934,830	36.9	337,376	40,784	296,592	11,976	
工　場　長	474	2,045	54.4	729,819	2,577	727,242	10,793	構成員50人以上の工場の長（取締役兼任者を除く。）
技　術　部　長	9,561	61,479	53.4	725,370	3,417	721,953	11,697	事務部長に同じ。
技　術　部　次　長	3,469	27,750	51.8	673,748	5,492	668,256	11,917	事務部次長に同じ。
技　術　課　長	24,734	187,456	49.2	599,719	16,468	583,251	10,471	事務課長に同じ。
技術課長代理	7,444	57,950	46.5	545,615	42,377	503,238	9,458	事務課長代理に同じ。
技　術　係　長	24,943	172,639	45.0	502,917	82,909	420,008	11,048	事務係長に同じ。
技　術　主　任	23,996	171,218	42.6	441,552	73,633	367,919	9,763	事務主任に同じ。
技　術　係　員	86,539	870,795	35.4	359,588	58,169	301,419	8,540	

（注）1 「中間職（部長－課長間）」とは、部長と課長の両方がいる場合で、役職、職能資格又は給与上の等級（格付）から職責が部長と課長の間に位置付けられる者をいう。
　　　2 「中間職（課長－係長間）」とは、課長と係長の両方がいる場合で、役職、職能資格又は給与上の等級（格付）から職責が課長と係長の間に位置付けられる者をいう。
　　　3 「中間職（係長－係員間）」とは、係長と係員の両方がいる場合で、役職、職能資格又は給与上の等級（格付）から職責が係長と係員の間に位置付けられる者をいう。

（令和4年職種別民間給与実態調査）

1　ベース改定の状況

（単位：%）

役職段階　　　項目	ベースアップ実施	ベースアップ中止	ベースダウン	ベース改定の慣行なし
係　　　員	31.5	7.2	0.3	60.9
課　長　級	26.9	7.3	0.3	65.5

（注）　ベース改定の慣行の有無が不明及びベース改定の実施が未定の事業所を除いて集計した。

2　定期昇給の実施状況

（単位：%）

役職段階　　　項目	定期昇給制度あり	定期昇給実施	増額	減額	変化なし	定期昇給中止	定期昇給制度なし
係　　　員	85.8	84.0	30.4	2.8	50.8	1.8	14.2
課　長　級	78.6	76.2	26.3	2.6	47.3	2.4	21.4

（注）　定期昇給の有無が不明、定期昇給の実施が未定及びベース改定と定期昇給を分離することができない事業所を除いて集計した。

第4章　職員の生涯設計

本格的な高齢社会の進展に対応し、再任用制度の円滑な実施、職員の退職後の生涯設計に必要な情報の提供、定年の引上げに向けた対応等の施策を進めてきている。

第1節　定年退職及び再任用制度の状況等

1　定年退職及び勤務延長の状況

国公法による定年制度の定年年齢は、一部を除き原則60歳となっており、定年年齢を60歳とすることが職務や責任の特殊性等から著しく不適当な官職については、61歳～65歳の範囲内で定める年齢（特例定年）とされている（例：医師65歳、事務次官62歳）。

また、定年の特例として、職員が定年退職すると公務の運営に著しい支障が生ずると認められる場合に、退職することなく引き続き勤務させることができる制度として、勤務延長制度（期限は1年以内。期限の延長も可能だが、通算で最長3年まで）が設けられている。

定年退職及び勤務延長の状況は表4－1及び表4－2のとおりである。

表4-1　令和3年度定年退職者数

(単位：人)

合計	給与法適用職員	行政執行法人職員
5,668	5,471	197

表4-2　令和4年度に勤務延長により勤務した職員

(単位：人)

勤務延長により勤務した職員	新規	勤務延長の期限の延長	勤務延長の期限の再延長
1,370	1,336	24	11

（注）　1　「新規」で勤務延長により勤務した職員で年度途中に「勤務延長の期限の延長」をされたものがいるため、「勤務延長により勤務した職員」と各区分の合計は一致しない。
　　　2　令和4年度に勤務延長により勤務した職員は、全て給与法適用職員である。

2　再任用制度の実施状況

現行の再任用制度は、公的年金の基礎年金相当部分の支給開始年齢の段階的な引上げに対応し、職員が定年退職後の生活に不安を覚えることなく職務に専念できるよう雇用と年金との連携を図るとともに、長年培った能力・経験を有効に発揮できるようにするために平成13年度に導入された制度である。

再任用制度の円滑な実施とその一層の活用を図るため、令和4年度に定年退職となる全ての職員及び人事担当者を対象として、本制度の概要や必要な情報を掲載したパンフレットを配布するなど、本制度の周知・啓発、必要な情報の提供に努めた。

令和3年度に再任用された職員は、17,510人（給与法適用職員16,845人、行政執行法人職員665人）である。これまでの給与法適用職員の再任用の実施状況は図4－1のとおり短時間勤務が中心となっている。他方、民間企業の再雇用制度ではフルタイム勤務者の割合が非常に高くなっている（図4－2）。

図4-1　年度別再任用職員数（給与法適用職員）

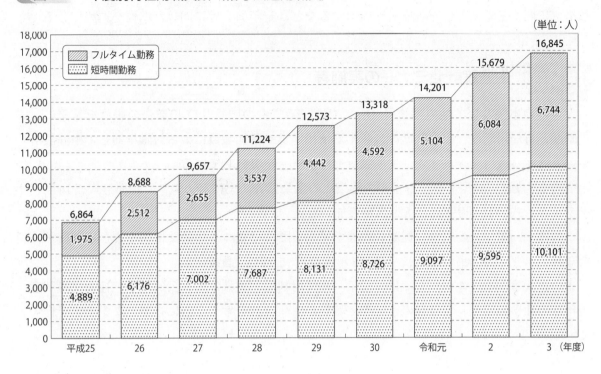

（単位：人）

凡例：フルタイム勤務、短時間勤務

年度	短時間勤務	フルタイム勤務	合計
平成25	4,889	1,975	6,864
26	6,176	2,512	8,688
27	7,002	2,655	9,657
28	7,687	3,537	11,224
29	8,131	4,442	12,573
30	8,726	4,592	13,318
令和元	9,097	5,104	14,201
2	9,595	6,084	15,679
3	10,101	6,744	16,845

図4-2　高齢期雇用をめぐる公務と民間の現状

民間の高年齢者雇用確保措置の状況

- 定年制の廃止　3.9%
- 定年の引上げ　25.5%
- 継続雇用制度の導入　70.6%

令和4年「高年齢者雇用状況等報告」集計結果（厚生労働省）を基に人事院が作成

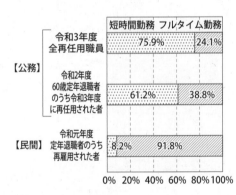

公務（行（一））と民間（事務・技術関係職種）の勤務形態の比較

短時間勤務　フルタイム勤務

【公務】
- 令和3年度全再任用職員：75.9%　24.1%
- 令和2年度60歳定年退職者のうち令和3年度に再任用された者：61.2%　38.8%

【民間】
- 令和元年度定年退職者のうち再雇用された者：8.2%　91.8%

0% 20% 40% 60% 80% 100%

公務：令和4年「再任用実施状況報告」（内閣人事局・人事院）
民間：令和2年「民間企業の勤務条件制度等調査」（人事院）

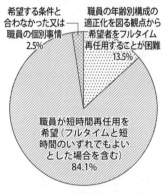

公務で短時間再任用となった主な事情（新規のうち令和2年度に60歳で定年退職した者）（行（一））

- 希望する条件と合わなかった又は職員の個別事情　2.5%
- 職員の年齢別構成の適正化を図る観点から希望者をフルタイム再任用することが困難　13.5%
- 職員が短時間再任用を希望（フルタイムと短時間のいずれでもよいとした場合を含む）　84.1%

令和4年「再任用実施状況報告」（内閣人事局・人事院）

(3) 定年の引上げに向けた対応

　令和5年度からの段階的な定年の引上げが各府省等で円滑に行われるよう、各府省等に対し、60歳以降に適用される任用、給与、退職手当の制度をとりまとめた情報提供パンフレット等を作成し、提供するとともに、本省及び地方機関等の人事担当者等を対象に、定年の段階的引上げに関する各種制度について理解を深めてもらうため、オンライン形式による制度説明会を令和4年6月に5回、9月に2回実施した。また、定年の段階的な引上げが始まることによって、シニア職員（60歳以上の職員）の在職者数の増加に伴う中堅・若手職員の昇格などへの影響

が生じ得る状況となっていることを踏まえ、令和4年12月23日に「令和6年度における級別定数措置に関する考え方」を各府省に提示するなど、定年引上げに向けた準備を進めている。

第2節　生涯設計セミナーの実施等

　人事院の本院及び各地方事務局（所）では、50歳台の職員及び40歳台の職員を対象に、定年制度、再任用制度、年金制度等に関する情報提供や参加職員による討議を通して生涯設計について考える機会を提供する「生涯設計セミナー」を実施している。

　令和4年度は、新型コロナウイルス感染症の感染拡大防止に努めつつ、対面形式で14回、オンライン形式で16回実施し、829人が参加した。

　このほか、定年後の家計、健康管理等を考える際に役立つ具体的な情報をまとめた冊子「新たなステップを踏み出すために（令和4年度版）」を作成、配布した。

　また、人事院ホームページでは、定年・再任用制度、退職手当・公的年金・社会保険制度、定年後の仕事の選択、定年後の家計等、職員が生涯設計を考える際に必要となる情報を提供している。

第5章　職員の勤務環境等

第1節　勤務時間及び休暇等

職員の勤務時間・休暇等は、職員の基本的な勤務条件であり、国公法第28条の情勢適応の原則の適用を受けて、勤務時間法において具体的事項が定められている。人事院は、同法の実施の責めに任ずることとされており、規則15−14（職員の勤務時間、休日及び休暇）を制定するとともに、実際に制度の運用に当たる各府省と協力して、職員の適正な勤務条件の確保に努めている。

なお、職員の勤務時間・休暇等の変更に関しては、勤務時間法において、人事院は勤務時間・休暇等の制度に関する調査研究を行い、その結果を国会及び内閣に報告するとともに、必要に応じ、適当と認める改定を勧告することとされている。

① 超過勤務・年次休暇の使用の状況

職員の勤務時間は、原則として1日7時間45分、週38時間45分とされているが、公務のため臨時又は緊急の必要がある場合には、超過勤務を命ずることができる。超過勤務の状況について、令和4年国家公務員給与等実態調査によると、令和3年の年間総超過勤務時間数は、全府省平均で217時間であった。これを組織区分別にみると、本府省では383時間、本府省以外では179時間となっていた。また、超過勤務時間が年360時間以下の職員の割合をみると80.9％であった。なお、令和3年度における各府省の超過勤務命令の上限の運用状況については第1部第3章1に記載したとおりである。

職員の年次休暇は、原則として1年につき20日とされ、同調査によると、令和3年の1人当たり平均使用日数は15.5日であり、組織区分別にみると、本府省では12.4日、本府省以外では16.2日となっていた。

② 勤務時間・休暇制度等に関する調査研究

（1）公務における勤務時間・休暇制度等運用状況調査

公務における勤務時間・休暇制度等の適正な運用を図るとともに、これら制度の検討に資するため、国の官署を対象に、勤務時間、休暇、育児休業等に関する諸項目について、その運用状況の調査を実施している。

令和4年度は、各地方事務局（所）において、42官署について調査し、各官署における勤務時間・休暇制度等の運用実態を把握するとともに、これら制度に関する意見・要望の聴取等を行った。

調査の結果、全体的にはおおむね良好に処理されていると認められたものの、一部に法規の理解不足等に起因する誤りが認められたので、その是正の確保を図るため、必要な指導を行った。

令和3年度までの調査結果については、誤りやすい事例や特に注意を要する不適正事例を各府省に示し、勤務時間・休暇制度等の適正な運用の徹底を図った。

なお、本府省35機関に対する第1部第3章1に記載した勤務時間の管理等に関する調査も勤務時間・休暇制度等運用状況調査として実施している。

（2）民間企業の勤務条件制度等調査

　　国家公務員の勤務条件の諸制度を検討するための基礎資料を得ることを目的として、毎年、「民間企業の勤務条件制度等調査」を行っている。

　　令和3年の調査は、全国に所在する企業規模50人以上の企業のうち、無作為に抽出した7,562社を対象として、10月1日現在における労働条件、民間企業の退職給付制度及び支給額等について調査を実施した。また、同年の調査より、すべての調査項目についてオンライン調査システムを利用した回答も可能とした。

　　なお、同年の調査は、新型コロナウイルス感染症の感染拡大防止のための出勤回避等の影響を踏まえ、当初令和3年11月30日までとしていた調査期間を12月28日までに変更して実施した。

第2節　健康安全対策

　職員の健康の保持増進を図るとともに、職場の安全を確保するため、規則10-4（職員の保健及び安全保持）等を定めている。これらの規則に従い、各府省は健康安全管理のための措置を実施しており、制度の円滑な運営を確保するため、人事院が、総合的な指導、調整等を行っている。

① 健康の保持増進

（1）心の健康づくり対策

　　近年、長期病休者のうち、心の健康の問題による長期病休者が6〜7割を占める状況となっており、職員のメンタルヘルス施策が重要な課題となっている。

　　こうした状況を踏まえ人事院としては、「職員の心の健康づくりのための指針」（平成16年勤務条件局長通知。平成29年8月改正）に基づき、以下のような各府省における職員の心の健康づくり対策に重点的に取り組んできている。

　　ア　心の健康づくり研修を人事院の本院及び各地方事務局（所）（全国10か所）で開催している。令和4年度は、新型コロナウイルス感染症の感染拡大防止の観点から、人事院の本院及び各地方事務局（所）（全国10か所）で集合形式での研修は実施せず、心の健康づくりに関する有識者講演の動画配信及び研修資料の配布による方法で実施し、各府省における心の健康づくりの施策の効果的な実施を図るよう、職場におけるメンタルヘルス対策の重要性や復職時の再発防止対策等について周知徹底を図った。

　　イ　平成27年12月にストレスチェック制度を導入し、各府省において実施されている。また、過度のストレスがなく、いきいきとした職場の実現を目指す職場環境改善について、平成28年11月に「「心の健康づくりのための職場環境改善」について」（平成28年職員福祉局長通知）を各府省に提示し、各府省のより積極的な取組を支援してきている。令和4年2月に人事院心の健康づくり指導委員会職場環境改善ワーキンググループにおいて、「ストレスチェックにおける職場環境改善の取組について〜職場環境改善とハラスメント予防について〜」報告書が取りまとめられ、各府省に更なる取組を求めた。

　　令和4年度においては、10月に本院において、本府省の健康管理担当者等を対象に

　　「心の健康づくり対策推進のための各府省連絡会議」をオンライン形式で開催し、ス
　トレスチェック制度の実施状況等を各府省へ情報提供するとともに職場環境改善の更
　なる推進等についての指導を行った。
ウ　専門の医師等が対応し、各府省の職員、家族等が利用できる「こころの健康相談
　室」（全国10か所に設置）を開設している。令和4年度における相談件数は、合計231
　件であった。若年者や遠方に居住する職員が利用しやすい環境の整備を図るため、令
　和4年度から本院及び一部の地方事務局においてオンライン相談を導入し、窓口の拡
　充を図った。
エ　心の健康の問題による長期病休者の職場復帰及び再発防止に関して、専門の医師が
　相談に応じる「こころの健康にかかる職場復帰相談室」（全国10か所に設置）を開設
　している。令和4年度における相談件数は、合計146件であった。

（2）国家公務員長期病休者実態調査

　　職員の健康管理に関する諸施策の検討に資するため、一般職の国家公務員のうち、令和
3年度において引き続いて1月以上の期間、負傷又は疾病（以下「傷病」という。）のため
勤務しなかった者について「国家公務員長期病休者実態調査」を実施した（5年ごとに実
施）。

　　令和3年度における長期病休者は6,500人（全職員の2.32％）であり、前回調査（平成
28年度調査）に比べて1,174人増加している。性別にみると男性は4,568人（全男性職員の
2.10％）、女性は1,932人（全女性職員の3.11％）となっている。

　　長期病休者数は、初回調査から前回調査まで減少傾向であったが、今回調査で増加に転
じた。また、長期病休者率は、平成18年度調査から前回調査までは漸減傾向であったが、
今回調査では大きく増加した（図5－1）。

　　傷病別にみると、「精神及び行動の障害」が4,760人（長期病休者総数に対する割合は
73.2％）で最も多く、次いで「新生物」461人（同7.1％）、「循環器系の疾患」265人（同
4.1％）の順となっている（表5－1）。

　　「精神及び行動の障害」の長期病休者率（職員10万人に対する率）は1701.2であり、平
成18年度調査から前回調査までは横ばい傾向であったが、今回は431.0ポイントの増加と
なった（前回調査1270.2）（図5－1）。

図5-1　長期病休者数及び長期病休者率の推移

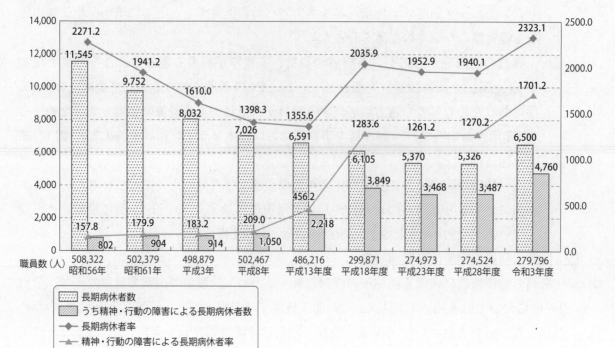

※平成13年度から平成18年度にかけての職員数の大幅な減少は、独立行政法人化、国立大学法人化等によるもの

表5-1　傷病別長期病休者の比較

（単位：人）

傷病の区分	年度 性別	令和3年度			平成28年度		
		総数	男	女	総数	男	女
総　数		6,500	4,568	1,932	5,326	4,035	1,291
感染症及び寄生虫症		13	12	1	23	18	5
新生物		461	301	160	515	364	151
血液及び造血器の疾患並びに免疫機構の障害		15	11	4	9	8	1
内分泌、栄養及び代謝疾患		38	26	12	53	46	7
精神及び行動の障害		4,760	3,376	1,384	3,487	2,700	787
神経系の疾患		101	72	29	105	92	13
眼及び付属器の疾患		28	23	5	24	20	4
耳及び乳様突起の疾患		41	17	24	10	6	4
循環器系の疾患		265	242	23	279	248	31
呼吸器系の疾患		24	20	4	40	28	12
消化器系の疾患		96	77	19	115	96	19
皮膚及び皮下組織の疾患		17	15	2	19	14	5
筋骨格系及び結合組織の疾患		207	142	65	225	164	61
腎尿路生殖器系の疾患		39	32	7	47	26	21
妊娠、分娩及び産じょく		121	－	121	118	－	118
その他		72	53	19	35	29	6
損傷、中毒及びその他外因の影響		202	149	53	222	176	46

（注）　傷病の区分のうち、「精神及び行動の障害」には、「神経系の疾患」のうち「自律神経系の障害」に分類された者の数を含めて計上している。

(3) 国家公務員死亡者数等調査

　職員の健康管理及び安全管理の向上に資するため、令和3年度中に死亡した一般職の国家公務員について「国家公務員死亡者数等調査」を実施した（3年に1度実施している「国家公務員死因調査」を実施しない年度に実施している。）。

　令和3年度における在職中の死亡者は245人で、前年度の218人より27人増加している。また、死亡率（職員10万人に対する率）は87.6（前年度は78.2）となっており、平成28年度以降は漸減傾向であったが、今回調査では増加に転じた。

　死亡者のうち、病死者は188人（前年度は176人）で、前年度に比べ12人増加しており、死亡率は67.2（同63.2）となっている。また、災害死（不慮の事故、自殺及びその他）は57人（前年度は42人）で、前年度に比べ15人増加しており、死亡率は20.4（同15.1）となっている。

　災害死のうち、「自殺」による死亡者は41人（前年度は32人）で、前年度に比べ9人増加しており、死亡率は14.7（同11.5）となっている。また、「不慮の事故」による死亡者は13人（前年度は6人）で、前年度に比べ7人増加しており、死亡率は4.6（同2.2）となっている。

(4) 健康診断の実施状況等

　一般定期健康診断は、肺の検査、循環器検査、胃の検査など必要な検査項目について実施されており、各府省の報告を基に把握した令和3年度の一般定期健康診断の実施状況は、資料5-1のとおりである。総合的な健康診査（いわゆる人間ドック）の受診者は、全職員の39.4%、また、有害な業務又は健康障害を生ずるおそれのある業務に従事する職員を対象とした特別定期健康診断の受診率は96.3%となっている。

　また、一般の健康診断の検査の項目である胃の検査及び胸部エックス線検査について、近年の疾病構造の変化や医療技術の進歩を踏まえ、検査方法や対象年齢等の改正を行った。

② 安全の確保

(1) 職場における災害の防止

　職場における災害の発生を防止し、安全管理対策を推進するために、各府省から職場における災害の発生状況等について報告を受けている。

　令和3年度に職場で発生した災害による死傷者（休業1日以上）は290人で、前年度に比べ80人増加している。このうち死亡者は3人となっている（図5-2）。

　災害の発生状況を事故の型別にみると、「その他（新型コロナウイルス感染症）」が最も多く全体の半数近くを占め、次いで「墜落・転落」、「転倒」の順となっており、これらの災害で全体の7割以上を占めている（図5-3）。

　なお、新型コロナウイルス感染症の主な災害原因は、施設内で複数の感染者が確認されたものや他者との接触の機会が多い窓口業務の勤務等、感染リスクが相対的に高いと考えられる環境下での業務に従事したことによって感染したものである。また、新型コロナウイルス感染症対策の緩和に伴い、武道訓練が再開されたことにより、「武道訓練」が再び上位項目に上がってきている。

　これらをまとめた災害状況については、各府省に情報提供し、類似の災害発生を防止す

るよう指導を行っている。

図5-2　死傷者数の推移〔休業1日以上（平成29～令和3年度）〕

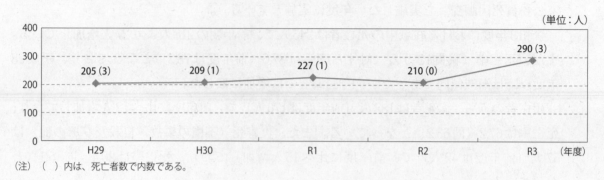

（注）（　）内は、死亡者数で内数である。

図5-3　事故の型別死傷者数〔休業1日以上（令和3年度）〕

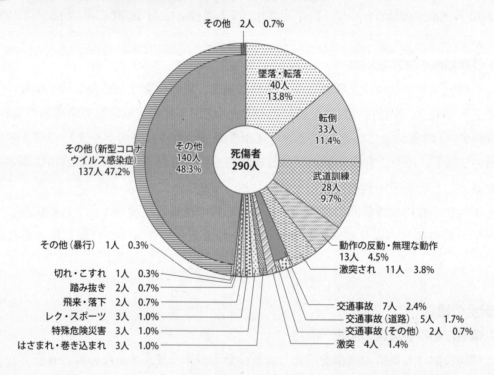

（2）設備等の届出等

　各府省は、ボイラー、クレーン等安全管理上特に配慮を必要とする設備の設置等の際には、人事院に届け出ることとなっている。令和4年度は152件（設置83台、変更3台、廃止66台）の届出があった。

　また、エックス線装置についても、同様に届け出ることとなっており、令和4年度は111件（設置67台、変更0台、廃止44台）の届出があった。

（3）放射線施設等実態調査の実施

　職員の放射線障害の防止に関する基礎資料を得るために「放射線施設等実態調査」を令和4年9月1日現在で実施した（5年ごとに実施）。その結果、放射線施設等を有する府省及び機関は20府省528機関で、設備の設置台数等（放射性物質の核種類数を含む。）は1,460で、「エックス線装置」の1,165台が最も多く全体の8割近くを占め、次いで「放射性

物質装備機器」が238台、放射性物質（密封及び非密封）が28核種の順となっている。また、管理区域内において放射線業務に従事した職員は累計人数で1,500人となっており、このうち最も多かったのはエックス線装置取扱い業務の660人で、次いで立入検査業務が502人となっており、これらの業務で全体の8割近くを占めている（図5-4）。

図5-4　放射線業務の種類別従事者数の割合 (令和3年度)

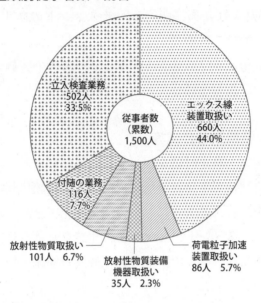

③ 健康安全管理の指導及び啓発

（1）健康安全管理の研修会

　各府省の健康安全管理の担当者が健康安全管理に対する認識と実務についての理解を深めるよう研修会を開催している。令和4年度は、人事院の本院及び各地方事務局（所）（10か所）において、新型コロナウイルス感染症の感染拡大防止の観点から、集合形式での研修は実施せず、各府省に対して音声による解説付きの制度説明資料を配布し、健康安全管理制度の周知徹底を図った。

（2）国家公務員安全週間・健康週間

　健康安全管理の推進について、広く職員の意識の高揚を図るため、毎年7月1日から「国家公務員安全週間」を、10月1日からは「国家公務員健康週間」を実施している。各週間の実施に先立ち、人事院ホームページに実施要領及び広報用動画を掲載して、各週間における取組等を周知した。さらに、安全週間の取組として、各府省の安全管理担当者による安全対策会議を人事院の本院及び各地方事務局（所）（全国10か所）で開催している。令和4年度は、新型コロナウイルス感染症の感染拡大防止の観点から、人事院の本院及び各地方事務局（所）（全国10か所）において、集合形式での会議は実施せず、各府省に対して安全管理に関する有識者講演の動画配信及び資料を配布し、安全対策等の周知徹底を図った。

④ 原子力発電所等において発生した事故等への対応

　東京電力福島第一原子力発電所の事故に対しては、規則10-5（職員の放射線障害の防止）及び規則10-13（東日本大震災により生じた放射性物質により汚染された土壌等の除染等の

ための業務等に係る職員の放射線障害の防止）等により、除染等業務等に従事する職員の被ばく線量は測定が義務付けられており、引き続き職員の放射線障害防止に努めている。

第3節　ハラスメント対策

ハラスメント対策については、規則10－10（セクシュアル・ハラスメントの防止等）、規則10－15（妊娠、出産、育児又は介護に関するハラスメントの防止等）及び規則10－16（パワー・ハラスメントの防止等）を定めている。これらの規則において、ハラスメントの防止等のための各省各庁の長の責務、ハラスメントの禁止、研修等の実施、苦情相談への対応等を定めるなど、ハラスメントの防止等を図っている。

① ハラスメント防止対策担当者会議等

各府省においてハラスメント防止対策を担当する職員を対象としたハラスメント防止対策担当者会議を人事院の本院及び地方事務局（所）で開催し、相談体制の整備に関する課題を共有するなど、担当者の認識を深め、各府省における施策の充実を図った。

また、各府省においてハラスメントに関する苦情相談を受ける相談員を対象としたセミナーを人事院の本院及び地方事務局（所）で開催し、相談員の知識、技能等の向上を図り、相談しやすい体制作りを促進した。

さらに、「ハラスメント防止研修」の指導者養成コースを各府省の人事担当者等を対象に、「幹部・管理職員ハラスメント防止研修」を幹部・管理職員を対象に、人事院の本院及び各地方事務局（所）でそれぞれ実施し、ハラスメントの防止等に関する職員の意識の向上、管理・監督者の果たすべき責務・役割についての理解の徹底等を図った。

② 国家公務員ハラスメント防止週間

職員の認識向上や、ハラスメント防止対策の組織的、効果的な実施のため、毎年12月4日から10日までを「国家公務員ハラスメント防止週間」と設定し、各府省に対して、防止週間の期間中における周知・啓発等の一層の取組を求めている。人事院においても、防止週間における取組の一環として、ハラスメントの防止等に関する啓発、助言、情報の提供等を行うための講演会を開催しており、令和4年度においては、仙台市、高松市及び那覇市で開催した。

また、各府省においてハラスメント防止対策が適切に実施されるよう、ハラスメント防止週間に合わせて、全職員向けにハラスメントの基礎的事項を理解させることに主眼を置いた自習用研修教材の改訂版を各府省に提供した。

第4節　育児休業等制度

① 育児休業制度等の利用の促進

公務における育児休業、育児短時間勤務及び育児時間は、仕事と育児の両立を可能にする観点から、育児休業法により、子を養育する職員の継続的な勤務を促進し、もってその福祉を増進するとともに、公務の円滑な運営に資することを目的として設けられている。

これら育児休業等の両立支援制度の利用を促進するため、制度説明資料やハンドブックの改

訂・配布等を通じ、各府省に対して、制度の周知や環境の整備を図ることなど積極的な取組を要請している。また、育児休業法が改正され、令和4年10月1日に施行されたことを踏まえ、管理職員向けの研修教材や職員向け制度周知リーフレットを作成し、各府省への配布等を行った。さらに、「妊娠・出産・育児・介護と仕事の両立支援制度の活用に関する指針」を周知するなどして、性別にかかわりなく両立支援制度が適切に活用されるよう各府省に求めている。

② 育児休業等の取得状況

一般職の国家公務員を対象とした令和3年度における育児休業等の取得状況についての調査結果は、以下のとおりである。

(1) 育児休業

ア　新規取得者数及び取得率

令和3年度に新たに育児休業をした常勤職員（以下「新規取得者」という。）は5,672人（男性3,654人、女性2,018人）で、前年度に比べ588人増加（男性564人増加、女性24人増加）している（資料5-2）。

令和3年度の常勤職員の育児休業の取得率は、図5-5のとおりで、男性62.8%、女性105.2%となっている。前年度に比べ、男性は11.4ポイントの増加、女性は5.6ポイントの増加（前年度　男性51.4%、女性99.6%）となり、男性は初の6割超えとなっている。

また、令和3年度に新たに育児休業をした非常勤職員は306人（男性7人、女性299人）で、前年度に比べ30人増加（男性1人減少、女性31人増加）しており、取得率は、男性50.0%、女性102.7%となっている。

図5-5　育児休業取得率（常勤職員）

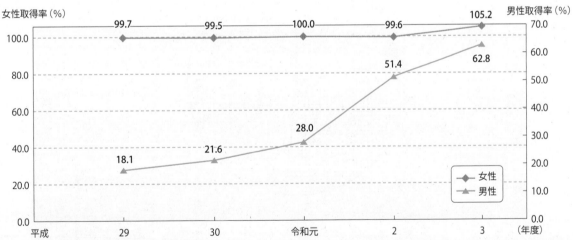

（注）　1　令和3年度の「取得率」は、令和3年度中に子が生まれた職員（育児休業の対象職員に限る）の数（a）に対する同年度中に新たに育児休業をした職員数（b）の割合（b／a）をいう。（b）には、令和2年度以前に子が生まれたものの、当該年度には取得せずに、令和3年度になって新たに取得した職員が含まれるため、取得率が100％を超えることがある。
　　　2　令和2年度の「取得率」は、令和2年度中に新たに育児休業が可能となった職員数（a）に対する同年度中に新たに育児休業をした職員数（b）の割合（b／a）をいう。（b）には、令和元年度以前に新たに育児休業が可能となったものの、当該年度には取得せずに、令和2年度になって新たに取得した職員が含まれるため、取得率が100％を超えることがある。令和元年度以前の「取得率」も同様である。

イ　新規取得者の育児休業期間

　新規取得者の育児休業期間の状況は図5－6及び図5－7のとおりで、育児休業期間の平均は7.1月（男性1.8月、女性16.7月）（前年度7.6月）となっている。

図5-6　育児休業期間の状況（男性）

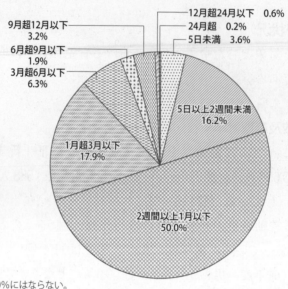

（注）　端数処理の関係で総計が100%にはならない。

図5-7　育児休業期間の状況（女性）

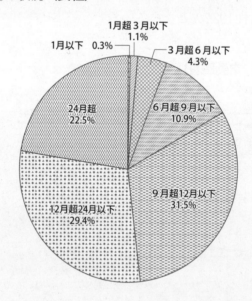

ウ　新規取得者の代替措置

　新規取得者に係る代替措置の状況は図5－8のとおりで、「業務分担の変更等」が76.8%と最も多く、次いで「任期付採用」が11.5%となっている。

図5-8　代替措置の状況（男女計）

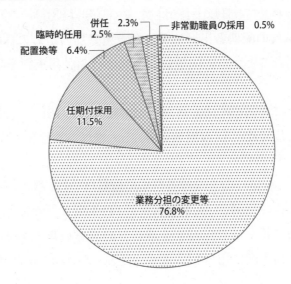

併任　2.3%
非常勤職員の採用　0.5%
臨時的任用　2.5%
配置換等　6.4%
任期付採用　11.5%
業務分担の変更等　76.8%

エ　職務復帰等の状況

　令和3年度に育児休業を終えた常勤職員のうち、育児休業中に退職した者又は職務復帰日に退職した者は、合わせて0.9%となっており、育児休業を終えた者の99.1%（前年度99.4%）が職務に復帰している。

（2）配偶者出産休暇及び育児参加のための休暇

ア　配偶者出産休暇

　令和3年度に子が生まれた男性の常勤職員（5,987人）のうち、配偶者出産休暇を使用した者の割合は92.2%（5,520人）（前年度91.8%（5,521人））、平均使用日数は1.9日（前年度1.9日）となっている。

　また、令和4年1月～3月に子が生まれた男性の非常勤職員（配偶者出産休暇の使用対象である職員に限る。）のうち、配偶者出産休暇を使用した者の割合は91.5%（43人）、平均使用日数は1.9日となっている。

イ　育児参加のための休暇

　令和3年度に子が生まれた男性の常勤職員（5,987人）のうち、育児参加のための休暇を使用した者の割合は92.7%（5,547人）（前年度92.1%（5,540人））、平均使用日数は4.6日（前年度4.6日）となっている。

　また、令和4年1月～3月に子が生まれた男性の非常勤職員（育児参加のための休暇の使用対象である職員に限る。）のうち、育児参加のための休暇を使用した者の割合は89.4%（42人）、平均使用日数は4.6日となっている。

ウ　配偶者出産休暇及び育児参加のための休暇を合わせた使用状況

　令和3年度に子が生まれた男性の常勤職員（5,987人）のうち、配偶者出産休暇又は育児参加のための休暇を使用した者の割合は95.3%（5,704人）（前年度95.0%（5,714人））、配偶者出産休暇と育児参加のための休暇を合わせて5日以上使用した者の割合は87.1%（5,214人）（前年度87.0%（5,235人））となっている。

　令和4年1月～3月に子が生まれた男性の非常勤職員（配偶者出産休暇及び育児参加のための休暇の使用対象である職員に限る。）のうち、配偶者出産休暇又は育児参

　　加のための休暇を使用した者の割合は95.7%（45人）、配偶者出産休暇と育児参加のための休暇を合わせて5日以上使用した者の割合は83.0%（39人）となっている。

　　（注）　非常勤職員の配偶者出産休暇及び育児参加のための休暇については令和4年1月に新設されたことから、同年1～3月における使用実態を調査している。

（3）育児短時間勤務

　　令和3年度に新たに育児短時間勤務をした常勤職員は161人（男性34人、女性127人）となっており、前年度に比べ13人増加（男性5人増加、女性8人増加）している。

（4）育児時間

　　令和3年度に新たに育児時間を取得した常勤職員は1,657人（男性325人、女性1,332人）となっており、前年度に比べ235人増加（男性149人増加、女性86人増加）している。

　　また、令和3年度に新たに育児時間を取得した非常勤職員は24人（男性1人、女性23人）となっており、前年度に比べ15人減少（男性2人減少、女性13人減少）している。

第5節　自己啓発等休業制度及び配偶者同行休業制度

　　自己啓発等休業制度は、公務において行政課題の複雑・高度化が顕著となっている情勢に対応できるよう、職員について幅広い能力開発を促進していく必要がある等の観点から、自己啓発等休業法により、自発的に職務を離れて大学等で修学することや国際貢献活動への参加を通して国際協力に資することを希望する意欲ある職員に対し、職員としての身分を保有しつつ、職務に従事しないことを認めることができる無給の休業制度である。

　　令和3年度に新たに自己啓発等休業をした常勤職員は16人（男性7人、女性9人）となっており、前回調査（令和元年度）に比べ10人減少（男性5人減少、女性5人減少）している。また、休業事由別に見ると、大学等における修学が16人、国際貢献活動が0人となっており、平均休業期間は1年4月（令和元年度1年6月）となっている。

　　配偶者同行休業制度は、公務において今後の活躍が期待される有為な職員の継続的な勤務を促進し、もって公務の円滑な運営に資する観点から、配偶者同行休業法により、外国で勤務等することとなった配偶者と生活を共にすることを希望する職員に対し、職員としての身分を保有しつつ、職務に従事しないことを認めることができる無給の休業制度である。

第6節　災害補償

　　災害補償制度は、職員が公務上の災害（公務災害）又は通勤による災害（通勤災害）を受けた場合に、その災害によって生じた損害の補填（補償）と、被災職員の社会復帰の促進及び職員・遺族の援護を図るために必要な事業（福祉事業）を行うことを目的としている。現在、補償法等において12種類の補償及び18種類の福祉事業が定められている。その直接の実施には各実施機関（各府省等）が当たり、人事院は、補償法の完全な実施のため、実施に係る基準の制定、実施機関が行う補償等の実施についての総合調整等を行っている。

① 災害補償の制度改正

　　次の事項について改正を行い、令和4年4月1日から施行した。

（1）介護補償

介護補償の最高限度額及び最低保障額を次のように改定した（「災害補償制度の運用について」（昭和48年事務総長通知）の一部改正）。

		～令和4年3月31日	令和4年4月1日～
常時介護	最高限度額	171,650円	171,650円（改定なし）
	最低保障額	73,090円	75,290円
随時介護	最高限度額	85,780円	85,780円（改定なし）
	最低保障額	36,500円	37,600円

（2）平均給与額の改定率等

一般職の国家公務員の給与水準の変動等に対応して、次の事項について改正を行った。

ア　年金たる補償に係る令和4年度の補償額の算定に用いる平均給与額の改定率等（平成2年人事院公示第8号の一部改正）

イ　年金たる補償等に係る令和4年度の平均給与額の最低限度額及び最高限度額（平成4年人事院公示第6号の一部改正）

ウ　令和4年度の遺族補償一時金等の算定における既支給額の再評価率（平成4年人事院公示第7号の一部改正）

エ　平均給与額の最低保障額（平成8年人事院公示第11号の一部改正）

❷　災害補償の実施状況

人事院では、毎年、各実施機関から前年度における補償及び福祉事業の実施状況について報告を受けている。

補償法は、常勤職員・非常勤職員を問わず、一般職の国家公務員に適用され、その適用対象職員数は約45.7万人（令和3年7月現在）である。

令和3年度に実施機関が公務災害又は通勤災害と認定した件数は1,936件（公務災害1,210件、通勤災害726件）であった（図5−9）。

図5-9　公務災害及び通勤災害の認定件数の推移

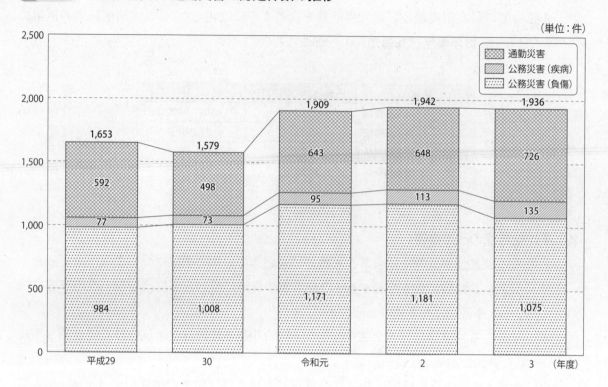

公務災害（1,210件）については、負傷によるものが1,075件（88.8%）、疾病によるものが135件（11.2%）となっている。疾病のうち、新型コロナウイルス感染症によるものは56件となっている。

通勤災害（726件）については、出勤途上のものが520件（71.6%）、退勤途上のものが206件（28.4%）となっている（図5－10）。

図5-10　公務災害及び通勤災害の事由別認定状況（令和3年度）

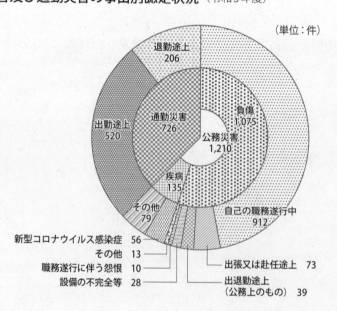

令和3年度に実施機関が実施した補償及び福祉事業の件数は7,186件（補償4,701件、福祉事業2,485件）であり、その金額は約57.2億円（補償約46.6億円、福祉事業約10.6億円）となっている（図5－11、資料5－3）。

図5-11　補償及び福祉事業の種類別実施金額（令和3年度）

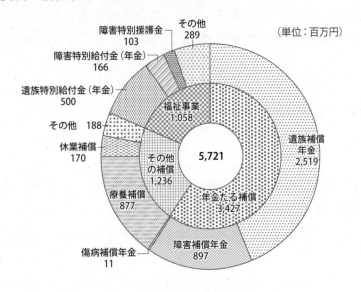

（注）端数を四捨五入しているため、各項目の金額を足し上げた数値と合計が一致しない場合がある。

③　災害補償制度の運営

（1）補償制度の適正な運営

　　令和5年1月現在、27の国の機関及び8の行政執行法人等が実施機関として被災職員等に対し補償及び福祉事業の直接的な実施に当たっており、人事院は、実施に係る基準等を定めるほか、各実施機関における公務災害及び通勤災害の認定、障害等級の決定等について、必要に応じて協議、相談に応じている。

　　また、実施機関における迅速かつ適正な補償等の実施のために、実施機関の担当者等の災害補償に係る制度や認定実務に対する理解を深めることを目的として、担当官会議（令和4年4月）、実務担当者研修会（同年5月）、業務研究会（同年10月）を開催した。令和4年度は新型コロナウイルス感染症の感染拡大防止のため、これら研修等をオンライン形式で実施した。

（2）年金たる補償等の支給に係る承認

　　各実施機関が年金たる補償又は特別給付金の支給決定を行う場合には、人事院において承認手続を通じて災害の内容や補償額等を確認している。令和4年度の承認件数を補償等の種類別にみると、表5-2のとおりである。

表5-2　令和4年度における年金たる補償等の支給に係る承認件数

補償等の種類	承認件数 計	公務災害	通勤災害
傷病補償年金	0	0	0
障害補償年金	5	2	3
遺族補償年金	3	2	1
傷病特別給付金（年金）	0	0	0
障害特別給付金（年金）	4	2	2
遺族特別給付金（年金）	3	2	1

（3）民間企業の法定外給付調査

　　毎年人事院が実施している「民間企業の勤務条件制度等調査」の中で、労働者災害補償保険法による給付以外に個々の企業が独自の給付を行ういわゆる法定外給付に関する調査を行っている。

　　令和3年の調査結果をみると、業務災害による死亡について52.7%、通勤災害による死亡について46.7%の企業が法定外給付を行っている。

第7節　監査

　　人事院は、職員の給与、健康安全及び公務上の災害又は通勤による災害に対する補償の適正な実施等を確保するため、給与簿監査、健康安全管理状況監査及び災害補償実施状況監査を実施している。

　　令和4年度は、新型コロナウイルス感染症の感染拡大防止の観点から、実地検査における関係職員間の接触機会を低減させるよう、可能な範囲であらかじめ電子媒体により提供を受けた給与関係書類を検査することとし、また、実地検査においては感染予防対策を徹底した上で、598機関について監査を実施した。

① 給与簿監査

　　職員の給与が法律、規則等に適合して行われることを確保することを目的に、給与簿の検査を行うとともに、不当事項等を発見したときには、その是正の確保を図るため、必要な指導を行う給与簿監査を毎年実施している。

　　令和4年度は、俸給制度及び諸手当において近年改正のあった事項に留意しつつ、職員の給与全般にわたって、512機関を対象として実施した。平成29年度から電子的手法を用いた監査を推進してきているところ、令和4年度においても新型コロナウイルス感染症の感染予防対策の一つとして、各府省に給与関係書類の一層の電子化を依頼し、あらかじめ電子媒体により提供を受けて各府省関係職員の立会いなく検査する事前監査を拡大した。

　　監査の結果、全体的にはおおむね良好に処理されていると認められたものの、一部に法規の理解不足等に起因する誤りが認められたので、その是正の確保を図るため、必要な指導を行った。

② 健康安全管理状況監査

　　職員の保健及び安全保持が法律、規則等に適合して行われることを確保することを目的に、その実施状況について監査を行うとともに、不当事項等を発見したときには、その是正の確保を図るため、必要な指導を行う健康安全管理状況監査を毎年実施している。

　　令和4年度は、有害物質を取り扱う業務、設備等を多く保有する機関のほか、適切な健康管理が必要となる繁忙業務の多い本府省に留意しつつ、63機関を対象として実施した。

　　監査の結果、重大な健康障害や災害に直結するような違反等は認められなかったものの、一部に法規の理解不足等に起因する誤りが認められたので、その是正の確保を図るため、必要な指導を行った。

③ 災害補償実施状況監査

職員の公務上の災害又は通勤による災害の認定並びにこれらの災害に係る補償及び福祉事業が法律、規則等に適合して行われることを確保することを目的に、その実施状況について監査を行うとともに、不当事項等を発見したときには、その是正の確保を図るため、必要な指導を行う災害補償実施状況監査を毎年実施している。

令和4年度は、令和2年4月1日以降に行われた公務上の災害又は通勤による災害の認定並びにこれらの災害に係る補償及び福祉事業の実施状況を中心に、23機関を対象として実施した。

監査の結果、全体的にはおおむね良好に処理されていると認められたものの、一部に法規の理解不足等に起因する誤りが認められたので、その是正の確保を図るため、必要な指導を行った。

第8節 服務及び懲戒

国公法第96条第1項は、服務の根本基準として、「すべて職員は、国民全体の奉仕者として、公共の利益のために勤務し、且つ、職務の遂行に当たつては、全力を挙げてこれに専念しなければならない。」と規定している。この根本基準の趣旨を具体的に実現するため、同法は、職員に対し、法令及び上司の職務上の命令に従う義務、職務上知り得た秘密を守る義務、争議行為及び信用失墜行為の禁止、政治的行為の制限、私企業からの隔離などの職員に対する服務上の制限を課している。また、服務規律保持のために、非違行為に対する懲戒制度が設けられている。

これを受けて、任命権者においては、職員に服務義務違反が生じた場合に、速やかにその事実関係を十分把握した上で懲戒処分を行うなど厳正に対処することが求められる。また、人事院においても各府省等に対し、従来より種々の機会を通じて、服務規律の保持と再発防止策の実施について徹底を図っている。

① 服務

職員の服務に関する事項のうち、政治的行為の制限、私企業からの隔離等については人事院が直接所掌している。これらの事項については、制度の周知徹底や適正な運用の確保を図るため、令和4年度においても、各府省等に対し、日常の具体的事例に関する照会回答等の機会を通じて、適切な処理についての指導を行った。

また、服務・懲戒制度全般の趣旨を徹底させるため、例年、本府省、地方支分部局等の人事担当者を対象に服務・懲戒制度の説明会を実施してきているが、令和4年度においては、前年度と同様、新型コロナウイルス感染症の感染拡大防止の観点から、また、テレワーク勤務の拡大を踏まえ、音声解説付きの制度説明資料の電子的な作成・配布を通じて、制度の周知徹底を図った。加えて、職員に全体の奉仕者としての自覚を促し、服務・懲戒制度について理解を深めてもらうため、各府省等職員を対象とするeラーニングシステムを活用した服務・懲戒制度研修を令和4年4月期及び10月期の2期において実施した。

② 懲戒

（1）懲戒制度の概要、懲戒処分に関する指導等

各府省等の任命権者は、職員が、①国公法若しくは倫理法又はこれらの法律に基づく命令に違反した場合、②職務上の義務に違反し、又は職務を怠った場合、③国民全体の奉仕者たるにふさわしくない非行のあった場合のいずれかに該当するときは、当該職員に対し、懲戒処分として免職、停職、減給又は戒告の処分をすることができることとされている（国公法第82条第1項）。その具体的手続は、国公法及び規則12－0（職員の懲戒）に定められている。

人事院は、毎年の懲戒処分の状況を公表するとともに、各府省等に対し、担当者会議等の機会を通じて、懲戒制度の厳正な運用について徹底を図っている。

（2）懲戒処分の状況

令和4年に懲戒処分を受けた職員数は234人（免職17人、停職49人、減給118人、戒告50人）であり、前年に比べて18人減少している。

処分数を府省等別に見ると、法務省が最も多く、次いで国税庁、国土交通省、厚生労働省及び海上保安庁の順になっている。また、処分の事由別に見ると、公務外非行関係（窃盗、暴行等）、一般服務関係（欠勤、勤務態度不良等）、交通事故・交通法規違反関係、通常業務処理関係（業務処理不適正、報告怠慢等）の順に多くなっている（資料5－4、5－5）。

令和4年中において、懲戒処分を行った事例としては、国家公務員倫理規程違反事案を除くと、以下のようなものがあった。

● 基幹統計調査における不適切な事務処理事案

国土交通省の建設工事受注動態統計調査について、提出が遅れた過月分調査票を当月分として合算処理を行っていたところ、これら提出が遅れた調査票を補完するための新たな推計手法を導入した以降も合算処理が行われ、結果として二重計上の状態となっていた。この問題を的確に把握しなかったことにより不適切処理が継続され、また、把握した以降においても、その把握した事実や問題点を公表せず、不適切な状態のまま調査結果の公表を継続したなどとして、同省において、当時の担当部局管理職職員を含む4人に対して減給処分が、1人に対して戒告処分が行われた。このほか、すでに退職していた職員1人に対して減給処分相当として自主返納の要請が行われ、出向中の職員1人に対して国復帰時に減給処分が行われる予定となっている。また、当時の担当職員1人並びに組織管理上の責任者として事務次官及び国土交通審議官1人に対して訓告の矯正措置が行われた。

● 補助金等不正受給事案

・　IT導入補助金不正受給事案

中小企業等がITツールを導入する経費の補助として国から支給されるサービス等生産性向上IT導入支援事業費補助金を、他者と共謀の上、四つの合同会社の名義で申請し、詐取していたとして、厚生労働省の他の職員を管理・監督する地位にある職員1人に対して免職処分が行われた。

・　持続化給付金不正受給等事案

　　新型コロナウイルス感染症拡大により特に大きな影響を受けている事業者に対し国から支給される持続化給付金の不正給に加担したとして、国税庁職員1人に対して免職処分が行われた。

　各任命権者は、懲戒処分が行われるべき事件が刑事裁判所に係属している間においても、人事院の承認を経て、適宜、懲戒処分を行うことができることとされている（職員が、公判廷における供述等により、懲戒処分の対象とする事実で公訴事実に該当するものがあることを認めている場合には、人事院の承認があったものとして取り扱うことができる。）。この手続により、令和4年においては、8省等で14人（免職4人、停職4人、減給5人、戒告1人）に対して懲戒処分が行われた。

③ 兼業

（1）営利企業の役員等との兼業

　　国公法第103条並びに規則14－17（研究職員の技術移転事業者の役員等との兼業）、規則14－18（研究職員の研究成果活用企業の役員等との兼業）及び規則14－19（研究職員の株式会社の監査役との兼業）により、研究職員は、所轄庁の長等の承認があった場合は、営利企業の役員等の職を兼ねることができるとされているが、令和4年において所轄庁の長等が新たに承認をしたという人事院への報告はなかった。

（2）自営に係る兼業

　　国公法第103条及び規則14－8（営利企業の役員等との兼業）により、職員は、所轄庁の長等の承認があった場合は、自ら営利企業を営むことができるとされている。

　　所轄庁の長等が自営に係る兼業を承認したとして、各府省等から人事院に報告のあった件数の合計は、令和4年は281件であった。兼業の主な内容は、マンション・アパートの経営、駐車場・土地の賃貸、太陽光電気の販売などとなっている。

（3）株式所有による経営参加の報告

　　国公法第103条及び規則14－21（株式所有により営利企業の経営に参加し得る地位にある職員の報告等）により、職員は、株式所有により営利企業の経営に参加し得る地位にある場合は、所轄庁の長等を経由して人事院に報告し、人事院が職務遂行上適当でないと認める場合は、その旨を当該職員に通知することとされてきた。令和4年7月1日に同規則を改正し、明示された基準を満たしている場合には所轄庁の長等限りにおいて報告を受領することができるよう措置した。令和4年において、職員2人から株式所有に係る報告があったが、職務遂行上適当でないとは認められなかった。

第5章　補足資料

資料5-1　一般定期健康診断実施状況（令和3年度）

検査項目	年齢区分	対象職員数(A) 人 (%)	受診実人員(B) 人 [%]	受診率 (B/A×100) %	精密検査対象者率 %	精密検査実施率 %	経過観察実施率 %	要医療 該当者数(C) 人	要医療 該当者率(C/B×100) %	要観察 該当者数(D) 人	要観察 該当者率(D/B×100) %	事後措置 該当者数(E) 人	事後措置 該当者率(E/(C+D)×100) %
肺　肺がん胸部X線検査	40歳以上	183,954 (62.9)	165,178 [57.4]	89.8	0.9	59.5	0.1	1,032	0.4	1,853	0.8	18	0.6
肺　肺がん胸部X線検査	40歳未満	108,606 (37.1)	75,223 [10.5]	69.3	0.3	61.4	0.0						
肺　結核胸部X線検査		292,560 (100.0)	267,973 [39.9]	91.6	0.6	42.6	0.0	565	0.2	1,565	0.6	9	0.4
肺　喀痰細胞診	40歳以上	17,280 (5.9)	13,124 [28.6]	75.9	1.0	54.7	0.0	47	0.3	89	0.7	1	0.7
肺　喀痰細胞診	40歳未満	581 (0.2)	355 [27.9]	61.1	0.3	100.0	0.0						
循環器　血圧測定		292,560 (100.0)	275,095 [39.8]	94.0	2.6	54.8	0.5	11,870	4.3	10,246	3.7	44	0.2
循環器　血糖検査	35歳・40歳以上	189,708 (64.8)	178,535 [56.8]	94.1	2.8	57.4	0.5	6,242	2.6	5,978	2.5	32	0.3
循環器　血糖検査	35歳未満・36〜39歳	102,852 (35.2)	63,769 [11.7]	62.0	0.5	40.8	0.0						
循環器　尿検査 蛋白		292,560 (100.0)	274,188 [39.9]	93.7	1.0	59.7	0.1	1,246	0.5	2,988	1.1	16	0.4
循環器　尿検査 糖		292,560 (100.0)	274,186 [39.9]	93.7	0.8	55.9	0.1	2,064	0.8	1,808	0.7	11	0.3
循環器　心電図検査	35歳・40歳以上	189,708 (64.8)	173,560 [55.6]	91.5	1.5	59.0	0.3	2,225	1.1	4,710	2.3	29	0.4
循環器　心電図検査	35歳未満・36〜39歳	102,852 (35.2)	27,730 [25.2]	27.0	0.6	60.8	0.1						
循環器　LDLコレステロール検査	35歳・40歳以上	189,708 (64.8)	178,526 [56.8]	94.1	4.9	52.2	0.8	11,208	4.6	15,214	6.3	46	0.2
循環器　LDLコレステロール検査	35歳未満・36〜39歳	102,852 (35.2)	63,901 [11.8]	62.1	3.8	56.5	0.3						
循環器　HDLコレステロール検査	35歳・40歳以上	189,708 (64.8)	178,529 [56.8]	94.1	1.5	53.1	0.3	3,348	1.4	5,596	2.3	28	0.3
循環器　HDLコレステロール検査	35歳未満・36〜39歳	102,852 (35.2)	63,872 [11.8]	62.1	1.4	60.7	0.3						
循環器　中性脂肪検査	35歳・40歳以上	189,708 (64.8)	178,535 [56.8]	94.1	2.8	51.2	0.5	6,010	2.5	9,578	4.0	44	0.3
循環器　中性脂肪検査	35歳未満・36〜39歳	102,852 (35.2)	63,897 [11.8]	62.1	1.9	62.0	0.1						
循環器　貧血検査	35歳・40歳以上	189,708 (64.8)	178,514 [56.8]	94.1	1.2	59.3	0.2	1,531	0.6	3,082	1.3	18	0.4
循環器　貧血検査	35歳未満・36〜39歳	102,852 (35.2)	63,732 [11.8]	62.0	1.2	70.5	0.1						
胃　胃の検査	40歳以上	183,954 (62.9)	97,562 [40.8] / 61,104 [95.6]	86.3	2.2	53.5	0.5	2,132（717 / 212 / 1,203）	1.2（0.4 / 0.1 / 0.7）	9,347（2,726 / 949 / 5,672）	5.4（1.6 / 0.6 / 3.3）	24（16 / 1 / 7）	0.2（0.5 / 0.1 / 0.1）
胃　胃の検査	40歳未満	108,606 (37.1)	8,732 [37.9] / 5,099 [95.7]	12.7	1.2	50.3	0.1						
肝臓　肝機能検査	35歳・40歳以上	189,708 (64.8)	178,403 [56.7]	94.0	5.9	55.1	0.8	6,214	2.6	13,035	5.4	59	0.3
肝臓　肝機能検査	35歳未満・36〜39歳	102,852 (35.2)	62,515 [12.0]	60.8	4.7	60.2	0.3						
大腸　便潜血反応検査	40歳以上	183,954 (62.9)	166,888 [58.4]	90.7	3.6	60.0	0.2	3,019	1.6	1,562	0.8	12	0.3
大腸　便潜血反応検査	40歳未満	108,606 (37.1)	18,455 [42.9]	17.0	2.9	63.9	0.0						
総数								58,753		86,651		391	

（注）　1　各検査項目の年齢区分欄の上段は、規則10-4運用通知別表第4で定められた対象者を示す。ただし、喀痰細胞診については、医師が必要でないと認める者を除く。
　　　　2　胃の検査の受診実人員欄の各年齢区分における上段は胃部エックス線検査、下段は胃内視鏡検査を示す。また、指導区分（医療の面）及び事後措置（生活規正の面）の各該当者数及び該当者率欄における上段はがん、中段は潰瘍、下段はその他に係るものを示す。なお、胃の検査の「受診率」、「精密検査対象者率」、「精密検査実施率」、「経過観察実施率」、「指導区分（医療の面）」及び「事後措置（生活規正の面）」の数値については、両検査を合算して算出したものである。
　　　　3　「対象職員数」欄の（　）内は、全職員に対する割合を示す。
　　　　4　「受診実人員」欄の［　］内は、受診実人員に占める総合的な健康診断を受診した者の割合を示す。
　　　　5　精密検査対象者率は、精密検査対象者数の受診実人員に対する割合を示す。
　　　　6　精密検査実施率は、精密検査実施数の精密検査対象者数に対する割合を示す。
　　　　7　経過観察実施率は、経過観察実施数の受診実人員に対する割合を示す。

（単位：人）

休業者の種類	対象職員数（常勤職員）	平成4年度 約82万人	令和元年度 約28万人	うち新規	令和2年度 約28万人	うち新規	令和3年度 約28万人	うち新規
育児休業取得者（常勤職員）		4,224	6,689	3,643	8,146	5,084	8,939	5,672
	うち男性	23	1,886	1,679	3,427	3,090	4,189	3,654
	女性	4,201	4,803	1,964	4,719	1,994	4,750	2,018
育児短時間勤務取得者（常勤職員）		−	292	146	284	148	288	161
	うち男性	−	35	21	44	29	41	34
	女性	−	257	125	240	119	247	127
育児時間取得者（常勤職員）		303	3,711	1,347	3,840	1,422	4,090	1,657
	うち男性	14	269	163	323	176	483	325
	女性	289	3,442	1,184	3,517	1,246	3,607	1,332

（参考）非常勤職員

		平成4年度	令和元年度	うち新規	令和2年度	うち新規	令和3年度	うち新規
育児休業取得者		−	360	256	375	276	401	306
	うち男性	−	13	6	11	8	10	7
	女性	−	347	250	364	268	391	299
育児時間取得者		−	58	43	60	39	47	24
	うち男性	−	6	4	6	3	3	1
	女性	−	52	39	54	36	44	23

（注）1　調査対象は、一般職の国家公務員である。
　　　2　対象職員数の減少は、主に、国立大学等の法人化により平成16年4月から国立大学等の職員が、日本郵政公社の民営化により平成19年10月から日本郵政公社の職員が、社会保険庁の廃止により平成22年1月から社会保険庁の職員が、（独）国立病院機構の非公務員型の法人への移行により平成27年4月から同機構の職員が対象外となったことによるものである。
　　　3　「−」は制度未導入であることを表す。

資料5-3　補償及び福祉事業の種類別実施状況

年度 補償及び福祉事業の種類		令和3年度		令和2年度		対前年度比（%）	
		件数（件）	金額（千円）	件数（件）	金額（千円）	件数（件）	金額（千円）
合　計		7,186	5,720,988	7,096	5,915,917	101.3	96.7
補償	小　計	4,701	4,663,069	4,571	4,834,880	102.8	96.4
	療養補償	2,479	877,003	2,293	859,657	108.1	102.0
	休業補償	490	170,105	509	185,769	96.3	91.6
	傷病補償年金	5	11,485	4	10,656	125.0	107.8
	障害補償　年金	427	896,557	436	939,843	97.9	95.4
	障害補償　一時金	83	116,811	70	122,629	118.6	95.3
	介護補償　常時	27	22,895	29	23,933	93.1	95.7
	介護補償　随時	29	11,485	31	13,698	93.5	83.8
	遺族補償　年金	1,154	2,519,440	1,193	2,671,575	96.7	94.3
	遺族補償　一時金	2	33,174	0	0	─	─
	葬祭補償	5	4,115	6	7,121	83.3	57.8
	障害補償年金差額一時金	0	0	0	0	─	─
	障害補償年金前払一時金	0	0	0	0	─	─
	遺族補償年金前払一時金	0	0	0	0	─	─
	予後補償	0	0	0	0	─	─
	行方不明補償	0	0	0	0	─	─
福祉事業	小　計	2,485	1,057,919	2,525	1,081,037	98.4	97.9
	外科後処置	3	102	2	103	150.0	99.0
	補装具	24	3,256	22	15,539	109.1	21.0
	リハビリテーション	16	8,907	18	8,697	88.9	102.4
	アフターケア	119	36,500	119	35,776	100.0	102.0
	休業援護金	488	57,365	507	59,972	96.3	95.7
	ホームヘルプサービス	1	839	1	815	100.0	103.0
	奨学援護金	28	9,494	35	11,136	80.0	85.3
	就労保育援護金	0	0	1	96	0.0	0.0
	傷病特別支給金	0	0	0	0	─	─
	障害特別支給金	95	26,440	81	17,330	117.3	152.6
	遺族特別支給金	6	18,000	6	18,000	100.0	100.0
	障害特別援護金	95	102,800	82	72,300	115.9	142.2
	遺族特別援護金	6	95,500	6	103,550	100.0	92.2
	傷病特別給付金	3	1,653	2	1,588	150.0	104.1
	障害特別給付金　年金	390	166,269	402	174,924	97.0	95.1
	障害特別給付金　一時金	81	23,952	77	24,505	105.2	97.7
	遺族特別給付金　年金	1,128	500,206	1,164	536,706	96.9	93.2
	遺族特別給付金　一時金	2	6,635	0	0	─	─
	障害差額特別給付金	0	0	0	0	─	─
	長期家族介護者援護金	0	0	0	0	─	─

（注）　金額欄は、端数を四捨五入しているため、各項目の金額を足し上げた数値と各項目の合計又は小計の欄の数値が一致しない場合がある。

(単位：人)

府省名等	処分数	免職	停職	減給	戒告	(参考) 対前年増減 令和3年処分数		(参考) 在職者数	在職者比 (%)
会計検査院	1				1	1	(0)	1,259	(0.08)
人事院	0					▲1	(1)	622	(0.00)
内閣官房	5	1	1	2	1	3	(2)	1,255	(0.40)
内閣法制局	0					0	(0)	76	(0.00)
内閣府	1			1		▲1	(2)	2,564	(0.04)
宮内庁	2		2			▲2	(4)	1,065	(0.19)
公正取引委員会	1			1		0	(1)	825	(0.12)
警察庁	3		1	2		0	(3)	8,701	(0.03)
個人情報保護委員会	1				1	1	(0)	167	(0.60)
カジノ管理委員会	0					0	(0)	143	(0.00)
金融庁	1		1			1	(0)	1,617	(0.06)
消費者庁	0					0	(0)	374	(0.00)
デジタル庁	0					▲1	(1)	409	(0.00)
復興庁	0					0	(0)	195	(0.00)
総務省	1		1			▲23	(24)	4,787	(0.02)
公害等調整委員会	0					0	(0)	36	(0.00)
消防庁	0					0	(0)	172	(0.00)
法務省	39	1	13	17	8	▲21	(60)	48,736	(0.08)
出入国在留管理庁	5	1	3		1	0	(5)	6,200	(0.08)
公安審査委員会	0					0	(0)	4	(0.00)
公安調査庁	2		1	1		▲2	(4)	1,685	(0.12)
外務省	3	1		1	1	▲4	(7)	6,536	(0.05)
財務省	13		1	8	4	7	(6)	16,930	(0.08)
国税庁	32	4	3	19	6	▲8	(40)	58,640	(0.05)
文部科学省	7			7		7	(0)	1,826	(0.38)
スポーツ庁	0					0	(0)	111	(0.00)
文化庁	1	1				1	(0)	292	(0.34)
厚生労働省	26	3	4	17	2	5	(21)	35,913	(0.07)
中央労働委員会	0					0	(0)	108	(0.00)
農林水産省	15		4	6	5	7	(8)	15,346	(0.10)
林野庁	3			2	1	▲4	(7)	4,896	(0.06)
水産庁	0					▲2	(2)	999	(0.00)
経済産業省	3		1	2		▲6	(9)	4,870	(0.06)
資源エネルギー庁	0					▲1	(1)	454	(0.00)
特許庁	1			1		1	(0)	2,829	(0.04)
中小企業庁	0					0	(0)	199	(0.00)
国土交通省	31	2	3	20	6	9	(22)	40,311	(0.08)
観光庁	0					0	(0)	209	(0.00)
気象庁	5		2	2	1	4	(1)	4,995	(0.10)
運輸安全委員会	0					0	(0)	179	(0.00)
海上保安庁	26	3	8	4	11	7	(19)	14,573	(0.18)
環境省	2			2		2	(0)	2,126	(0.09)
原子力規制庁	0					0	(0)	1,052	(0.00)
防衛省	0					0	(0)	24	(0.00)
国立公文書館	0					0	(0)	62	(0.00)

	計	免職	停職	減給	戒告	増減		在職者数	構成比
統 計 セ ン タ ー	0					▲1	(1)	645	(0.00)
造 幣 局	1			1		0	(1)	846	(0.12)
国 立 印 刷 局	2			1	1	2	(0)	4,166	(0.05)
農林水産消費安全技術センター	1			1		1	(0)	641	(0.16)
製品評価技術基盤機構	0					0	(0)	416	(0.00)
駐留軍等労働者労務管理機構	0					0	(0)	281	(0.00)
計	234	17	49	118	50	▲18	(252)	301,367	(0.08)

(注)　1　「在職者数」は、府省については、内閣官房内閣人事局「一般職国家公務員在職状況統計表」（令和4年7月1日現在）、行政執行法人については、総務省「令和4年行政執行法人の常勤職員数に関する報告」（令和4年1月1日現在）による。
　　　2　「処分数」は、非常勤職員6人（延べ数、内訳は内閣官房2人、国税庁1人、厚生労働省3人）を含む。
　　　3　表中「▲」はマイナスを示す。
　　　4　構成比の数値については、端数処理の関係で合致しない場合がある。

資料5-5　事由別・種類別処分数（令和4年）

（単位：人）

処分事由 ＼ 処分の種類	免職	停職	減給	戒告	計
一般服務関係 （欠勤、勤務態度不良等）	4 (1)	12 (11)	31 (29)	15 (23)	62 (64)
通常業務処理関係 （業務処理不適正、報告怠慢等）	 (1)	7 (5)	8 (14)	2 (8)	17 (28)
公金官物取扱関係 （紛失、不正取扱等）		 (1)	1	3	4 (1)
横領等関係	3 (2)	1 (2)	7 (6)		11 (10)
収賄・供応等関係 （倫理法違反等）	 (2)	2 (2)	8 (19)	 (10)	10 (33)
交通事故・交通法規違反関係	2 (1)	12 (11)	12 (6)	11 (7)	37 (25)
公務外非行関係 （窃盗、暴行等）	8 (13)	15 (18)	49 (40)	17 (14)	89 (85)
監督責任関係			2 (1)	2 (5)	4 (6)
計	17 (20)	49 (50)	118 (115)	50 (67)	234 (252)

(注)　1　処分事由が複数ある事案については、主たる事由で分類している。
　　　2　（　）内の数字は、令和3年の処分数である。

第6章　職員団体

　一般職の国家公務員（行政執行法人職員を除く。）は、国公法第108条の2の規定により、警察職員及び海上保安庁又は刑事施設で勤務する職員（本章第1節において「警察職員等」という。）を除き、勤務条件の維持改善を図ることを目的として職員団体を結成することができることとされている。

　職員団体制度の周知徹底を図るため、例年、人事院の本院及び地方事務局（所）において、本府省及び各府省の地方支分部局等の担当者に対する説明会を開催してきているが、令和4年度においては、前年度と同様、新型コロナウイルス感染症の感染拡大防止の観点から、また、テレワーク勤務の拡大を踏まえ、説明会の実施に代えて、音声解説付きの制度説明資料の電子的な作成、配布を行った。

第1節　管理職員等の範囲

　国公法第108条の2の規定により、重要な行政上の決定を行う職員、管理的又は監督的地位にある職員及び職員団体との関係において当局の立場に立って遂行すべき職務を担当する職員である「管理職員等」とそれ以外の職員とは、同一の職員団体を組織することができないこととされている。

　管理職員等の範囲については、規則17-0（管理職員等の範囲）の別表で、組織区分に応じて具体的に定められており、行政機関の組織又は官職の改廃等があった場合には、それに適応するよう同規則別表の改正が行われている。令和4年度は4回の改正を行った。

　令和4年度末における管理職員等の総数は38,421人であり、定員（警察職員等を除く。）238,517人に対する割合は16.1％であった（資料6-1）。

第2節　職員団体の登録

　職員団体の登録制度は、職員団体が国公法に定める要件を満たした民主的かつ自主的な団体であることを人事院が公証するものであり、これによって、交渉等における当局と職員団体との関係の円滑化を図り、安定した労使関係の確立を期待しているものである。

　国公法第108条の3及び規則17-1（職員団体の登録）の規定に基づく令和4年度の新規登録は6件であり、登録の抹消は27件であった。この結果、令和4年度末における登録職員団体の総数は1,252団体となり、職員団体加入人員（以下「加入人員」という。）は67,463人（管理職員等による職員団体（10団体）を除いた加入人員は67,188人）となっている。

　また、規約等の登録事項の変更に伴う変更登録は991件であった（資料6-2）。

第3節　職員団体のための職員の行為

① 在籍専従

　職員は職員としての身分を保有したまま、職員団体の業務に専ら従事することはできないが、所轄庁の長の許可を受けた場合には登録職員団体の役員として専ら当該団体の業務に従事

すること（いわゆる在籍専従）が認められている（国公法第108条の6）。その最長期間については、国公法附則第7条により、当分の間、7年以下の範囲内で規則で定める期間とされ、規則により7年と定められている（規則17－2（職員団体のための職員の行為）第8条）。

令和4年末における在籍専従者数は81人であった（資料6－3）。

② 短期従事

在籍専従以外に、職員は登録職員団体の役員、議決機関の構成員等として、所轄庁の長の許可を受けて、1日又は1時間を単位として年間30日の範囲内でその職員団体の業務に短期に従事することができることとされている（規則17－2第6条）。令和4年中の短期従事者数は137人で、その総従事期間は748日7時間であった（資料6－4）。

第4節　職員団体等の法人格

① 登録職員団体

登録職員団体は、法人格法第3条第1項の規定により、法人となる旨を人事院に申し出ることにより、法人となることができることとされている。令和4年度末において、法人格を付与されている登録職員団体は150団体となっている（資料6－5）。

② 認証職員団体等

登録されていない職員団体等の申請に基づき、その規約が要件を満たすものであると人事院が認証した場合は、その職員団体等が主たる事務所の所在地において設立の登記をすることにより法人格が付与されることとされている（法人格法及び規則17－3（職員団体等の規約の認証））。令和4年度末において、人事院が認証機関として規約を認証している職員団体等は5団体となっている。

第5節　職員団体との会見

人事院は、職員の勤務条件に関し、勧告、規則の制定・改廃などを行うに当たって、職員団体等と会見を行うことを通じて、意見、要望などを聴き、施策に反映させることとしている。

令和4年の職員団体等との会見回数は、本院において72回、地方事務局（所）において118回の合計190回であった。その内容は、春闘統一要求・人勧要求関係が100回（52.6％）と最も多く、次いで級別定数の改定関係が82回（43.2％）、男女共同参画関係が5回（2.6％）などとなっている。

令和4年の会見回数は、新型コロナウイルス感染症の感染拡大の影響により職員団体において会見実施要請を見合わせていたものが再開したことなどにより、令和3年と比べ10回の増となった（図6）。

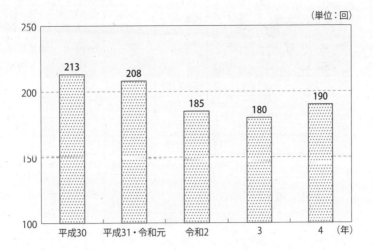

図6　職員団体等との会見回数

（単位：回）

平成30: 213
平成31・令和元: 208
令和2: 185
3: 180
4（年）: 190

第6章　補足資料

資料6-1　管理職員等の状況（令和5年3月31日現在）

区分 府省名	定員 （A） 人	管理職員等 （B） 人	割合 （B／A） %
内　閣　府	8,156	1,455	17.8
デジタル庁	411	90	21.9
復　興　庁	208	85	40.9
総　務　省	4,729	893	18.9
法　務　省	33,584	6,699	19.9
外　務　省	6,326	587	9.3
財　務　省	72,725	10,524	14.5
文部科学省	2,153	429	19.9
厚生労働省	33,647	3,952	11.7
農林水産省	19,889	3,393	17.1
経済産業省	7,976	1,256	15.7
国土交通省	44,638	8,352	18.7
環　境　省	2,182	379	17.4
防　衛　省	26	4	15.4
人　事　院	617	153	24.8
会計検査院	1,250	170	13.6
計	238,517	38,421	16.1

（注）「定員」は、令和4年度末の給与法適用職員（警察職員等を除く。）
　　　の定員に検察官の定員を加えたものである。

資料6-2 職員団体の登録状況 （令和5年3月31日現在）

区分／府省名	登録職員団体数				在職者数 (A) 人	加入人員数 (B) 人	職員団体加入率 (B/A) %	令和4年度登録件数		
	連合体団体	単一体団体	支部等団体	計団体				新規登録団体	変更登録団体	登録の抹消団体
内 閣 府		1	1	2	6,163	139	2.3		1	
デジタル庁					308					
復 興 庁					112					
総 務 省		2	12	14	3,548	1,289	36.3		5	5
法 務 省		1	30	31	24,562	3,255	13.3		17	
外 務 省					5,594					
財 務 省	16	16	669	701	60,225	26,778	44.5	4	621	4
文部科学省					1,688					
厚生労働省	7	6	52	65	28,100	16,226	57.7		60	
農林水産省		2	199	201	15,768	9,358	59.3	2	196	
経済産業省		2	1	3	6,397	609	9.5		2	
国土交通省		3	206	209	34,478	9,162	26.6		69	17
		1	9	10	5,905	275	4.7		9	
環 境 省		1		1	2,486	8	0.3			
防 衛 省					21					
人 事 院		1		1	461	17	3.7			
会計検査院		1		1	963	347	36.0		1	
そ の 他	6	4	3	13					10	1
計	29	41	1,182	1,252	190,874	67,188	35.2	6	991	27
令和3年度計	31	42	1,205	1,278	190,596	70,481	37.0	5	972	20

（注）1 「国土交通省」の下欄は、管理職員等で組織する職員団体に係るものであり、その「在職者数」は、当該職員団体に加入し得る職員の総数である。

2 「在職者数」は、令和4年7月1日現在の「一般職国家公務員在職状況統計表」（内閣官房内閣人事局調べ）における常勤職員数に検察官の数を加え、警察職員等及び管理職員等の数を除いたものである。

3 「加入人員数」は、登録職員団体の加入人員を合計したもの（同一人の重複を除く。）である。

4 「その他」は、構成員が2府省以上にわたるもの（国公関連労働組合連合会非現業国家公務員部会、日本国家公務員労働組合連合会行政職部会、沖縄非現業国家公務員労働組合等）であり、その「加入人員数」は、それぞれの該当府省の加入人員数に含まれている。

5 「計」欄のうち、「在職者数」、「加入人員数」及び「職員団体加入率」は、管理職員等で組織する職員団体に係るものを除いたものであり、登録職員団体のない府省（デジタル庁、復興庁、外務省、文部科学省及び防衛省）を除いた「在職者数」は183,151人、「職員団体加入率」は36.7％である（令和3年度計の同「在職者数」は183,180人、「職員団体加入率」は38.5％である。）。

資料6-3 在籍専従状況 （令和4年12月31日現在）

（単位：人）

区分／府省名	登録職員団体加入人員数	在籍専従者数
総 務 省	1,160	3
法 務 省	3,137	3
財 務 省	6,201	7
国 税 庁	20,503	32
厚生労働省	16,009	11
農林水産省	6,230	6
林 野 庁	3,099	7
国土交通省	8,997	12
計	65,336	81

（注）1 「登録職員団体加入人員数」は、在籍専従者を置く職員団体のみの加入人員数である。

2 在籍専従者のいない府省は省略した。ただし、気象庁は国土交通省に含めた。

区分 府省名	短期従事者数 人	延べ従事期間 日	時間
法　務　省	1	3	1
財　務　省	20	70	7
国　税　庁	14	140	3
厚生労働省	39	165	0
農林水産省	25	100	1
林　野　庁	34	245	7
国土交通省	4	23	5
計	137	748	7

（注）1 「延べ従事期間」は、短期従事者ごとの1年間（令和4年1月1日から12月31日まで）の短期従事の従事期間を合算したものであり、時間単位の期間については、7時間45分をもって1日に換算した。"
　　　2 短期従事者のいない府省は省略した。

資料6-5　**法人である登録職員団体数**（令和5年3月31日現在）

（単位：団体）

区分 府省名	連　合　体		単　一　体		支　部　等		計	
内　閣　府				(1)	1	(1)	1	(2)
総　務　省			2	(2)	5	(12)	7	(14)
法　務　省			1	(1)	21	(30)	22	(31)
財　務　省	1	(16)	15	(16)	70	(669)	86	(701)
厚生労働省		(7)	3	(6)	4	(52)	7	(65)
農林水産省			1	(2)		(199)	1	(201)
経済産業省			1	(2)		(1)	1	(3)
国土交通省			4	(4)	14	(215)	18	(219)
環　境　省				(1)				(1)
人　事　院			1	(1)			1	(1)
会計検査院			1	(1)			1	(1)
そ　の　他	4	(6)	1	(4)		(3)	5	(13)
計	5	(29)	30	(41)	115	(1,182)	150	(1,252)
法人の割合	17.2%		73.2%		9.7%		12.0%	

（注）1 「その他」は、構成員が2府省以上にわたるものである。
　　　2 （　）内は、登録職員団体数を示す。
　　　3 「法人の割合」は、区分ごとの登録職員団体数に占める法人格を付与されている登録職員団体数の割合である。

公平審査

　公平審査には、懲戒処分、分限処分などの不利益処分についての審査請求、勤務条件に関する行政措置の要求、災害補償の実施に関する審査の申立て等及び給与の決定に関する審査の申立ての仕組みがあり、それぞれ職員から人事院に対してなされた場合に、準司法的な所定の審査手続に従って、迅速かつ適切に事案の処理を行っている。人事院は、事案処理に関する目標を定め、その進捗状況等を定期的に把握するとともに、手続面での効率化を進めるなど、事案の早期処理に取り組んでいる。このほか、職員からの苦情相談を受け付け、各府省に対する働きかけを含め必要な対応を行っている。

　これらの公平審査の仕組みは、中立第三者機関である人事院が、職員の利益の保護、人事行政の公正の確保、ひいては公務の能率的な運営に資することを目的とするものである。また、勤務条件に関する行政措置の要求の仕組みは、給与勧告・報告の制度等と並び、職員の労働基本権制約の代償措置の一つとして位置付けられ、勤務条件の改善と適正化のため重要な意義を有するものでもある。

　令和4年度は、オンライン会議システムを活用し、証人尋問や当事者尋問、聞き取り調査等を実施した。また、同年度より、請求者等の利便性の向上等を図る観点から、オンラインによる審査請求等を始めとする当事者等との書面交換の電子化を実施している。今後も、公平審査における電子化を一層推進していくこととしたい。

不利益処分についての審査請求

　不利益処分についての審査制度（国公法第90条）は、職員からその意に反して降給、降任、休職、免職その他著しく不利益な処分又は懲戒処分を受けたとして審査請求があった場合に、人事院が、事案ごとに公平委員会を設置して審理を行わせ、公平委員会が作成した調書に基づき、処分の承認、修正又は取消しの判定を行うものである。

　人事院は、処分を修正し又は取り消した場合には、その処分によって生じた職員の不利益を回復するための処置を自ら行い、又は処分者に対し必要な処置を行うように指示することとされている。なお、人事院の判定は、行政機関における最終のものである。

　不利益処分の審査は、規則13－1（不利益処分についての審査請求）に定められた手続に従って行われ、集中審理を行うなどして事案の早期処理に努めている。

　令和4年度の係属件数は、前年度から繰り越した10件を加えて25件となった。その処理状況は、判定を行ったもの6件（処分承認6件）、取下げ・却下等9件であり、翌年度に繰り越したものは10件である（表7－1、資料7－1）。

表7-1　令和4年度不利益処分審査請求事案判定一覧

（1）懲戒処分

指令番号	判定年月日	原処分等	判定	審理方式
13-19	令和4年9月15日	免職（公金詐取）	承認	審尋
13-30	令和4年12月22日	減給1月（パワー・ハラスメント等）	承認	審尋
13-8	令和5年3月2日	停職1月（職場内秩序を乱す行為等）	承認	審尋

（2）分限処分

指令番号	判定年月日	原処分等	判定	審理方式
13-26	令和4年11月17日	免職（勤務実績不良、適格性欠如）	承認	非公開
13-5	令和5年2月16日	免職（心身の故障）	承認	審尋

（3）その他

指令番号	判定年月日	原処分等	判定	審理方式
13-13	令和4年5月19日	配置換	承認	審尋

（注）　審理方式は、請求者が、公開口頭審理、非公開口頭審理又は審尋審理（両当事者を対面させず非公開で行う審理）のいずれかを選択することとされており、表中「非公開」は非公開口頭審理を、「審尋」は審尋審理を示す。

第2節　勤務条件に関する行政措置の要求

　行政措置要求の制度（国公法第86条）は、職員から勤務条件に関し、適当な行政上の措置を求める要求があった場合に、人事院が必要な審査をした上で判定を行い、あるいはあっせん又はこれに準ずる方法で事案の解決に当たることで、職員が勤務条件の改善と適正化を能動的に求めることを保障するものである。

　行政措置要求の審査は、規則13-2（勤務条件に関する行政措置の要求）に定められた手続に従って行われている。

　令和4年度の係属件数は、前年度から繰り越した7件を加えて26件となった。その処理状況は、判定を行ったもの2件、取下げ・却下19件（要求事項の一部を受理したもの2件を含む。）であり、翌年度に繰り越したものは7件である（表7-2、資料7-2）。

表7-2　令和4年度行政措置要求事案判定一覧

判定年月日	要求内容	判定
令和4年11月17日	職場の環境改善（過重な業務の押しつけや上司によるパワー・ハラスメントの解消）	棄却
令和5年3月16日	職場におけるハラスメント等の改善	棄却

第3節　災害補償の実施に関する審査の申立て及び福祉事業の運営に関する措置の申立て

　災害補償の審査申立制度（補償法第24条）は、実施機関の行った公務上の災害又は通勤による災害の認定、治癒の認定、障害等級の決定その他補償の実施について不服のある者から審査の申立てがあった場合に、また、福祉事業の措置申立制度（補償法第25条）は、福祉事業の運営について不服のある者から措置の申立てがあった場合に、それぞれ人事院が事案を災害補償審査委員会の審理に付した上で判定を行うものである。

　災害補償の審査等は、規則13－3（災害補償の実施に関する審査の申立て等）に定められた手続に従って行われている。

　令和4年度の係属件数は、前年度から繰り越した25件を加えて45件となった。その処理状況は、判定を行ったもの17件、取下げ・却下4件であり、翌年度に繰り越したものは24件である（表7－3、資料7－3）。

表7-3　令和4年度災害補償審査申立等事案判定一覧

指令番号	判定年月日	申立内容	判定
13-14	令和4年6月16日	神経症性障害に係る公務上の災害の認定	棄　却
13-15	令和4年6月16日	混合性不安抑鬱障害に係る公務上の災害の認定	棄　却
13-16	令和4年7月14日	振動病に係る治癒の認定	棄　却
13-17	令和4年7月14日	不適応反応に係る治癒の認定	棄　却
13-20	令和4年9月29日	適応障害等に係る療養補償及び休業補償の実施	棄　却
13-20	令和4年9月29日	適応障害等に係る休業援護金の支給	棄　却
13-21	令和4年9月29日	脳梗塞等に係る公務上の災害の認定	一部容認
13-23	令和4年10月27日	右下肢腫瘍等に係る公務上の災害の認定	棄　却
13-24	令和4年11月10日	気分障害等に係る公務上の災害の認定	棄　却
13-25	令和4年11月10日	末梢性めまいに係る公務上の災害の認定	棄　却
13-28	令和4年11月24日	抑鬱状態等に係る公務上の災害の認定	棄　却
13-29	令和4年11月24日	鬱状態に係る公務上の災害の認定	棄　却
13-3	令和5年1月26日	右環指腱性マレットに係る障害等級の決定	棄　却
13-4	令和5年1月26日	右脛骨骨幹部骨折等に係る障害等級の決定	容　認
13-6	令和5年2月16日	鬱状態に係る公務上の災害の認定	棄　却
13-7	令和5年2月16日	胸膜中皮腫による死亡に係る公務上の災害の認定	容　認
13-9	令和5年3月30日	不安障害等に係る傷病等級の決定	容　認

第4節　給与の決定に関する審査の申立て

　給与の決定に関する審査制度（給与法第21条）は、給与の決定（俸給の更正決定を含む。）に関して苦情のある職員から審査の申立てがあった場合に、人事院が事案を審査した上で、決定という形でそれに対する判断を示すものであって、規則13－4（給与の決定に関する審査の申立て）に定められた手続に従って行われている。

　このうち、人事評価結果に基づく給与の決定に関する申立事案の審査においては、申立人の人事評価について必要な事実関係等の調査を行い、人事評価の妥当性等を検証しつつ、当該給与の決定が法令の規定に合致しているか否かについての判断を行っている。

　令和4年度の係属件数は、前年度から繰り越した11件を加えて38件となった。その処理状況は、決定を行ったもの11件、取下げ・却下6件であり、翌年度に繰り越したものは21件である（表7－4、資料7－4）。

表7-4　令和4年度給与決定審査申立事案決定一覧

指令番号	決定年月日	申立内容	決定
13-18	令和4年7月28日	令和3年12月期の勤勉手当の成績率	棄　却
13-22	令和4年10月13日	令和4年1月1日の昇給区分	容　認 （更正命令）
13-27	令和4年11月17日	令和4年1月1日の昇給区分	棄　却
13-1	令和5年1月19日	令和3年6月期の勤勉手当の成績率	棄　却
13-2	令和5年1月19日	令和4年1月1日の昇給区分	棄　却
13-10	令和5年3月30日	令和3年12月期の勤勉手当の成績率 令和4年1月1日の昇給区分 令和4年6月期の勤勉手当の成績率	棄　却
13-11	令和5年3月30日	令和3年6月期の勤勉手当の成績率	棄　却
13-12	令和5年3月30日	令和3年12月期の勤勉手当の成績率 令和4年1月1日の昇給区分	棄　却

第5節　苦情相談

　苦情相談制度は、職員から勤務条件その他の人事管理に関する苦情の申出及び相談があった場合に、人事院が指名した職員相談員が職員に対し助言を行うほか、関係当事者に対し、指導、あっせんその他必要な対応を行うものであって、規則13－5（職員からの苦情相談）に定められた手続に従って行われている。

　このような職員からの苦情を迅速かつ適切に解決するための苦情相談業務は、能力実績重視の人事管理とともに、ワーク・ライフ・バランスの充実など働きやすい勤務環境の実現が求められている中で、公務能率の維持・増進の観点からもますます重要になってきている。

　令和4年度に受け付けた苦情相談件数は1,739件で、前年度より138件の増加となった（図7－1）。

　内訳を見ると、相談件数としては、「パワー・ハラスメント、いじめ・嫌がらせ」が最も多く全体の35.5％、次いで「勤務時間・休暇・服務等関係」が22.0％を占めている（図7－2）。

　この2つは、件数も伸びており、前年に比べ、前者は82件、後者は13件の増加となっている。なお、件数の伸びとしては、「給与関係」も大きく、件数としては全体の約7.0％であるものの、前年に比べ32件の増加となっている。

　また、人事院の本院及び各地方事務局（所）では、苦情相談の対応に際して必要な情報の交換など各府省との連携協力体制の充実を図るための「苦情相談に関する府省連絡会議」を開催するとともに、各府省において苦情相談業務を適切に遂行できるよう必要な知識の習得や技能の向上を目的とした「各府省苦情相談担当官研修」を実施した。

図7-1　苦情相談件数の推移

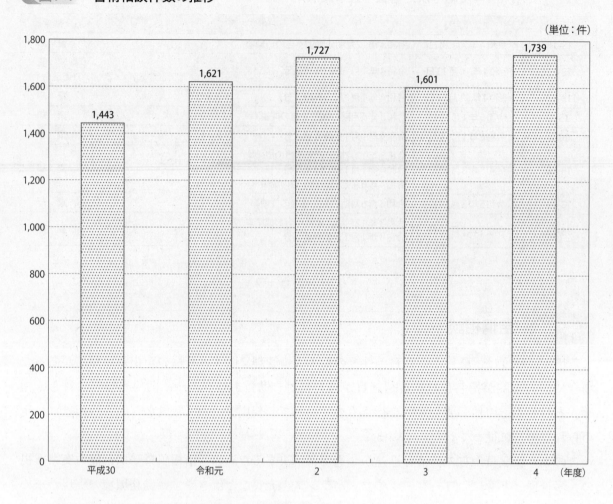

（単位：件）

平成30　1,443
令和元　1,621
2　1,727
3　1,601
4　1,739

（年度）

図7-2　令和4年度苦情相談の内容別件数

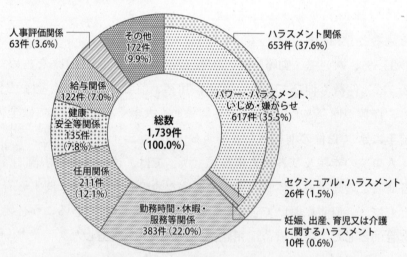

人事評価関係
63件（3.6%）

その他
172件
（9.9%）

ハラスメント関係
653件（37.6%）

給与関係
122件（7.0%）

パワー・ハラスメント、
いじめ・嫌がらせ
617件（35.5%）

健康・
安全等関係
135件
（7.8%）

総数
1,739件
（100.0%）

任用関係
211件
（12.1%）

セクシュアル・ハラスメント
26件（1.5%）

勤務時間・休暇・
服務等関係
383件（22.0%）

妊娠、出産、育児又は介護
に関するハラスメント
10件（0.6%）

（注）　一つの事案に関して、同一の者から同一の内容について複数回の相談を受けた場合、それぞれを件数に計上している。

資料7-1 不利益処分審査請求事案関係

1 処理状況

(単位：件)

年度＼区分	受付件数	処理件数							繰越件数
		判定				取下げ・却下等	合計		
		承認	修正	取消	計				
平成30	8	7	0	2	9	4	13		6
令和元	1/	2	0	0	2	4	6		17
令和2	14	10	0	0	10	13	23		8
令和3	16	5	0	0	5	9	14		10
令和4	15	6	・0	0	6	9	15		10

2 令和4年度判定例（要旨）

(1) 配置換処分（処分を承認したもの）

（事案の概要）
　処分者は、A局B所に勤務していた請求者に対し、A局C所への配置換の処分（以下「本件処分」という。）を行った。

（不服の要旨）
1　本件処分により、通勤時間が片道2時間を超えることとなったが、持病を抱えている中、このような通勤は過重な負担であり、本件処分による不利益は、肉体的にも精神的にも甘受できない程度の著しいものである。
2　本件処分は、請求者が本件処分の約1月前に受けた訓告に伴い、勤勉手当の減額がなされたにもかかわらず、更に報復的な措置として行われたものである。

（判定の要旨）
1　職員の配置換について、人事院規則8－12（職員の任免）第27条は、任命権者は、人事評価の結果に基づき配置換しようとする官職に係る適性を有すると認められる者の中から、人事の計画その他の事情を考慮した上で、最も適任と認められる者を配置換させることができると規定しており、配置換は、任命権者が業務上の必要に基づき、職員の経験、能力等を考慮して行うものであり、任命権者の人事管理上の裁量の範囲内で行われる限り、是認されるものである。
　　A局における人事異動は、職員の適性、能力、勤務実績等を総合勘案するとともに、職員の健康状態、家庭事情、通勤事情、仕事や勤務地に関する意向等にも配慮した上で行うこととされており、同規則の配置換の規定に沿った考え方であるものと認められる。
2　処分者は、上記のA局における人事異動の基本的な考え方に沿いつつ、訓告を受ける原因となった請求者の行為により、B所と関係団体との信頼関係が損なわれ、請求者をB所に留任させた場合、行政効率を最大限に発揮できる状態とは言い難い状況となることや、請求者の希望勤務官署等を踏まえて本件処分を行ったと主張している。また、A局の管内には、多数の官署があることから、請求者は他の職員と同様、転居を伴う異動となる可能性を有していたことも認められる。これらの状況に鑑みると、本件処分に係る当局の判断が必要性や合理性を欠くものであったとは認められない。
3　本件処分に伴い、請求者は、通勤時間が2時間を超えることとなったと主張しているが、当局は、管内の転居を伴う異動に円滑に対応できるよう、宿舎を手配できる体制を整えており、定期異動の予告前にも、関連する手続が周知されていたものと認められ、請求者は、転居によって通勤時間を短縮する方法を採り得たことが認められる。また、A局管内における本件処分と同日付けの定期人事異動においても、一定数の職員が、転居を行ったり単身赴任となったりしている状況にある。これらを踏まえると、本件処分が、請求者の受忍すべき程度を著しく超えるものであったとは認められない。
4　請求者は、自らの持病についても主張しているが、本件処分当時、請求者に一定の症状があり、医師の診察を受けていた事実はあるものの、請求者は、本件処分までの8年間、当局に提出した文書において、自らの健康状態を「健康」と申告しており、請求者が当局に自らの病状について申告を行ったのは、本件処分が発令された後であった。なお、請求者は、以前に受けたパワー・ハラスメントの被害やそれに伴う精神疾患等について記載した文書を当局に提出しており、この文書によって当局は請求者の病状を承知していたはずであるとも主張しているが、この文書自体、本件処分の4年以上前に作成された文書である上、請求者の具体的な病状等が記載されているものではなく、請求者の本件処分前における健康状態等が正確に把握できるものとは言い難い。これらを踏まえると、処分者が本件処分を行うに当たり、請求者の健康状態について把握することは難しい状況であったと言わざるを得ない。
5　このほか、請求者が主張するように、本件処分が、訓告に伴う報復的な措置として行われたものであると認めるに足りる証拠はない。
　　よって、請求者の主張は認められない。
　　以上のとおり、本件処分は、任命権者の裁量の範囲内で行われたものと認められ、また、手続上の瑕疵も認められないことから、違法、不当な点は認められず、ほかに本件処分を取り消すべき特段の理由も認められない。
（令和4年5月19日　指令13－13）

(2)　懲戒減給処分（処分を承認したもの）

（事案の概要）

　請求者は、施設の長として、平素から事あるごとに必要以上に強い口調で業務上の注意指導を繰り返していたところ、以下の行為①から③までに示すパワー・ハラスメント（以下「パワハラ」という。）を行い、また、行為④に示す職場秩序を乱す行為を行ったことから、処分者は、請求者に対し、懲戒減給（1月間・俸給の月額の100分の5）の処分を行った。

　行為①：ミーティングにおいて、文書の作成に関し、部下職員に対して必要以上に大声で語気荒く侮辱的な発言を行った。

　行為②：事務室内において、資料の送付を請求者の指示どおりに行わなかったことについて、部下職員に対し、必要以上に大声で語気荒く侮辱的な発言や業務上必要な範囲を超えた要求をした。

　行為③：ミーティングにおいて、案件処理のための手続が進捗していないことについて、担当していた部下職員に対し、語気荒く侮辱的な発言を行った。

　行為④：上部機関の担当課長に電話をし、電話における同課長からの説明内容に対し、繰り返し語気荒く言い向けたことは、同僚職員に対する暴言であり、職場の秩序を乱した。

（不服の要旨）

1　パワハラとされた行為に関し、部下職員に職務上の原則や指示に反する行為などがあった場合は、強い口調で指導することはあったが、平素から事あるごとに必要以上に強い口調で注意や指導を繰り返した事実はない。処分理由とされている自らの発言は、職務上の必要な指示や指導、叱責であり、個人を侮辱する発言ではない。また、部下職員が病気休暇を取得した理由は、現場職員の不足により業務が煩雑となったことが大きな原因であると本人からも説明を受けており、自分の指導のみが原因ではない。

2　職場秩序を乱すとされた行為は、他の職員に聞こえるものではなく、職場秩序を乱していない。

3　本件処分は重きに過ぎるほか、処分者側の調書や報告書は信ぴょう性に欠ける。

（判断の要旨）

・　不服の要旨1について

　　請求者は、部下職員に対し、不適切な表現をしばしば用いて、語気荒く必要以上の大声で発言を繰り返していたことが認められる。請求者は、これらの発言について、現場職員の能力向上のための指示や指導、叱責であったと述べているが、職場全体の勤務環境について特に配慮することが求められる施設の長の立場にありながら、複数の部下職員から、威圧的で乱暴な言い方などと評価されるような指導等を繰り返し行っていたことは、その手段や態様等の面において適切なものとはいえない。加えて、請求者は、職員個人を侮辱する発言ではなかったとも主張しているが、発言の文脈からそのように評価することは難しい。

・　同2について

　　請求者は、上部機関の担当課長に対し、繰り返し語気荒く不適切な発言を行ったことが認められる。請求者の発言が同課長との電話でのやり取りにおけるものであり、他の職員に聞こえるように言ったものでなく、かつ、上部機関に自らの施設のことをもう少し考えてほしいという一心から発せられたものであったとしても、同課長に対する請求者の行為④の発言は、請求者が施設の長であったことも踏まえると不適切なものであったと評価せざるを得ない。

・　同3について

　　請求者の行為①から行為③まではパワハラであり、行為④についても不適切な発言であると認められることから、行為①から行為④までを一体として懲戒処分の対象となる事実と認定した処分者の判断に違法、不当な点はない。また、処分者は、上司から部下へのパワハラが複数回行われた類似の処分先例等を参考としつつ、パワハラに加えて行為④の不適切な発言があったことや施設の長であった請求者の職責等についても総合的に勘案して本件処分を行ったことが認められ、人事院の懲戒指針における標準的な懲戒処分の量定から見ても、処分者に裁量権の逸脱又は濫用があったとは認められない。また、処分者側が提出した証拠資料の内容は、当院による調査によって得られた内容とそごがあるとは認められず、処分者側の誘導によって作成されたものであったと認めることはできない。

（令和4年12月22日　指令13－30）

1　処理状況

（単位：件）

年度＼区分	受付件数	処理件数						繰越件数
		判定			取下げ・却下	合計		
		容認	棄却	計				
平成30	9	2	0	2	8	10		5
令和元	7	1	4	5	1	6		6
令和2	15	0	2	2	16	18		4
令和3	26	1	3	4	22	26		7
令和4	19	0	2	2	19	21		7

（注）1　容認には、一部容認を含む。
　　　2　令和2年度の取下げ・却下には要求事項の一部を受理したもの1件を含む。
　　　3　令和3年度の取下げ・却下には要求事項の一部を受理したもの3件を含む。
　　　4　令和4年度の取下げ・却下には要求事項の一部を受理したもの2件を含む。

2　令和4年度の判定例（要旨）

過重な業務の押しつけや上司によるパワー・ハラスメントの解消による職場の環境改善（要求を棄却したもの）

（事案の概要）

　申請者は、令和2年4月1日、現官職に配置換となったが、過重な業務の押しつけや上司によるパワー・ハラスメント（以下「パワハラ」という。）によって心身が疲労しているとして、このような状況の解消による職場の環境改善を要求した。

（要求の要旨）

・　A業務の現地検査については、応援要員に協力を断られたことから、申請者が1人で対応することになり、前年度と比較して2倍の業務量となった。その後、令和4年度には、応援要員が3名に増員になったものの、それでも業務量が多いので、A業務を含むB業務を他の者に実施させてもらいたい。

・　管内の他の事務所の申請者と同じ官職の職員には、直属の部下が配置されており、申請者の前任者にも、部下1名が配置されていたにもかかわらず、申請者には部下が配置されていなかった。

・　C所長から、「降格だ」、「休職しろ」などと大きな声で言われ、パワハラを受けた。

（判定の要旨）

・　申請者の業務負担について

　令和3年度のA業務の現地検査について、応援要員が申請者からの協力要請を断った事実は確認できず、また、同4年度から応援要員として2名を新たに追加したことが認められ、申請者自身も過度な業務負担が解消されたとしている。なお、同年度から申請者の所管業務であるD業務を他課に移管しており、同3年度より業務量は少なくなっていることが認められる。したがって、現状よりも申請者の業務量を軽減するべき理由は見当たらない。

・　部下職員の配置について

　当局は、他の事務所の申請者と同じ官職の職員には直属の部下は配置されていないとしており、申請者からの反論はなかった。また、申請者の前任者が勤務していた令和元年度には、E官が申立人の前任者の所管業務の一部を担当していたことは認められるが、同3年度からは、申請者の直属の部下としてF主任が配置され、同4年度からは、他課及び申請者の所管業務を兼務していた職員Gが正式に申請者の部下として配置されており、人員配置の観点からは、前任者の頃よりも体制が強化されていることが認められる。なお、申請者は、少なくとも同年度からは、F主任を部下と認識しているものの、部下職員とのコミュニケーション及び情報共有が不十分であり、部下の業務の進捗管理及び監督・指導をほとんど行っていないこと、特に、F主任との関係が良好ではなかったことが認められる。

　人員配置の体制は既に整っていることから、申請者は、部下職員とコミュニケーション及び情報共有を適切に行い、特に、F主任に対しては、上司と部下の関係を適切に構築した上で、業務分担や監督・指導を適切に行い、円滑な業務遂行に努めるべきである。

・　上司によるパワハラについて

　申請者は、C所長との面談の際に、C所長から、「降格だ」、「休職しろ」などと大きな声で言われたとしており、その事実関係は明らかではないが、C所長は既に定年退職している。また、申請者は、現在は、パワハラを受けていないとしており、申請者がパワハラを受けている状況にあるとは認められない。

・　以上のとおり、申請者は、現在パワハラを受けている状況にあるとは認められないことから、パワハラの解消を求める旨の要求については行政措置要求の対象とはならず、また、申請者の勤務環境は、過重な業務を押しつけられている状況とは認められないことから、その余の申請者の要求も認められない。

（令和4年11月17日判定）

資料7-3　災害補償審査申立等事案関係

1　処理状況

(単位：件)

区分／年度	受付件数	処理件数			取下げ・却下	合計	繰越件数
		判定					
		容認	棄却	計			
平成30	6	4 (1)	7	11 (1)	3	14 (1)	6
令和元	9	0	1	1	0	1	14
令和2	17 (2)	3	5	8	6 (1)	14 (1)	18 (1)
令和3	21	2	9	11	4	15	25 (1)
令和4	20 (3)	4	13 (1)	17 (1)	4 (1)	21 (2)	24 (2)

(注)　1　（　）内の数字は福祉事業措置申立事案の件数を内数で示す。
　　　2　容認には、一部容認を含む。
　　　3　令和2年度及び令和3年度の取下げ・却下には申立事項の一部を受理したもの1件を含む。

2　令和4年度の判定例（要旨）

脳梗塞等に係る公務上の災害の認定（申立てを一部容認したもの）

（事案の概要）

　申立人は、A局B部の課長として勤務していたところ、勤務を終えて自家用自動車にて帰宅中、左側視野欠損が生じ、交差点で信号柱に激突した（以下「本件事故」という。）。翌日にC病院を受診し、同日より入院し、脳梗塞（以下「本件疾病」という。）と診断された。また、その後、右中大脳動脈狭窄症と診断された。

　実施機関は、申立人は、高血圧症等の既往症を有し、本件疾病を発症しやすい状態にあり、高度の素因等を有していたと考えられるところ、申立人が従事した業務によって、申立人がかねてから有する血管病変等の病態を自然的経過を超えて著しく増悪させて本件疾病を発症したものとは認められず、公務上の災害とは認められないとした。

（申立ての要旨）

　申立人の基礎疾患は十分にコントロールされていたのであり、庁舎の新築に伴うD施設の整備や移転業務、国際会議及び重要行事に伴うE等に関する業務がふくそうする等、業務上の負荷により本件疾病を発症したものであり、公務上の災害と認められるべきである。

（判定の要旨）

・　心・血管疾患及び脳血管疾患の公務上災害の認定指針によれば、脳血管疾患が公務上の災害と認められるには、発症前に、通常の日常の業務に比較して、特に量的に又は質的に過重な業務に従事したか、あるいは、業務に関連してその発生状態を時間的、場所的に明確にし得る異常な出来事・突発的な事態に遭遇したかのいずれかにより、医学経験則上、当該疾患の基礎となる病態を自然的経過を超えて著しく増悪させ、当該疾患の発症原因とするに足る強度の精神的又は肉体的な負荷を受けていたことが必要であるとされている。また、素因又は基礎疾患を有していても、日常の業務を支障なく遂行できる状態である場合は、業務の過重性が客観的に認められるか否かにより判断して差し支えないこととされている。

・　本件事故の翌日の画像によれば、右中大脳動脈の後方の部分に比較的広範な脳梗塞の所見が認められ、申立人は、本件疾病を発症したと認められる。また、同日の画像によれば、右中大脳動脈に狭窄が認められ、もともと血管に強い狭窄があったところに虚血性の脳梗塞が発症したものと認められる。

・　本件疾病の発症時期については、申立人は、本件事故の1週間前頃から、左上肢のしびれ感、ふらつき、頭痛、視力の違和感を感じており、国際会議の日（以下「会議日」という。）には、申立人の動作が緩慢な状態が見られたなどとされていることから、医学的所見においては、申立人は、本件事故の前から発症していたと考えられるとされている。なお、本件事故発生の約1か月前にC病院を受診した際の画像では、その時点で、脳梗塞を発症していたとするような、はっきりとした所見は認められない。これらのことからすると、医学経験則上、申立人は、本件事故時には、既に本件疾病を発症していたと見ることが相当であり、その発症時期については、申立人の様子に変化が見られた会議日頃と見ることが相当である。

・　申立人は、A局B部の課長として、通常業務に加え、庁舎移転業務を行いながら、国際会議及び重要行事に伴うE等に関する業務という困難で精神的緊張も伴う業務に従事し、また、一定の超過勤務に従事したほか、出張等勤務官署外における移動を伴う勤務が多かったことが認められ、疲労が蓄積していた状態にあった。会議日においては、午前8時頃から午後10時頃まで、空調が稼働しておらず、窓もあまり開けることができず、蒸し暑い部屋において、休憩を取ることもなく、絶えず、幹部職員からの質問や要望に対応しなければならないという特別な業務環境の下、長時間にわたって勤務していたものと認められる。

・　脳梗塞に関しては、医学経験則上、脱水によっても血液中の水分が減少して血液の粘稠度が上昇して、狭窄部分に血栓ができやすくなるとされているところ、申立人については、国際会議に係る業務のため、蒸し暑い特別な環境の中で、長時間勤務していたことにより脱水状態になったこと、また、国際会議における精神的な緊張もあり、申立人の脳血管に狭窄があったものが、さらに血液の流れが悪くなったことにより、本件疾病を発症したものと見ることが相当である。

・　申立人には、右中大脳動脈狭窄症が確認されているが、同症は、医学経験則上、申立人がもともと有していた基礎疾患の1つと見ることが相当である。また、申立人は、高血圧等について、投薬等による治療を受けており、本件疾病に係る素因等を有していたものと認められるが、申立人の健康診断結果を見ると、血圧や血中脂質はおおむね良好にコントロールされていたと認められ、勤務軽減等の措置もされていなかったことからすれば、申立人は、日常の業務を支障なく遂行できる状態であったと見ることが相当である。

・　以上のことを総合的に考慮すると、申立人は、通常の日常の業務に比較して特に過重な業務に従事したことにより、基礎疾患を自然的経過を超えて著しく増悪させ、本件疾病を発症したと見ることが相当である。一方、右中大脳動脈狭窄症については、申立人がもともと有する基礎疾患であると認められることから、公務との間に相当因果関係があると見ることは困難である。

・　以上のとおり、申立人の申立てに係る災害のうち、脳梗塞については、実施機関は公務上の災害と認定すべきであり、右中大脳動脈狭窄症については公務上の災害とすることはできない。

(令和4年9月29日　指令13－21)

1　処理状況

(単位：件)

区分／年度	受付件数	処理件数						繰越件数
		決定			取下げ・却下	合計		
		容認	棄却	計				
平成30	12	1	6	7	3	10		12
令和元	21	5	2	7	5	12		21
令和2	21	1	19	20	4	24		18
令和3	31	5	21	26	12	38		11
令和4	27	1	10	11	6	17		21

2　令和4年度の決定例（要旨）

勤勉手当の成績率の決定（申立てを棄却したもの）

（事案の概要）

申立人は、令和3年6月期の勤勉手当の支給に関し、同2年10月1日から3年3月31日までを評価期間とする業績評価（以下「2年度下期業績評価」という。）の全体評語をBとされたことから、「直近の業績評価の全体評語が中位の段階である職員」に該当するとして、同手当の成績率を100分の43.5と決定された。

（申立ての要旨）

前任者の常勤職員より勤務時間が短い週4日勤務の再任用短時間勤務職員であるにもかかわらず、前任者が担当していた本来業務に加え、他の職員の担当であった業務や業績目標以外の困難性を伴う突発的な業務も担当しており、前任者よりも多い業務量を課されても適正かつ迅速に完遂した。勤務時間が短いという事情を考慮せず、常勤職員と同じ基準で評価されることは、運用の誤りであって、2年度下期業績評価はより高い評価結果となるはずである。

（決定の要旨）

・　各業績目標に係る取組（本来業務）について、当局が個別評語をbとしたことは不当であるとは認められない。申立人が業績目標以外の取組状況として自己申告した各業務についても、当局が通常の業務の範ちゅうと判断したことは不当であるとは認められない。

・　申立人は、令和2年12月以降、本来の主要な担当業務が中断され行う必要がなくなったことや、評価期間中において超過勤務がほとんどなく、短時間勤務職員としての通常の勤務時間内で担当業務を実施していたことなどを踏まえると、業績目標以外の取組をもって、全体評語をより上位の評語とすべき特段の業務遂行状況と捉えることは困難である。

・　申立人に適用される人事評価実施規程には、再任用短時間勤務職員について適用を除外する規定や、常勤職員と異なる基準で評価する旨の規定は定められていないことから、申立人にも当該規程が適用される。また、人事評価は、被評価者が常勤職員であるか再任用短時間勤務職員であるかにかかわらず、業績目標として掲げた業務の達成状況等を絶対評価で評価するものであり、前任者との比較に着目して行われるものではない。

・　以上のことから、当局が、2年度下期業績評価の全体評語をBとし、令和3年6月期の勤勉手当の成績率を100分の43.5と決定したことは、適法かつ妥当であると認められる。

・　以上のとおり、本件給与の決定を更正すべき理由は認められないため、本件申立てはこれを認めることができない。

（令和5年1月19日　指令13－1）

第8章　国際協力

第1節　派遣法による派遣状況

　各府省は、派遣法に基づき、国際協力の一環として、条約その他の国際約束や我が国が加盟している国際機関、外国政府の機関等の要請に応じ、職員をその同意の下にこれらの機関に派遣している。

　令和3年度において新たに国際機関等に派遣された職員は118人で、前年度と比べると8人減少している。一方、令和3年度中に派遣を終了した職員は132人（うち派遣期間中又は職務復帰と同時に退職した者は14人）であり、令和3年度末における派遣職員は344人で、前年度末と比べると14人減少している（図8-1、資料8-1）。

　なお、派遣期間が5年を超える新たな派遣又は更新の場合には人事院に協議することとされており、令和4年度には2件の協議があった。

　令和3年度末の派遣先機関別及び派遣先地域別の状況は、図8-2及び図8-3のとおりである。

図8-1　派遣職員数の推移

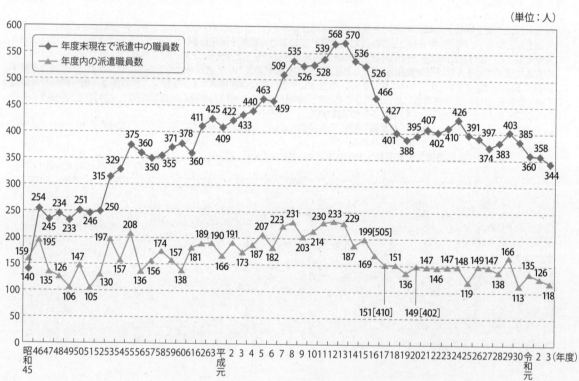

（注）　[　]内の数は、国立大学法人の発足や特定独立行政法人の非特定独立法人化等に伴い、派遣中に派遣法の対象外となった職員を除いた数である。

図8-2　令和3年度末派遣先機関別状況

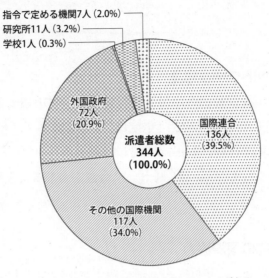

指令で定める機関7人（2.0%）
研究所11人（3.2%）
学校1人（0.3%）
外国政府 72人（20.9%）
国際連合 136人（39.5%）
派遣者総数 344人（100.0%）
その他の国際機関 117人（34.0%）

※数値は端数処理の関係で合致しないものがある。

図8-3　令和3年度末派遣先地域別状況

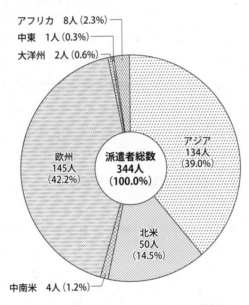

アフリカ　8人（2.3%）
中東　1人（0.3%）
大洋州　2人（0.6%）
欧州 145人（42.2%）
派遣者総数 344人（100.0%）
アジア 134人（39.0%）
北米 50人（14.5%）
中南米　4人（1.2%）

※数値は端数処理の関係で合致しないものがある。

第2節　国際協力・国際交流

　令和4年度は、一部の国際協力・国際交流事業において対面での交流が再開されたが、多くの事業においては、引き続き新型コロナウイルス感染症の影響により、対面形式での実施が困難であったことから、オンラインツールも活用して各種の事業を実施した。令和4年度の主な取組の概要は次のとおりである。

① 国際講演会

　人事院は、諸外国の政府機関幹部職員等を毎年招へいし、人事行政の最新の実情について情報収集及び意見交換を行い、国民にも広く知ってもらうための機会を設けている。令和4年度は、令和5年1月には「シンガポール政府におけるデジタル人材の誘致・育成・定着戦略」、令

和5年3月には「オランダ政府におけるデジタルツールを活用した働き方」及び「デンマーク政府におけるデジタルツールを活用した人事管理」をテーマとして、オンライン講演会を3回実施した。

② 日中韓人事行政ネットワーク事業

平成17年1月より、中国及び韓国の中央人事行政機関と日中韓人事行政ネットワークを構築し、各種協力事業を実施している。令和4年度は、「公平審査・苦情相談制度」をテーマとする第14回三国共催シンポジウムを令和4年6月に、第10回局長級会談及び第14回三国若手・中堅職員合同研修を令和4年9月に、第9回トップ会談を令和5年2月にそれぞれオンライン形式で実施した。

③ ASEAN諸国との間の国際協力

ASEANでは、公務員制度・公務員人事管理に関する地域間協力を推進することを目的に、ASEAN公務協力会議（ASEAN Cooperation on Civil Service Matters）というネットワークを構築している。人事院は、このネットワークに日本、中国及び韓国の三国を含めたASEAN＋3公務協力会議に、我が国の代表として参画し、各種協力事業の実施を支援している。

令和4年度は、第6回ASEAN＋3公務協力会議閣僚級会議が8月にベトナムで開催され、令和3年から令和7年までの行動計画について、各国提案事業の実施状況報告や新規事業の提案等が行われた。我が国からは、日・ASEAN友好協力50周年である令和5年にASEAN＋3公務協力会議加盟国の代表者を日本に招いて国際シンポジウム等を開催することを提案し、加盟国間で合意された。

④ アジア諸国人事行政担当機関職員招へい事業

日本の公務員制度に高い関心を持つアジア諸国と情報交換し、人的ネットワークの拡大を図るため、平成29年度から、アジア諸国の人事行政機関の専門家を招き、意見交換を実施している。

令和4年度は、インドネシア人事委員会、マレーシア公務員庁、フィリピン人事委員会、シンガポール首相府公務員局及びタイ人事委員会事務局の5機関から、課長級を中心とした専門家を日本に招いて対面形式で実施し、「柔軟な働き方及び／又はデジタル・トランスフォーメーションの拡充に向けた制度整備」をテーマに、各国の取組や課題について意見交換を行った。

⑤ 開発途上国等に対する技術協力

行政の基盤である公務員制度を整備し、ガバナンスを向上させるという開発途上国が抱える共通課題を踏まえ、人事院は、独立行政法人国際協力機構（JICA）が主催する開発途上国の政府職員を対象とした研修の実施等に協力している。

（1）人事管理研修

各国の人事行政の改善に資することを目的とし、各国の中央人事行政機関等の上級幹部職員を対象とする「上級人事管理セミナー」と、課長補佐級職員を対象とする「人事行政セミナー」の2コースが実施されている。

　いずれのコースも、我が国の人事行政について、その基本的な考え方や運用、新たな動向等を紹介するとともに、討議や各国との比較研究を通じ、各国の人事行政の実情に適合した人材マネジメントを参加者自らが考えることを内容としている。

　各コースの実施状況は次のとおりである。

ア　上級人事管理セミナー

　令和4年度は、6か国・地域6人を対象に、約2週間にわたりオンラインで実施された。

　平成3年度の開始から令和4年度までの参加者は、合計70か国・地域289人である。

イ　人事行政セミナー

　令和4年度は、8か国8人を対象に、約2週間にわたりオンラインで実施された。

　平成11年度の開始から令和4年度までの参加者は、合計75か国・地域244人である。

（2）上級国家行政セミナー

　各国の中央政府機関の上級幹部職員を対象に、我が国のガバナンスと社会経済の発展の経緯を紹介しつつ、様々な政策課題についての討議等を通じて、各国の社会経済の発展に資する行政の在り方を考える研修である。

　令和4年度は、9か国11人を対象に、約3週間にわたりオンラインで実施された。昭和61年度の開始から令和4年度までの参加者は、合計82か国・地域370人である。

（3）国別の技術協力

ア　キルギス及びウズベキスタン

　キルギス及びウズベキスタンから、公務員の採用・選考制度の改善に関する支援の要望があったことを受け、JICAが両国政府の公務員制度担当機関職員を対象とした研修を実施し、人事院は同研修の実施に当たって協力・支援を行った。第1回研修は、令和4年3月及び同年8月の2回に分けて、オンラインにより、我が国の国家公務員の採用制度・試験制度、人材育成・研修等の各種制度に関する講義などを実施した（参加者はキルギス20人、ウズベキスタン12人）。

　第2回研修は、令和5年3月に訪日研修の形式で、第1回研修とほぼ同内容の研修を実施した（参加者はキルギス9人、ウズベキスタン6人）。

イ　ベトナム

　公務員採用試験の改善に取り組んでいるベトナム政府に対し、JICAの技術協力プロジェクトを通じて、人事院は協力・支援を行っている。令和4年度には、同国政府が採用試験の状況や課題の把握のために行った調査やワークショップに際し、助言・指導を行った。

⑥　マンスフィールド研修

　マンスフィールド研修は、米国のマイク・マンスフィールド・フェローーシップ法（1994年4月成立）に基づき、我が国に対する深い理解を持つ同国政府職員の育成を図るためのものであり、日本政府と米国連邦政府の協力の下で実施されている。

　人事院は、外務省と協力しつつ、研修員の各府省等への受入れの協議・調整、オリエンテーション、調査見学等を企画・実施している。

令和4年度は第26期研修員10人が来日し、10か月間の予定で日本の政府機関等での実務研修に参加している。

これまでの研修員の米国政府における出身機関は、表8−1のとおりである。

表8-1　マンスフィールド研修員（第1期〜第26期）の出身機関別人数

米国における出身機関名	人数	米国における出身機関名	人数
農務省	3	財務省	11
商務省	14	内務省	2
国防総省	46	環境保護庁	10
教育省	4	合衆国輸出入銀行	2
エネルギー省	4	連邦通信委員会	3
食品医薬品局	12	連邦預金保険公社	1
国立衛生研究所	1	連邦エネルギー規制委員会	1
連邦緊急事態管理庁	2	連邦調達庁	2
司法省	5	連邦準備銀行	1
連邦捜査局	10	国際開発庁	4
労働省	1	航空宇宙局	3
国務省	11	原子力規制委員会	4
運輸省	8	証券取引委員会	2
連邦航空局	9	中小企業庁	1
国土安全保障省	1	連邦議会	10
		合　　計	188

⑦ 駐日大使館職員へのインタビュー

各国の公務員制度・公務員の働き方に関する情報収集を行うとともに、各国駐日大使館とのネットワークを構築・拡大することを目的として、駐日大使館を訪問し、大使のほか、大使館職員へのインタビューを実施した。

令和4年度は、コスタリカ、エストニア、ルワンダ、ウズベキスタンの駐日大使館を訪問してインタビューを実施した。

⑧ 外国からの調査訪問対応

我が国の公務における人事管理、人材育成等についての実態の把握等のため、令和4年度は、アメリカ、インドネシア、ウズベキスタン、韓国、キルギス、台湾、ベトナム、ラオスから合計112人の外国政府職員等が来訪した。

これら訪問者に対しては、それぞれの国・地域における人事行政等の現状や訪問者個々の問題意識に応じて我が国の公務員制度やその運用実態等について説明等を行うとともに、意見交換を行った。

資料8-1　派遣職員数の推移

（単位：人）

年度	年度内の派遣職員数	年度内の復帰職員数		年度末現在派遣中の職員数	
昭和45	159	19		140	
46	195	81		254	
47	135	155		234	
48	126	115		245	
49	106	114	(4)	233	
50	147	129		251	
51	105	108	(2)	246	
52	130	120	(6)	250	
53	197	129	(3)	315	
54	157	143		329	
55	208	154	(8)	375	
56	136	147	(4)	360	
57	156	162	(4)	350	
58	174	161	(8)	355	
59	157	131	(10)	371	
60	138	122	(9)	378	
61	181	184	(15)	360	
62	189	129	(9)	411	
63	190	167	(9)	425	
平成元	166	174	(8)	409	
2	191	166	(12)	422	
3	173	157	(5)	433	
4	187	171	(9)	440	
5	207	166	(18)	463	
6	182	171	(15)	459	
7	223	155	(18)	509	
8	231	186	(19)	535	
9	203	203	(9)	526	
10	214	201	(11)	528	
11	230	214	(5)	539	
12	233	186	(18)	568	
13	229	212	(15)	570	
14	187	203	(18)	536	
15	199	196	(13)	526	[505]
16	169	193	(15)	466	
17	151	167	(23)	427	[410]
18	151	151	(9)	401	
19	136	136	(13)	388	
20	149	129	(13)	395	
21	147	122	(13)	407	[402]
22	146	139	(7)	402	
23	147	133	(6)	410	
24	148	122	(10)	426	
25	119	130	(18)	397	
26	149	148	(7)	391	
27	147	151	(13)	374	
28	138	111	(18)	383	
29	166	133	(13)	403	
30	113	112	(19)	385	
令和元	135	146	(14)	360	
2	126	115	(13)	358	
3	118	118	(14)	344	
計	8,596	7,687	(522)		

（注）1　（　）内の数は、派遣期間中に死亡し、又は退職したため職務に復帰しなかった者及び職務復帰と同時に退職した者を外数で示したものである。
　　　2　[　]内の数は、国立大学法人の発足や特定独立行政法人の非特定独立法人化等に伴い、派遣中に派遣法の対象外となった職員を除いた人数である。

第9章　人事院総裁賞及び各方面との意見交換

第1節　人事院総裁賞

「人事院総裁賞」は、国民全体の奉仕者として、長年にわたる地道な活動や高いモチベーションの下での勇気ある行動などを通じ、行政サービスや国民生活の向上に顕著な功績を挙げ、国民の期待に応えた国家公務員（個人又は職域）を顕彰するもので、昭和63年に人事院創立40周年を記念して創設された。

被顕彰者は、人事院総裁の委嘱する各界有識者からなる選考委員会（令和4年度は佃和夫委員長（三菱重工業株式会社名誉顧問）のほか、6人の委員）が、各府省及び行政執行法人から推薦された職員又は職域グループについて厳正な審査・選考を行い、その結果に基づいて人事院総裁が決定している。

第35回を迎えた令和4年度「人事院総裁賞」は、個人1名及び職域4グループに対して授与された（表9）。授与式は、令和5年2月27日、東京都内において行われ、翌28日に皇居において天皇皇后両陛下に御接見を賜った。

令和4年度までの被顕彰者の合計は、個人70名、職域110グループとなっている。

表9　令和4年度「人事院総裁賞」受賞者及び受賞職域グループ

(1) 個人部門

氏名・官職名	顕彰理由
林野庁　近畿中国森林管理局 計画保全部　保全課　保護係長 小林　正典	シカ等の野生鳥獣による農林業への被害軽減に資するため、初心者でも簡単に罠を設置でき捕獲効率も高い、新たな野生鳥獣（シカ、イノシシ）の捕獲方法を考案。管轄域のみならず全国に普及活動を展開し、農林業の重要課題である獣害対策に大きく貢献

(2) 職域部門

府省名・職域名	顕彰理由
デジタル庁 国民向けサービスグループ VRSチーム	国・地方・民間など様々な出身のメンバーが一丸となって「ワクチン接種記録システム（VRS）」を開発・運用し、接種記録をリアルタイムに把握可能とするなど、円滑なワクチン接種に大きく貢献。また「新型コロナワクチン接種証明書アプリ」により、誰でも簡単に証明書の電子申請等が可能となるなど、行政サービスの利便性向上に大きく貢献
法務省 広島刑務所 尾道刑務支所 有井構外泊込作業場	塀などの物的戒護がない開放的処遇施設において、50年もの間、逃走事故を発生させることなく、受刑者に対し、地域社会の一員として受け入れられ、認められる経験を積ませることで、「犯罪に戻らない、戻さない」社会づくりに大きく貢献
農林水産省 農産局 園芸作物課 花き振興グループ	東京2020オリンピック・パラリンピック競技大会において、暑熱下という厳しい環境の中、ビクトリーブーケなどの国産花きの提供等を実施。東日本大震災の被災地をはじめとした国産花きの品質の高さ及び復興のシンボルとして世界へのアピールに成功し、国内花き産業の振興に大きく貢献
気象庁 大気海洋部 業務課 父島気象観測所	明治29年以降、終戦後の米国統治下にあった期間を除き気象業務を継続。厳しい生活環境の中で、北西太平洋上の観測空白域を埋める数少ない観測点として観測業務を実施。貴重な気象データの収集や、自治体への情報提供を通じ、公務の信頼の確保と向上に大きく貢献

天皇皇后両陛下に御接見を賜る受賞者（写真提供：宮内庁）

第2節　各方面との意見交換

　人事行政を適切に運営していくため、各方面から公務員や公務員制度に対する率直な意見を聴取するとともに、公務に対する理解を得るよう努めている。

　これらの意見については、制度改正などを通じ、人事行政の方針の策定や運営面に反映させていくこととしている。

(1) 公務員問題懇話会

　地方の実情を的確に把握するため、札幌市、京都市及び福岡市を対象として、人事行政全般に関する諸問題について、それぞれの地域の各界有識者と人事院幹部が意見交換を行った。

(2) 企業経営者等との意見交換

　中小企業経営者、報道機関の論説委員等を対象に、令和4年4月から6月にわたり全国51都市において、国家公務員給与の決定方法、人事院勧告の意義・役割等を説明するとともに、地域における経営環境、賃金改定の動向及び公務員給与の在り方等に関して率直な意見交換を行った。

(3) 参与との意見交換

　人事行政に関する重要な事項について意見を求めるため、各界の有識者に参与を委嘱し、人事行政施策の工程表の進捗状況などについて意見交換を行った。

第2編

国家公務員倫理審査会の業務

倫理法及び国家公務員倫理審査会について

　倫理法は、幹部公務員を中心に不祥事が続発し、厳しい社会的批判を招いたことを背景として平成11年8月に制定され、平成12年4月から全面施行されたものである。その目的は、職務の執行の公正さに対する国民の疑惑や不信を招くような行為の防止を図り、公務に対する国民の信頼を確保することである。

　倫理法は、職員が遵守すべき職務に係る倫理原則を定めている。併せて、倫理原則を踏まえ職員の倫理の保持に必要な事項を定める政令（国家公務員倫理規程（平成12年政令第101号。以下「倫理規程」という。））の制定についても規定している。さらに、職員と事業者等との接触について透明性を確保するための各種報告制度等（報告のルール）、職員の職務に係る倫理の保持に関する事務を所掌する機関である国家公務員倫理審査会（以下「倫理審査会」という。）の設置、行政機関等への倫理監督官（各府省事務次官等）の設置についても規定している。

　また、倫理規程は、倫理法の倫理原則を受けた倫理行動規準を定めるとともに、許認可等の相手方や補助金等の交付を受ける者など、職員の職務と利害関係を有する者の範囲を利害関係者として規定している。職員が利害関係者から贈与や接待を受けることなど、国民の疑惑や不信を招くような行為の禁止等の「行動のルール」についても規定している。

　国公法及び倫理法に基づいて人事院に設置された倫理審査会は、会長及び委員4人をもって組織されている。公務に対する国民の信頼確保という倫理法の目的の下、倫理規程の制定・改廃に関する意見の申出、各種報告書の審査、倫理法・倫理規程に違反する疑いがある場合の調査・懲戒の手続の実施、懲戒処分の承認など、職務に係る倫理の保持に関する事務を所掌している。具体的には、倫理法・倫理規程の適正な運用を確保するとともに、『職員の倫理意識のかん養』、『倫理的な組織風土の構築』及び『倫理法等違反への厳正かつ迅速な対応』の3つを主要な柱に据え、職員の職務に係る倫理を保持するための各種施策を実施している。倫理審査会には、その事務を処理するため、事務局が置かれている。その業務実施には、倫理審査会の議決が必要であり、倫理審査会会議は、令和4年度には21回、倫理審査会設立以来計571回開催されている。

　また、倫理法に基づき各府省及び各行政執行法人に置かれた倫理監督官は、各府省の長等と共に、倫理審査会と連携して、その属する府省等の職員の職務に係る倫理の保持に関する責務を担っている。

　本編は、令和4年度において、倫理審査会が行った業務について記述したものである。

（令和5年3月31日現在）

| 上野幹夫委員 | 青山佳世委員 | 秋吉淳一郎会長 | 潜道文子委員 | 伊藤かつら委員 |
| （中外製薬株式会社特別顧問） | （フリーアナウンサー） | | （拓殖大学副学長） | （人事官） |

職員の倫理意識のかん養及び倫理的な組織風土の構築

1　職員の倫理意識のかん養

　職員の倫理意識のかん養のためには、研修等の機会を通じた職員に対する定期的・継続的な意識啓発が不可欠である。また倫理法・倫理規程の遵守は、個々の職員が日々の職務遂行を支える使命感や志とも密接に関連するものであり、高い倫理意識を自身の中に体得し、主体的に倫理保持の行動を実践することが求められている。このため倫理審査会は、各府省の幹部職員や倫理事務担当者に対して所属職員への意識啓発の取組を促すとともに、倫理の問題を職員個々人が自分事として捉える機会を提供できるよう、各府省における研修・啓発活動の企画・実施の支援、府省等横断的な研修・啓発活動の実施を行ってきている。令和4年度においては、以下の（1）〜（3）の業務を実施した。

（1）各府省における現状の把握及び取組の促進

　　各府省における職員に対する倫理意識のかん養や倫理的な組織風土の構築に向けての取組状況や課題について把握するとともに、他府省の取組を共有し各府省における今後の取組の参考にするための機会を設けた。具体的には、各府省において倫理保持について職員を指導すべき立場にある官房長等と倫理審査会会長・委員との懇談会を開催し、また地方機関の長等と倫理審査会会長との懇談を行った。また、後述する「国家公務員倫理月間」の機会等を捉え、倫理研修の定期的・計画的な実施、職員の職務に係る倫理の保持のための相談・通報窓口の利活用促進の要請を行った。併せて各府省における倫理保持のための取組の参考となるよう、各府省で実施された啓発活動や倫理的な組織風土の構築のための取組の具体例の共有等を行った。

　　倫理制度の周知徹底及び各府省における倫理保持に係る取組の推進を目的として、本府省で実務を担う倫理事務担当者等を対象とした倫理制度説明会を4月及び10月にWebでそれぞれ1回実施した。一方、新型コロナウイルス感染症の拡大防止の観点から、地方機関の倫理事務担当者等に対しては、倫理制度に関する説明の模様を録画した映像資料を政府共通の電子掲示板を通じて提供し、また、一部地方機関を対象にWeb又は対面での研修を開催した。

　　さらに、令和2年度から実施しているWebを通じた有識者講演会については、令和4年度は、一般職員向け（9月）及び幹部・管理職員向け（令和5年1月）に計2回実施し、本府省及び地方機関の職員に広く視聴を呼びかけた。一般職員向けには、芝・田中経営法律事務所の芝昭彦弁護士に「コンプライアンスの理解と実践」というテーマで質疑応答を含めたライブ配信での講演を行っていただくとともに、その模様を録画し、9月から10月にかけて2週間配信した。同講演会は、1,700名ほどの職員が視聴（会議室等で複数名で視聴した場合も1名として集計。以下同じ。）し、「自身の経験を踏まえつつ、また、実際の事例や著作物を引用しながら組織のあり方、倫理意識の持ち方をわかりやすく説明いただき、理解が深まった。」、「コンプライアンスを遵守することが、自分、組織、家族等を守ることに繋がると理解できた。そして、コンプライアンスを遵守するためには、一人ひとりが当事者意識を持ち、自分はどんな言動をとるべきかを常に考えていかなければいけないと感じた。」といった感想が寄せられた。幹部・管理職員向けには、津田塾大学の村木厚子客員教授に「信頼される組織を創る」というテーマで質疑応答を含めたライブ配信で

の講演を行っていただくとともに、その模様を録画し、2月に2週間配信した。同講演会は、1,900名ほどの職員が視聴し、「リーダー（管理職）に求められる役割・姿勢について、具体例を交えながらポイントをお話しいただき、とても参考になった。」、「『特殊な世界で長く働くと、常識がずれる、狂っていく。』というお話が、身に染みた。また、『どうしてこうなっているのか、という質問を受ける時、面倒と思わず、業務を変えるチャンスとする。』というお話も、自分の行動に生かしたい。」といった感想が寄せられた。

（2）各府省が企画・実施する研修の支援

　倫理審査会は、各府省における研修・啓発活動の充実に資するよう、各種研修教材を制作・配布している。主として新規採用職員及び幹部職員への配布を念頭に、倫理制度の概要や法令、マンガ教材を収録した小冊子「国家公務員倫理教本」を改訂し、各府省へ配布するとともに、常時携帯可能な「国家公務員倫理カード」に各府省の相談・通報窓口を記載し、職員に対して配布した。また、各府省におけるeラーニングに資する教材（自習研修教材）として、一般職員用、課長補佐級職員用及び幹部・管理職員用の3階層の教材を各府省へ配布した。また、倫理審査会ホームページにPDF形式で掲載していた「倫理法・倫理規程セルフチェックシート」について、PCやスマートフォンでより手軽に利用できるような形式で公開した。

　これら教材及び啓発資料の制作・配布のほか、倫理審査会では、各府省からの要請に応じて、事務局職員を各府省が実施する倫理研修等に講師として派遣している。令和4年度は、各府省における階層別研修など延べ43コース・参加者数8,164人（うちWebを通じたものは28コース・参加者数7,754人）に講師を派遣した。研修では、倫理制度の解説、具体的なケースを用いた倫理制度に対する理解の浸透や相談・通報の仕組みの周知などを行った。また、一部の研修においては、密を回避した形式のもとで具体的なケースを想定した参加者間での討議を取り入れることで、より当事者意識を持って研修に参加し、考える機会を持てるよう工夫を行った。

倫理審査会公式マスコット
左：「りんりん」、右：「BanBan」

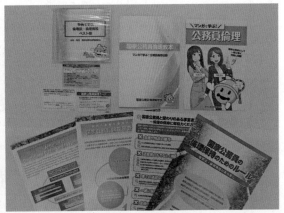

研修・広報資料

（3）国家公務員倫理月間における研修・啓発活動等の実施

　　国家公務員への倫理意識の効果的な浸透を目的として、令和4年度も12月の1か月間を「国家公務員倫理月間」と位置付け、様々な取組を実施した。

　　各府省に対しては、例年同様、事務次官等の倫理監督官などによる公務員倫理に関するメッセージの発信や幹部職・管理職員への直接の注意喚起、国家公務員倫理審査会が提供した自習研修教材などを活用した公務員倫理研修の実施、組織内外の相談・通報窓口の周知徹底や利活用の促進などの要請を行った。また、令和3年度に引き続き、各府省から利害関係者となり得る関係団体や契約の相手方等に対して直接、公務員倫理保持のための制度の周知や理解・協力を求める取組の実施あるいは検討を要請した。

　　国家公務員倫理月間に際しては、毎年、職員向けの標語を募集しているところ、令和4年度は新たに、事業者向けの標語の募集も行った。職員向け標語については8,125点、事業者向け標語については1,517点の応募があった。応募作品から最優秀作品及び優秀作品を選定する際は、例年同様、倫理審査会において多様な視点から優れた標語をそれぞれ20点程度ずつ選定した上で、各府省の積極的な関与を促すため、各府省にその中から良いと思われる標語へ投票を依頼した。各府省による投票結果を踏まえ、倫理審査会において最終的に、職員向け標語は最優秀作品1点及び優秀作品2点、事業者向け標語は最優秀作品1点及び優秀作品1点を選定した。

【職員向け】

最優秀作品	『倫理観　高いあなたに　信頼感』 （警察庁九州管区警察局　小田　和宏さん）

優秀作品	『あたりまえ　慣れた時こそ　再確認』 （海上保安庁大阪湾海上交通センター　元川　緋子さん） 『「ギリセーフ」　そんな気持ちが　「もうアウト」』 （国立印刷局王子工場　田中　賢さん）

【事業者向け】

最優秀作品	『ダメなんです。もらえないんです、その気持ち。』 （警察庁中部管区警察局　大和　康朗さん）

優秀作品	『築きましょう　間違い正せる　良い関係』 （海上保安庁第五管区海上保安本部　空野　哲平さん）

　　最優秀作品の標語を用いて作成した啓発用ポスターについては、各府省や地方公共団体、経済団体等に配布した。このうち、各府省に配布した職員向けの標語を用いたポスターについては、最優秀作品の活用のみならず、各部局でそれぞれの管理者が主体的に倫理に関するメッセージを発してもらいたいとの思いから、各自のメッセージを自由に記入できる欄をポスター右下に設けた。掲示場所の責任者が倫理に関するメッセージを記入し

た上で掲示するよう要請を行ったことで、51府省等のうちの33府省等で現場責任者が工夫を凝らした様々なメッセージを書き込んだ。一方、事業者向けの標語を用いたポスターについては、後述のように、経済団体への公務員倫理保持のための制度の周知や理解・協力を求める取組に利用した。また、各府省のほか、より多くの人の目に触れるよう東京駅や霞ヶ関駅などの主要駅に掲示するとともに、各地方事務局の協力により、全国の主要駅や公共交通機関の車内等への掲示を実施した。

　職員の倫理意識のかん養のためには、職員が倫理研修を定期的に受講することが重要であり、職員に対するアンケート結果によると、休職・休業中の職員等を除き、職員は倫理研修を概ね定期的に受講している状況にある。令和4年度の国家公務員倫理月間に際しては、倫理研修について、例年同様全職員を受講対象とすることや受講完了者の把握・未受講者への受講の督促を要請した。さらに、倫理月間後に採用される職員や倫理月間中に休職・休業中等の職員がいる場合、採用又は復帰後速やかに受講を案内するよう各府省に対して要請を行い、全職員を対象とした研修が全府省等で実施された。

　国家公務員倫理月間における取組の概要は、『人事院月報』（2022年12月号及び2023年4月号）に掲載した。

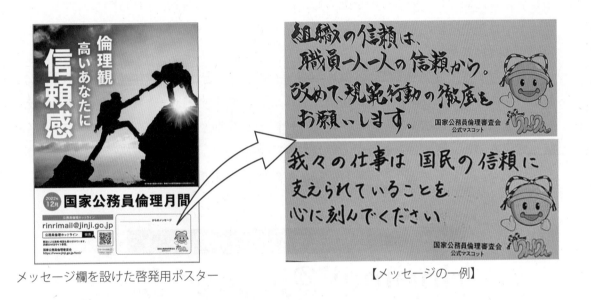

メッセージ欄を設けた啓発用ポスター　　　　　　　　　　　　【メッセージの一例】

　倫理審査会としては、コロナ禍の下で開始したWebを通じた研修・啓発機会をさらに充実させることで、幅広く職員に対する意識啓発の機会を提供するとともに、倫理保持の取組の中核を担う各府省の倫理事務担当者に対し、事例を活用した研修機会の提供や相互のネットワーク強化に資する取組などを進め、職員の倫理意識を高める取組を強化していくこととしたい。

❷ 倫理的な組織風土の構築

　倫理保持の徹底を図るためには，職員一人ひとりの倫理意識をかん養するだけでなく、各職場において倫理的な組織風土を構築していくことが極めて重要である。各府省に対して、上述した懇談会や制度説明会、国家公務員倫理月間などの機会を通じて、職場での相談を促す環境づくりや、組織内外の相談・通報窓口の周知と利活用促進に向けた要請を行うこととしている。併せて、倫理的な組織風土構築のための取組例などを幅広く周知し、各部局での取組の参

考にしてもらうこととしている。

　また、倫理審査会からの働きかけを踏まえ、多くの府省等において組織外に弁護士事務所等を活用して外部窓口を設置している。倫理的な組織風土を構築する観点からは、相談・通報の体制を整備することに加え、それが利用されることが重要となる。これら窓口の利用が促進されることは、その組織が倫理保持を重視していることを示すことになるだけでなく、違反行為に対し早期に認識・対処することで事態の深刻化を防ぐことにもつながるものである。

　こうした観点から、令和4年度においては、次の（1）及び（2）の業務を実施した。

（1）相談・通報窓口の周知

　組織内外の相談・通報窓口の体制整備は各府省でほぼ整えられてきたが、職員に対するアンケート結果によると相談・通報窓口の存在を知らない職員も依然として一定数存在することから、相談・通報窓口の周知に引き続き取り組んだ。具体的には、国家公務員倫理月間に、倫理審査会が設置している公務員倫理ホットラインの連絡先、各府省が設置する相談・通報窓口の内部窓口や外部窓口の連絡先を記載する欄を設けたリーフレットを準備し、各府省が欄中に必要事項を記載した上で職員に周知するよう依頼した。また、職員が常時携帯できるように配布している国家公務員倫理カードについて、各府省ごとの相談・通報窓口が記載されているものを配布した。各府省においては、これらのリーフレット・カードの活用のほか、相談・通報窓口のイントラネットへの掲載やメール等による職員への周知が行われた。

　職員に対するアンケートによれば、相談・通報したことにより不利益な取扱いを受けるおそれがあるのではないかなど、相談・通報に対して懸念を持つ職員もいる。そのため、相談・通報窓口を周知する際には、相談・通報者が不利益な取扱いを受けないよう万全を期していること、匿名による相談・通報も受け付けていること、通報後の流れなども併せて周知するとともに、各府省に対してこれらの事項を周知するよう要請した。

啓発用ポスター等に掲載している公務員倫理ホットラインの周知例

（2）相談しやすい職場環境の構築

　職員を対象とするアンケート結果を見ると、倫理法・倫理規程に違反すると疑われる行為を見聞きした場合には、約7割の職員が本人に問いただす又は上司など職場の他の職員に相談する、約2割の職員が所属組織等の相談・通報窓口に相談すると回答している。こ

のように倫理法・倫理規程に違反すると疑われる行為を行ってしまう前に、あるいは倫理法等違反といえるか必ずしも判然としなくとも疑義が生じた際に、当事者が立ち止まり、本人への確認や職場の身近な上司・同僚への相談等を行ったり組織内外の窓口に相談したりすることは、倫理法・倫理規程違反を未然に防止し、事態の深刻化を防ぐ上で効果的である。

　そこで、倫理審査会が行う研修・啓発活動や各府省への研修支援の教材等において、繰り返し職場でのコミュニケーション・相談等の重要性を強調するとともに、実際にそうした事態に直面した場合にどのような行動がとれるかグループ討議を行わせた。また、官房長等との懇談会や倫理事務担当者向けの倫理制度説明会等の機会を捉え、各組織の窓口においてこうした相談等も受け付けていることを周知すること、相談しやすい職場環境を構築することなどを促した。

③ 公務員倫理に関する広報、意見聴取

　公務員倫理に関しては、職員自身が襟を正すべきことは当然のことであるが、国民や職員の仕事の相手方となる事業者等にも周知することは、職員・事業者双方にとって、円滑な業務運営に資するものとなる。そのため、1（3）で述べた各府省からの周知等の取組と併せて、倫理審査会としても国民や事業者等への広報を行っている。また、倫理審査会では、倫理の保持のための施策の参考とするため、倫理制度や公務員倫理をめぐる諸問題について、各界から意見を聴取しており、また、各府省の倫理法・倫理規程の運用実態、倫理法・倫理規程に対する要望等の把握に努めている。令和4年度においては、次の（1）～（3）の活動が行われた。

（1）国民や事業者等への広報活動

　国家公務員と接触する機会のある事業者等に対して倫理法・倫理規程の周知及び理解の促進を図るため、全国の経済団体等に対し機関誌やウェブサイトへの公務員倫理に関する記事やパンフレットなどの掲載、会員企業のコンプライアンス担当部署に対する広報依頼など、事業者等に対する広報活動への協力の依頼等を行った。

　1（3）で述べたように、職員向けの啓発用ポスターとは別に新たに作成した事業者向けの啓発用ポスターについては、令和4年11月から12月にかけて、倫理審査会の会長及び委員が日本経済団体連合会、経済同友会、日本商工会議所及び全国中小企業団体中央会を訪問し、事業者向けのポスター等の広報依頼を行うとともに、国家公務員倫理に関するルールの説明及び意見交換を行った。訪問した団体からは「官と民の情報交換の機会は大事であり、倫理法があることで過度に萎縮するのはよくない。官と民の情報交換の機会は確保しつつ、お互い一定の節度を持ってやっていくのが大事であり、民間に公務員側のルールを周知するというのは良い取組ではないか。」、「事業者向けポスターの作成は本年度が初めてとのことだが、膨大な数の企業に周知するためには、継続して啓発活動を行うことが重要である。少なくとも数年間は続けた方がよい。」といった意見が聴かれた。これらの団体からは、啓発資料のウェブサイトや機関誌への掲載、会員への送付等、事業者等に対する広報活動に多大な協力を得た。また、地方公共団体に対しても、国家公務員倫理月間の啓発用ポスターの電子媒体を47都道府県、20政令指定都市に配布し、国家公務員倫理に関する周知を要請した。

　また、近年の幹部職員による倫理法等違反事案の発生を踏まえ、引き続き各府省におけ

る職務の相手方となる事業者等への倫理法・倫理規程の周知に重点を置いた。そこで、各府省に対し、利害関係者となり得る関係団体や契約の相手方等に対して直接、事業者向けの各種広報資材（公務員倫理制度について事業者等に知ってもらいたい内容を簡潔にまとめたカード形式の啓発資料やYouTube動画）等を用いて、公務員倫理保持のための制度の周知や理解・協力を求める取組の実施あるいは検討を要請した。一部の省庁では、倫理審査会作成の事業者向けカードや事業者用ポスターを活用した周知徹底のほか、関係団体等に倫理保持の協力を要請する文書を発出する、会合など直接接する機会に倫理保持への協力を要請するなどの取組が行われた。倫理審査会としては、各府省で実施された啓発活動の具体例の共有等を通じ、各省とも連携しつつなお一層の事業者等への広報活動の展開が重要であると考えている。

さらに、事業者等に対し、公務員倫理に関するより一層の周知を図るため、12月の倫理月間中には、政府広報の機会を利用して、BSテレビ番組中のミニコーナーで、事業者等に対する公務員倫理及び国家公務員倫理月間の広報活動を行った。

事業者向けの啓発ポスター

左から、伊藤委員、秋吉会長、市川副代表幹事、秋池副代表幹事
（経済同友会訪問時）

政府広報テレビの収録風景

国家公務員倫理月間の政府広報（テレビ）

第2編

国家公務員倫理審査会の業務

【コラム】倫理百考　～倫理月間を振り返って～

　昨年度の倫理月間での新たな試みは、「国家公務員と事業者とが協力して倫理保持を」という観点から、倫理ポスターを公務員向けと事業者向けの2種類作成し、経済団体を訪問して公務員倫理への理解と協力をお願いしたことである。お忙しい中ご協力いただいた経済団体の皆様に、心より感謝申し上げる。

　ところで、その2種類のポスターを眺めていて、あることに気付かされた。それは、「公務員倫理」をどう捉えるのか、ということである。

　事業者向けのポスターに記載された「ダメなんです。もらえないんです、その気持ち。」という標語は、倫理を「～してはいけない」と捉える、プリミティブな考え方といえよう。一方、公務員向けのそれに記載された「倫理観　高いあなたに　信頼感」という標語は、倫理を守っていればこんないいことがあるという、発展的な捉え方ではないか。前者を、個人の行動の是非を教える伝統的な「予防倫理」とし、後者を、「なすべきこと」に着目し行動を促していくポジティブな「志向倫理」と説明する識者もいる（村松邦子・人事院月報第869号24頁参照）。

　どちらがいいとか悪いとかいうものではない。倫理法・倫理規程が施行されて20数年経過した現在でも、残念ながら倫理法令違反は一定数発生しており、倫理保持のための予防倫理が基本であって出発点であることに疑いない。ただ、多くの公務員が、倫理法令を当然のように遵守しつつ、日々、職務に励んでいることも、また、疑いのない事実であろう。そんな志の高い公務員にとって、倫理法令は、それに違反すれば処分を受ける、だから守るという、ネガティブな、煩わしいだけのものなのであろうか。倫理観が高ければ職場で信頼を得られる　→　周囲や国民の信頼を得て仕事ができることにやりがいを感じる　→　公務員生活が充実するというように、それを守ることによって幸せな公務員生活を送ることができるという、より価値の高いものではないか。

　考えを巡らせていると、なぜ我々は公務員倫理を守るのかという根源的な問題にもたどり着くように思われる。

国家公務員倫理審査会　会長　秋吉　淳一郎

(2) 有識者からの意見聴取の実施

　倫理審査会では、各界の有識者から、国家公務員の倫理保持の状況や倫理保持のための施策、これからの官民連携と倫理保持の在り方などについての意見聴取を行っている。令和4年度においては、報道関係者、弁護士、学識経験者など各界の有識者から個別に意見を聴取した。

(2) 地方公務員に関する法制

　　一般職地方公務員については、国の法令で定められるもののほか、給与、勤務時間等については各地方公共団体において条例で整備されている。一般職国家公務員の法制との比較を行えばおおむね次の表のとおりとなる。

		法　令　名	一般職国家公務員の法制
1	基　本　法	地方公務員法	国公法
2	関　係　法　律	地方自治法（労働基準法） （労働基準法） 地方公務員災害補償法 外国の地方公共団体の機関等に派遣される一般職の地方公務員の処遇等に関する法律 公益的法人等への一般職の地方公務員の派遣等に関する法律	給与法 勤務時間法 補償法 派遣法
		地方公務員の育児休業等に関する法律 （地方公務員法） （地方公務員法） 法人格法	法科大学院派遣法 育児休業法 自己啓発等休業法 配偶者同行休業法 同左 倫理法 官民人事交流法
		地方公共団体の一般職の任期付職員の採用に関する法律	任期付職員法
			留学費用償還法 国家公務員宿舎法 寒冷地手当法(*1) 旅費法(*2) 国家公務員退職手当法
		地方公務員等共済組合法	国家公務員共済組合法
3	特　例　法	教育公務員特例法	（研究施設研究教育職員に一部適用あり。）
	教　育　公　務　員	高等学校の定時制教育及び通信教育振興法 農業、水産、工業又は商船に係る産業教育に従事する公立の高等学校の教員及び実習助手に対する産業教育手当の支給に関する法律 公立の義務教育諸学校等の教育職員の給与等に関する特別措置法 市町村立学校職員給与負担法 地方教育行政の組織及び運営に関する法律 学校教育の水準の維持向上のための義務教育諸学校の教育職員の人材確保に関する特別措置法 公立の大学における外国人教員の任用等に関する特別措置法 大学の教員等の任期に関する法律 女子教職員の出産に際しての補助教職員の確保に関する法律	（適用対象なし） ※国立大学等の法人化に伴い、国家公務員である教育公務員は平成16年4月1日以降存在しない。
	研　究　公　務　員	地方公共団体の一般職の任期付研究員の採用等に関する法律	科学技術・イノベーション創出の活性化に関する法律 任期付研究員法
	現　業　職　員	地方公営企業法 地方公営企業等の労働関係に関する法律	（適用対象なし） ※国有林野事業の一般会計化に伴い、国家公務員である現業職員は平成25年4月1日以降存在しない。

（＊1）：国家公務員の寒冷地手当に関する法律
（＊2）：国家公務員等の旅費に関する法律

(3) 国公法の適用が一部除外されている主な一般職国家公務員に関する法制

　一般職国家公務員のうち、行政執行法人の職員等については、その職務と責任の性質に鑑み、国公法の適用が一部除外されている。その主な例と適用法制はおおむね次の表のとおりとなっている。

	行政執行法人の職員				検　察　官			
国公法以外の主な適用法令	独立行政法人通則法				検察庁法			
	行政執行法人の労働関係に関する法律 労働基準法 労働組合法				検察官の俸給等に関する法律 勤務時間法			
労働基本権	行政執行法人の労働関係に関する法律 労働組合法				国公法			
	団結権	団体交渉権		争議権	団結権	団体交渉権		争議権
			協約締結権				協約締結権	
	○	○	○	×	○	△ (交渉は可能)	×	×
採用試験〔試験機関〕	国公法 〔人事院〕				(司法試験法)			
任免	国公法				国公法 検察庁法			
給与	独立行政法人通則法 労働基準法				検察官の俸給等に関する法律 国公法			
勤務時間	独立行政法人通則法 労働基準法				勤務時間法			
分限	国公法				国公法 検察庁法			
服務・懲戒	国公法 倫理法				国公法 倫理法			
災害補償	補償法				補償法			
共済	国家公務員共済組合法				国家公務員共済組合法			
退職手当	国家公務員退職手当法				国家公務員退職手当法			
定員	－				行政機関の職員の定員に関する法律			

8 人事評価の実施と評価結果の活用サイクル

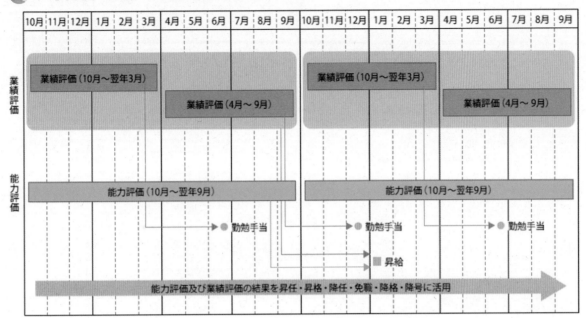

| | 10月 | 11月 | 12月 | 1月 | 2月 | 3月 | 4月 | 5月 | 6月 | 7月 | 8月 | 9月 | 10月 | 11月 | 12月 | 1月 | 2月 | 3月 | 4月 | 5月 | 6月 | 7月 | 8月 | 9月 |

業績評価 業績評価（10月〜翌年3月） 業績評価（4月〜9月） 業績評価（10月〜翌年3月） 業績評価（4月〜9月）

能力評価 能力評価（10月〜翌年9月） 能力評価（10月〜翌年9月）

勤勉手当　勤勉手当　勤勉手当

昇給

能力評価及び業績評価の結果を昇任・昇格・降任・免職・降格・降号に活用

長期統計等資料

1 国家公務員採用試験の変遷

大 学 卒 業 程 度

試験名 / 年度 昭和

六級職 / 外交官領事官 / 警察三級職 / 砂防技術 / 図書専門職員上級 / 矯正保護上級 / 労働基準監督官 / 国税専門官 / Ⅱ種 / 外務省専門職員 / 航空交通管制職員 / 法務教官 / 郵政総合職

短高 / 大専 卒 業 程 度

五級職 / 外務書記生 / 外務語学研修員 / 外務交通管制職員 / 航空交通管制職員 / 航空管制官（特別） / 図書専門職員中級

昭和										
25	24	24				25				
			27			27 28			28	
30			29							31
	上級 32	上級 外 33 務	上級 警察 32						中級 32	中外 33 級務	32
35	上級 35			36						34	航空管制官 35
	甲 乙 37 種 種		38		甲 乙 38 種 種						38
40					甲 乙 40 種 種	40				
	甲 乙 42 種 種			甲 乙 42 種 種 甲 乙 42 種 種						
45		47		46		45			47	47 46 50
50										
55								外務省専門職員 52		
60	Ⅰ 60 種	Ⅰ外 60 種務				60 60 60 59	59 59 59			
平成 元						元				
5										
10		12								
15						15				
						18				
20										
22										
23	規則 8−18（採用試験）の全部改正									

大 学 卒 業 （ 大 学 院 修 了 ） 程 度

	総合職試験	院卒者試験	大卒程度試験	一般職試験	大卒程度試験	専門職試験	皇宮護衛官採用試験（大卒程度試験）	法務省専門職員（人間科学）採用試験	外務省専門職員採用試験	財務専門官	国税専門官	食品衛生監視員	労働基準監督官	航空管制官	海上保安官
平成 24	総合職試験	院卒者試験	大卒程度試験	一般職試験	大卒程度試験	専門職試験	皇宮護衛官採用試験（大卒程度試験）	法務省専門職員（人間科学）採用試験	外務省専門職員採用試験	財務専門官採用試験	国税専門官採用試験	食品衛生監視員採用試験	労働基準監督官採用試験	航空管制官採用試験	
平成 26	総合職試験	院卒者試験	大卒程度試験	一般職試験	大卒程度試験	専門職試験	皇宮護衛官採用試験（大卒程度試験）	法務省専門職員（人間科学）採用試験	外務省専門職員採用試験	財務専門官採用試験	国税専門官採用試験	食品衛生監視員採用試験	労働基準監督官採用試験	航空管制官採用試験	
令和 2	総合職試験	院卒者試験	大卒程度試験	一般職試験	大卒程度試験	専門職試験	皇宮護衛官採用試験（大卒程度試験）	法務省専門職員（人間科学）採用試験	外務省専門職員採用試験	財務専門官採用試験	国税専門官採用試験	食品衛生監視員採用試験	労働基準監督官採用試験	航空管制官採用試験	海上保安官採用試験

警察官　郵政一般職　航空保安職員　研修所学生　気象庁研修所高等部学生　刑務官（二回）　刑務官　入国警備官　海上保安学校（普通科）　海上保安学校学生（水路科・灯台科）　海上保安大学校学生　皇宮護衛官　特別初級　四級職

高校卒業程度

（この間16回施行）

24　28

25

24

25　25

27　28

32

33

34

初級　30

37　大学校

水路科　40

初級一回―初級（特別）

41　42　初級二回

灯台科　普通科　41　海上保安学校

41　42　海上（二回）

43　大学校

45　刑務（特別）

46

46

47　海上（特別）

51

58

Ⅲ種　60

15

18

（平成24年2月1日施行）

高校卒業程度												その他
一般職試験	高卒者試験	社会人試験（係員級）	専門職試験	皇宮護衛官採用試験（高卒程度試験）	刑務官採用試験	入国警備官採用試験	税務職員採用試験	学生採用試験 航空保安大学校	学生採用試験 気象大学校	学生採用試験 海上保安大学校	海上保安学校学生採用試験	経験者採用試験
一般職試験	高卒程度試験		専門職試験	皇宮護衛官採用試験（高卒程度試験）	刑務官採用試験	入国警備官採用試験	税務職員採用試験	学生採用試験 航空保安大学校	学生採用試験 気象大学校	学生採用試験 海上保安大学校	海上保安学校学生採用試験	経験者採用試験
一般職試験	高卒程度試験		専門職試験	皇宮護衛官採用試験（高卒程度試験）	刑務官採用試験	入国警備官採用試験	税務職員採用試験	学生採用試験 航空保安大学校	学生採用試験 気象大学校	学生採用試験 海上保安大学校	海上保安学校学生採用試験	経験者採用試験

② 国家公務員採用総合職・一般職（大卒程度・高卒者）試験等の実施状況

（単位：人）

上級（甲種）試験

年度	申込者数		合格者数		採用者数
昭和35	13,941	(436)	981	(38)	523
36	11,743	(457)	1,133	(74)	642
37	14,059	(662)	1,218	(87)	700
38	16,329	(801)	1,366	(125)	777
39	15,904	(744)	1,434	(119)	814
40	21,125	(842)	1,624	(77)	827
41	24,799	(811)	1,507	(50)	753
42	21,567	(802)	1,364	(52)	667
43	20,483	(865)	1,313	(37)	630
44	17,973	(896)	1,306	(51)	669
45	17,637	(925)	1,353	(52)	729
46	23,532	(1,266)	1,401	(43)	676
47	27,429	(1,440)	1,349	(46)	632
48	30,129	(1,621)	1,410	(32)	639
49	30,688	(1,503)	1,375	(46)	661
50	37,825	(1,825)	1,206	(34)	619
51	44,518	(2,155)	1,136	(45)	567
52	48,514	(2,502)	1,206	(40)	592
53	55,972	(2,762)	1,311	(43)	645
54	51,896	(2,835)	1,265	(41)	615
55	45,131	(2,736)	1,254	(40)	614
56	40,770	(2,667)	1,361	(56)	648
57	36,856	(2,651)	1,383	(49)	618
58	34,854	(2,836)	1,478	(73)	655
59	34,089	(2,958)	1,562	(86)	688

（単位：人）

中級試験

年度	申込者数		合格者数		採用者数
昭和35	11,951		1,953		1,116
36	10,946		2,449		1,507
37	13,789		2,680		1,635
38	14,811		3,062		1,766
39	15,183		2,085		1,196
40	18,670		2,015		1,091
41	19,168		1,910		1,070
42	19,528		1,704		961
43	20,462	(3,443)	1,739	(137)	891
44	17,711	(3,408)	1,464	(219)	711
45	20,185	(4,064)	1,878	(287)	918
46	27,851	(5,446)	1,566	(308)	649
47	34,820	(7,749)	1,596	(257)	791
48	36,967	(8,386)	1,690	(296)	866
49	38,877	(8,411)	2,352	(402)	1,021
50	47,016	(9,478)	1,622	(212)	811
51	69,463	(14,354)	1,615	(246)	715
52	85,480	(16,547)	1,939	(266)	929
53	98,594	(17,883)	2,783	(349)	1,401
54	92,785	(16,259)	2,976	(327)	1,372
55	80,831	(14,414)	3,267	(317)	1,553
56	69,957	(13,260)	3,428	(435)	1,655
57	70,721	(14,694)	3,665	(437)	1,670
58	67,889	(14,608)	3,885	(513)	1,779
59	65,858	(14,668)	4,573	(628)	2,262

（単位：人）

初級試験

年度	申込者数		合格者数		採用者数
昭和35	163,198		15,287		6,511
36	145,160		18,582		8,595
37	151,235		22,688		10,646
38	126,999		25,115		10,800
39	150,641		25,505		9,756
40	205,848		26,169		11,238
41	192,099		22,818		9,894
42	167,482		21,833		9,006
43	138,122		21,319		8,421
44	129,429		22,009		8,318
45	124,642		22,977		8,353
46	132,621		22,124		8,046
47	149,774		19,800		7,239
48	125,365		19,817		7,450
49	131,693		22,538		7,862
50	147,493	(63,695)	17,872	(5,562)	6,811
51	154,442	(65,268)	14,472	(4,514)	6,960
52	157,694	(62,145)	16,583	(4,500)	8,799
53	175,383	(65,954)	17,267	(4,956)	9,119
54	167,378	(61,953)	18,312	(5,207)	9,556
55	151,564	(56,272)	19,035	(5,535)	10,648
56	146,365	(55,431)	19,783	(5,611)	10,856
57	153,510	(59,272)	19,873	(6,339)	10,850
58	148,735	(60,144)	16,694	(4,596)	9,503
59	136,057	(56,416)	20,584	(6,489)	11,896

Ⅰ種試験

年度	申込者数		合格者数		採用者数	
昭和60	36,072	(3,378)	1,655	(105)	721	
61	32,675	(3,294)	1,718	(128)	706	
62	32,308	(3,392)	1,696	(116)	705	
63	28,833	(3,331)	1,814	(150)	703	
平成元	27,243	(3,267)	1,983	(165)	757	(57)
2	31,422	(4,533)	2,047	(199)	793	(69)
3	30,102	(4,682)	2,200	(223)	789	(80)
4	30,789	(5,417)	2,075	(211)	854	(75)
5	35,887	(7,366)	1,863	(232)	647	(82)
6	41,433	(9,286)	1,725	(208)	633	(94)
7	43,431	(10,102)	1,636	(216)	780	(108)
8	45,254	(11,588)	1,583	(239)	674	(89)
9	39,863	(10,414)	1,297	(177)	545	(66)
10	35,754	(9,481)	1,239	(176)	565	(71)
11	40,535	(10,652)	1,252	(180)	586	(94)
12	38,841	(10,054)	1,228	(182)	569	(89)
13	37,346	(9,583)	1,308	(199)	603	(96)
14	37,163	(9,790)	1,615	(235)	623	(102)
15	31,911	(8,907)	1,750	(264)	643	(125)
16	33,385	(9,600)	1,756	(304)	646	(130)
17	31,112	(9,011)	1,674	(282)	593	(125)
18	26,268	(7,796)	1,592	(282)	590	(125)
19	22,435	(6,609)	1,581	(257)	570	(124)
20	21,200	(6,461)	1,545	(297)	605	(154)
21	22,186	(6,903)	1,494	(300)	604	(125)
22	26,888	(8,212)	1,314	(272)	487	(120)
			1,390	(274)	549	(139)
23	27,567	(8,567)	平成24	87 (16)		
			25	24 (3)		

Ⅱ種試験

年度	申込者数		合格者数		採用者数	
昭和60	51,665	(10,233)	5,133	(602)	2,113	
61	48,023	(9,152)	5,471	(653)	3,197	
62	45,909	(8,274)	5,071	(618)	2,043	
63	41,335	(8,023)	5,779	(784)	2,394	
平成元	37,801	(8,115)	6,767	(1,205)	2,789	(466)
2	38,626	(9,021)	7,520	(1,514)	3,232	(583)
3	40,447	(10,532)	8,140	(2,051)	3,542	(769)
4	47,567	(14,339)	7,555	(1,981)	3,288	(747)
5	61,076	(20,497)	6,843	(1,900)	3,080	(729)
6	76,048	(26,050)	5,972	(1,676)	2,821	(724)
7	80,211	(26,593)	5,847	(1,637)	2,881	(751)
8	78,320	(25,549)	6,192	(1,580)	3,018	(739)
9	68,347	(22,282)	6,391	(1,654)	3,250	(813)
10	64,242	(21,057)	6,542	(1,749)	3,546	(873)
11	72,715	(23,766)	6,072	(1,642)	3,419	(864)
12	71,891	(22,797)	6,123	(1,638)	3,469	(883)
13	69,985	(21,821)	6,939	(1,816)	4,090	(1,051)
14	68,422	(21,189)	7,808	(1,983)	4,489	(1,102)
15	71,699	(22,912)	7,690	(2,159)	3,728	(1,038)
16	69,771	(21,488)	6,374	(1,663)	3,226	(823)
17	61,621	(18,889)	5,300	(1,422)	2,765	(726)
18	47,709	(14,904)	3,989	(1,108)	1,822	(490)
19	38,659	(11,974)	4,898	(1,304)	2,048	(514)
20	35,546	(11,195)	5,299	(1,417)	2,156	(549)
21	39,940	(12,685)	5,199	(1,539)	2,022	(566)
22	48,040	(14,799)	4,076	(1,159)	1,624	(435)
23	46,450	(14,265)	4,421	(1,146)	1,719	(421)

Ⅲ種試験

年度	申込者数		合格者数		採用者数	
昭和60	134,257	(54,360)	20,154	(6,894)	12,071	
61	127,428	(51,104)	19,588	(6,628)	12,112	
62	130,304	(53,502)	17,575	(5,687)	11,494	
63	113,695	(46,927)	18,048	(6,367)	12,019	
平成元	99,914	(41,997)	19,673	(7,458)	12,041	(3,987)
2	93,202	(39,876)	23,532	(8,839)	13,941	(4,747)
3	93,231	(40,621)	22,395	(9,022)	13,313	(4,818)
4	113,210	(50,474)	19,746	(8,182)	11,792	(4,460)
5	136,733	(62,810)	12,947	(5,760)	8,126	(3,220)
6	154,286	(71,407)	10,165	(4,168)	7,077	(2,774)
7	149,737	(67,270)	12,540	(5,211)	9,030	(3,612)
8	124,107	(53,972)	11,546	(4,793)	8,470	(3,469)
9	98,506	(41,269)	9,777	(3,887)	7,415	(2,917)
10	92,586	(38,853)	7,928	(3,212)	5,912	(2,383)
11	108,995	(46,717)	5,270	(2,095)	3,887	(1,508)
12	99,589	(40,651)	6,293	(2,413)	4,605	(1,695)
13	83,632	(32,909)	5,119	(1,889)	3,717	(1,346)
14	72,439	(27,521)	5,043	(2,162)	3,503	(1,480)
15	29,575	(11,210)	2,208	(809)	1,391	(480)
16	30,090	(10,689)	2,247	(695)	1,428	(445)
17	26,370	(9,144)	2,002	(657)	1,274	(442)
18	21,358	(7,137)	1,759	(640)	1,073	(409)
19	17,313	(5,617)	1,785	(619)	1,028	(356)
20	16,119	(5,308)	2,191	(799)	1,270	(468)
21	16,417	(5,821)	1,938	(736)	984	(362)
22	17,311	(6,094)	1,399	(577)	718	(276)
23	19,667	(6,354)	1,579	(575)	771	(277)

総合職試験

年度	試験名等	申込者数	合格者数	採用者数
平成24	院卒者	3,752 (911)	391 (85)	125 (37)
	大卒程度	21,358 (6,778)	1,066 (242)	264 (71)
	計	25,110 (7,689)	1,457 (327)	389 (108)
25	院卒者	3,449 (787)	507 (96)	193 (47)
	大卒程度	20,911 (6,590)	1,374 (273)	410 (105)
	計	24,360 (7,377)	1,881 (369)	603 (152)
26	院卒者	3,149 (738)	590 (105)	212 (67)
	大卒程度	19,898 (6,367)	1,490 (336)	443 (164)
	計	23,047 (7,105)	2,080 (441)	655 (231)
27	院卒者	3,168 (829)	683 (176)	229 (79)
	大卒程度	21,129 (7,144)	1,204 (252)	414 (142)
	計	24,297 (7,973)	1,887 (428)	643 (221)
28	院卒者	3,022 (790)	671 (171)	242 (86)
	大卒程度	21,485 (7,444)	1,507 (378)	416 (145)
	計	24,507 (8,234)	2,178 (549)	658 (231)
29	院卒者	2,493 (637)	636 (156)	234 (70)
	大卒程度	20,932 (7,559)	1,389 (357)	423 (143)
	計	23,425 (8,196)	2,025 (513)	657 (213)
30	院卒者	2,203 (591)	650 (160)	234 (80)
	大卒程度	20,356 (7,360)	1,303 (368)	452 (165)
	計	22,559 (7,951)	1,953 (528)	686 (245)
2019	院卒者	1,880 (535)	664 (185)	257 (92)
	大卒程度	18,328 (7,065)	1,293 (415)	448 (162)
	計	20,208 (7,600)	1,957 (600)	705 (254)
2020	院卒者	1,789 (515)	518 (154)	235 (78)
	大卒程度	18,137 (7,064)	1,379 (398)	488 (175)
	計	19,926 (7,579)	1,897 (552)	723 (253)
2021	院卒者	1,528 (467)	622 (192)	248 (91)
	大卒程度	15,883 (6,554)	1,434 (424)	467 (158)
	計	17,411 (7,021)	2,056 (616)	715 (249)
2022	院卒者	1,669 (498)	627 (178)	269 (90)
	大卒程度	16,626 (6,983)	1,510 (484)	508 (190)
	計	18,295 (7,481)	2,137 (662)	777 (280)

一般職試験（大卒程度試験）

年度	申込者数	合格者数	採用者数
平成24	39,644 (12,416)	2,893 (793)	1,364 (375)
25	35,840 (11,114)	6,017 (1,722)	2,728 (720)
26	35,508 (11,178)	6,183 (1,741)	2,620 (818)
27	35,640 (12,042)	7,347 (2,321)	2,863 (951)
28	35,998 (12,344)	7,583 (2,548)	2,931 (1,034)
29	35,142 (12,391)	7,205 (2,435)	2,997 (1,055)
30	33,582 (12,036)	7,782 (2,639)	3,211 (1,167)
2019	29,893 (11,321)	7,605 (2,839)	3,324 (1,303)
2020	28,521 (11,035)	6,031 (2,209)	3,433 (1,319)
2021	27,317 (11,029)	7,553 (2,910)	3,446 (1,311)
2022	28,103 (11,612)	8,156 (3,271)	

一般職試験（高卒者試験）

年度	申込者数	合格者数	採用者数
平成24	8,051 (3,015)	812 (327)	305 (132)
25	9,752 (3,338)	1,715 (623)	803 (291)
26	12,482 (3,777)	1,902 (602)	867 (307)
27	12,483 (3,915)	2,514 (814)	966 (381)
28	13,393 (4,148)	2,392 (842)	1,083 (410)
29	13,958 (4,545)	2,690 (962)	1,127 (434)
30	14,455 (4,874)	3,289 (1,205)	1,230 (487)
2019	15,338 (5,112)	3,037 (1,056)	1,407 (524)
2020	13,824 (4,633)	3,075 (1,002)	1,314 (453)
2021	12,970 (4,399)	3,118 (1,116)	1,399 (538)
2022	11,191 (4,058)	3,333 (1,237)	

（注） 1 （　）内は、女性を内数で示す。

2 採用者数は、昭和35年度から昭和41年度までは翌年度の12月31日現在の人数であり、昭和42年度から2021年度までは翌年度の3月31日現在の人数である。（上級（甲）試験、Ⅰ種試験、総合職試験及び一般職試験（大卒程度）は過年度名簿等からの採用者を含む。）

3 平成23年度Ⅰ種試験の平成24年度及び平成25年度の採用者数は、各年度の翌年度の3月31日現在の人数である。

4 平成24年度総合職試験、一般職試験（大卒程度）及び一般職試験（高卒者）の採用者数は、平成26年3月31日現在の採用者数であり、平成24年度内の採用者（総合職試験（院卒者）5人（うち女性1人）、総合職試験（大卒程度）3人（同0人）、一般職試験（大卒程度）234人（同62人）及び一般職試験（高卒者）9人（同6人））を含む。

5 2022年度総合職試験の採用者数は、令和5年3月31日現在の採用内定者数であり、令和4年度内の採用者を含む。

③ 一般職国家公務員の在職者・離職者数の推移

(単位：人)

年度	在職者数		離職者数	
昭和38	809,734	(158,902)	34,361	(12,999)
39	817,567	(158,783)	34,703	(13,520)
40	832,519	(159,593)	31,580	(12,728)
41	836,629	(158,336)	32,545	(11,290)
42	841,914	(157,181)	35,226	(13,130)
43	842,540	(154,918)	37,564	(13,526)
44	839,254	(151,162)	39,716	(14,169)
45	840,491	(151,677)	42,388	(14,083)
46	845,560	(152,465)	38,561	(13,428)
47	851,572	(151,183)	37,525	(12,540)
48	849,820	(150,001)	36,814	(11,928)
49	850,273	(146,366)	36,569	(12,497)
50	852,532	(146,360)	32,406	(10,678)
51	851,384	(147,830)	31,907	(9,697)
52	851,811	(147,635)	30,799	(8,797)
53	852,703	(147,963)	31,556	(8,472)
54	854,220	(149,554)	32,444	(9,023)
55	854,286	(149,412)	34,537	(9,414)
56	853,561	(149,047)	36,255	(9,611)
57	850,382	(148,405)	36,444	(9,500)
58	848,365	(148,907)	38,931	(9,971)
59	841,982	(146,879)	50,575	(12,468)
60	834,094	(145,272)	41,207	(10,805)
61	831,955	(144,790)	38,713	(9,437)
62	830,056	(144,996)	40,568	(9,825)
63	825,371	(145,935)	40,723	(9,656)
平成元	822,710	(146,039)	42,118	(10,347)
2	820,551	(148,458)	43,433	(10,669)
3	820,460	(150,309)	42,288	(10,581)
4	821,609	(151,106)	40,438	(10,191)
5	822,716	(155,435)	38,088	(9,559)
6	820,228	(156,744)	37,283	(9,219)
7	817,479	(158,334)	35,427	(8,893)
8	815,773	(159,865)	35,782	(8,716)
9	814,957	(162,477)	35,465	(9,131)
10	810,701	(162,290)	35,235	(9,519)
11	805,920	(160,798)	35,469	(9,317)
12	797,553	(159,803)	37,446	(10,029)
13	797,384	(161,215)	37,164	(10,139)
14	790,304	(161,696)	42,909	(11,866)
15	779,989	(160,786)	48,319	(13,741)
16	639,075	(125,209)	32,533	(8,612)
17	630,690	(126,157)	33,163	(8,336)
18	610,815	(126,775)	42,973	(9,734)
19	359,659	(86,969)	22,193	(6,741)
20	355,140	(86,964)	23,193	(7,185)
21	343,835	(85,340)	32,182	(9,847)
22	338,969	(83,332)	17,026	(5,352)
23	337,905	(84,124)	19,443	(5,712)
24	337,091	(86,225)	20,135	(5,873)
25	336,058	(88,123)	21,465	(6,156)
26	337,922	(90,676)	22,277	(6,651)
27	278,107	(50,345)	16,935	(2,470)
28	278,581	(52,244)	17,205	(2,642)
29	279,463	(54,191)	17,547	(2,818)
30	279,982	(56,116)	18,164	(2,997)
令和元	281,427	(58,334)	19,230	(3,218)
2	282,882	(60,939)	19,829	(3,264)
3	284,105	(63,630)	21,171	(3,774)

(注) 1 在職者数、離職者数は、「一般職の国家公務員の任用状況調査」による。ただし、検察官、臨時的任用の職員、常勤労務者及び非常勤職員を除く。
　　 2 在職者は、1月15日現在（平成12年度までは3月31日現在）に在職する職員である。
　　 3 （ ）内は、女性を内数で示す。

④ 行政官派遣研究員制度の年度別派遣状況（昭和41年度〜令和4年度）

（単位：人）

年度	長期在外派遣（昭和41年度〜）	短期在外派遣（昭和49年度〜）	国内派遣	博士課程（平成20年度〜）	修士課程（昭和51年度〜）
昭和41	18				
42	20				
43	17				
44	26				
45	25				
46	26				
47	31				
48	33				
49	31	32			
50	34	32			
51	34	32	7		7
52	33	32	6		6
53	34	32	13		13
54	34	32	6		6
55	34	32	9		9
56	33	32	8		8
57	34	32	12		12
58	31	32	10		10
59	30	31	13		13
60	30	29	10		10
61	29	30	11		11
62	29	29	9		9
63	34	32	13		10
平成元	37	33	11		9
2	41	36	15		12
3	44	35	14		13
4	48	35	17		15
5	52	34	15		13
6	55	35	16		15
7	60	36	17		15
8	65	39	13		13
9	70	40	20		18
10	73	39	17		16
11	86	42	17		17
12	106	47	21		20
13	117	48	19		19
14	124	46	19		19
15	123	42	20		20
16	129	43	19		18
17	125	41	22		21
18	120	42	21		20
19	122	36	22		21
20	136	33	22	2	19
21	125	34	22	5	16
22	133	31	24	5	17
23	126	31	23	5	16
24	120	27	19	5	14
25	138	25	17	3	14
26	147	26	21	3	18
27	150	22	13	1	12
28	143	26	13	1	12
29	140	21	13	2	11
30	149	19	11	2	9
令和元	141	19	21	3	18
2	122	4	16	3	13
3	164	19	17	4	13
4	161	21	23	7	16
計	4,372	1,578	737	51	656

（注）国内派遣欄には、司法修習コース（昭和63年度から平成30年度まで）の派遣者数計30人が含まれるため、修士課程欄及び博士課程欄の合計と合わない場合がある。

⑤ 人事院給与勧告と実施状況の概要（現行のラスパイレス方式による勧告の確立後）

年	勧告				国会決定	
	勧告月日	内容（較差）	実施時期（月例給）	期末・勤勉手当支給月数	内容	実施時期（月例給）
昭和		%		月		
35	8.8（月）	12.4	5.1	3.0	勧告どおり	10.1
36	8.8（火）	7.3	〃	3.4	〃	〃
37	8.10（金）	9.3	〃	3.7	〃	〃
38	8.10（土）	7.5	〃	3.9	〃	〃
39	8.12（水）	8.5	〃	4.2	〃	9.1
40	8.13（金）	7.2	〃	4.3	〃	〃
41	8.12（金）	6.9	〃	(4.3)	〃	〃
42	8.15（火）	7.9	〃	4.4	〃	8.1
43	8.16（金）	8.0	〃	(4.4)	〃	7.1
44	8.15（金）	10.2	〃	4.5	〃	6.1
45	8.14（金）	12.67	〃	4.7	〃	勧告どおり
46	8.13（金）	11.74	〃	4.8	〃	〃
47	8.15（火）	10.68	4.1	(4.8)	〃	〃
48	8.9（木）	15.39	〃	(4.8)	〃	〃
49	7.26（金）	29.64	〃	5.2	〃	〃
50	8.13（水）	10.85	〃	(5.2)	〃	〃
51	8.10（火）	6.94	〃	5.0	〃	〃
52	8.9（火）	6.92	〃	(5.0)	〃	〃
53	8.11（金）	3.84	〃	4.9	〃	〃
54	8.10（金）	3.70	〃	(4.9)	〃	〃（ただし、指定職は10.1実施）
55	8.8（金）	4.61	〃	(4.9)	〃	〃（ 〃 ）
56	8.7（金）	5.23	〃	(4.9)	管理職員等・調整手当改定 年度内繰り延べ 期末・勤勉手当旧ベース算定 実施見送り	
57	8.6（金）	4.58	〃	(4.9)		—
58	8.5（金）	6.47	〃	(4.9)	2.03%	勧告どおり
59	8.10（金）	6.44	〃	(4.9)	3.37%	
60	8.7（水）	5.74	〃	(4.9)	勧告どおり	7.1
61	8.12（火）	2.31	〃	(4.9)	〃	勧告どおり
62	8.6（木）	1.47	〃	(4.9)	〃	
63	8.4（木）	2.35	〃	(4.9)	〃	
平成						
元	8.4（金）	3.11	〃	5.1	〃	〃
2	8.7（火）	3.67	〃	5.35	〃	〃
3	8.7（水）	3.71	〃	5.45	〃	〃
4	8.7（金）	2.87	〃	(5.45)	〃	〃
5	8.3（火）	1.92	〃	5.30	〃	〃
6	8.2（火）	1.18	〃	5.20	〃	〃
7	8.1（火）	0.90	〃	(5.20)	〃	〃
8	8.1（木）	0.95	〃	(5.20)	〃	〃
9	8.4（月）	1.02	〃	5.25	〃	〃（ただし、指定職は10.4.1実施）
10	8.12（水）	0.76	〃	(5.25)	〃	〃
11	8.11（水）	0.28	〃	4.95	〃	〃
12	8.15（火）	0.12	〃	4.75	〃	〃
13	8.8（水）	（子等に係る扶養手当引上げ） 0.08 （特例一時金）	〃	4.70	〃	〃
14	8.8（木）	△2.03	(注2)	4.65	〃	〃（12.1）
15	8.8（金）	△1.07	(注2)	4.40	〃	〃（11.1）
16	8.6（金）	水準改定の勧告なし（注3）	—	(4.40)	—	—
17	8.15（月）	△0.36	(注2)	4.45	勧告どおり	勧告どおり（12.1）
18	8.8（火）	水準改定の勧告なし（注3）	—	(4.45)	—	—
19	8.8（水）	0.35	4.1	4.50	勧告どおり （ただし、指定職は実施見送り）	勧告どおり
20	8.11（月）	水準改定の勧告なし（注3）	—	(4.50)	—	—
21	8.11（火）	△0.22	(注2)	4.15	勧告どおり	勧告どおり（12.1）
22	8.10（火）	△0.19	(注2)	3.95	〃	〃（12.1）
23	9.30（金）	△0.23	(注2)	(3.95)	俸給による水準改定は勧告どおり	〃（24.3.1）（注4）
24	8.8（水）	水準改定の勧告なし（注3）	—	(3.95)	—	—
25	8.8（木）	水準改定の勧告なし（注3）	—	(3.95)	—	—
26	8.7（木）	0.27	4.1	4.10	勧告どおり	勧告どおり
27	8.6（木）	0.36	〃	4.20	〃	〃
28	8.8（月）	0.17	〃	4.30	〃	〃
29	8.8（火）	0.15	〃	4.40	〃	〃
30	8.10（金）	0.16	〃	4.45	〃	〃
令和						
元	8.7（水）	0.09	〃	4.50	〃	〃
2	10.7（水） 10.28（水）	水準改定の勧告なし（注3、5）	—	4.45	〃	—
3	8.10（火）	水準改定の勧告なし（注3）	—	4.30	〃	—
4	8.8（月）	0.23	4.1	4.40	〃	勧告どおり

（注）1　期末・勤勉手当支給月数の「（　）」は、勧告を行っていない（前年と同月数）。

2　勧告を実施するための法律の公布日の属する月の翌月の初日（公布日が月の初日であるときは、その日）。
　（4月から実施日の前日までの期間に係る較差相当分を解消するため、12月期の期末手当で減額調整）

3　水準改定の勧告を行わなかった年の官民較差は、平成16年が0.01%、平成18年が0.00%、平成20年が0.04%、平成24年が△0.07%、平成25年が0.02%、令和2年が△0.04%、令和3年が0.00%。

4　平成23年は、内閣が人事院勧告を実施するための法案は提出しないとの決定をしたが、議員立法（給与改定・臨時特例法）により勧告を実施。
　（年間調整の時期のほか、水準改定以外の勧告の実施方法については、一部勧告内容を修正）
　また、同法では、勧告とは別に東日本大震災への対処等のため、24～25年度について臨時特例の給与減額支給措置を実施。

5　令和2年は、10月7日に期末・勤勉手当の改定を先行して勧告。月例給については、10月28日に改定しないことを報告。

6　令和3年度の期末手当引下げ相当額は、令和4年6月期の期末手当で減額調整。

補足資料等総索引

補足資料等総索引

補足資料等総索引

図表索引

図表索引

○図表一覧

第2編

○キーワード索引

公 務 員 白 書　　　　（令和5年版）

令和5年6月13日　発行　　　　　　　定価は表紙に表示してあります。

編　集　　　人　事　院
　　　　　　　〒100-8913
　　　　　　　東京都千代田区霞が関1-2-3
　　　　　　　TEL 03 (3581) 5311

発　行　　　日 経 印 刷 株 式 会 社
　　　　　　　〒102-0072
　　　　　　　東京都千代田区飯田橋2-15-5
　　　　　　　TEL 03 (6758) 1011

発　売　　　全国官報販売協同組合
　　　　　　　〒100-0013
　　　　　　　東京都千代田区霞が関1-4-1
　　　　　　　TEL 03 (5512) 7400

ISBN978-4-86579-364-2

政 府 刊 行 物 販 売 所 一 覧

政府刊行物のお求めは、下記の政府刊行物サービス・ステーション（官報販売所）
または、政府刊行物センターをご利用ください。

（令和5年3月1日現在）

◎政府刊行物サービス・ステーション（官報販売所）

	〈名　称〉	〈電話番号〉	〈FAX番号〉		〈名　称〉	〈電話番号〉	〈FAX番号〉
札　幌	北海道官報販売所（北海道官書普及）	011-231-0975	271-0904	名古屋駅前	愛知県第二官報販売所（共同新聞販売）	052-561-3578	571-7450
青　森	青森県官報販売所（成田本店）	017-723-2431	723-2438	津	三重県官報販売所（別所書店）	059-226-0200	253-4478
盛　岡	岩手県官報販売所	019-622-2984	622-2990	大　津	滋賀県官報販売所（澤五車堂）	077-524-2683	525-3789
仙　台	宮城県官報販売所（仙台政府刊行物センター内）	022-261-8320	261-8321	京　都	京都府官報販売所（大垣書店）	075-746-2211	746-2288
秋　田	秋田県官報販売所（石川書店）	018-862-2129	862-2178	大　阪	大阪府官報販売所（かんぽう）	06-6443-2171	6443-2175
山　形	山形県官報販売所（八文字屋）	023-622-2150	622-6736	神　戸	兵庫県官報販売所	078-341-0637	382-1275
福　島	福島県官報販売所（西沢書店）	024-522-0161	522-4139	奈　良	奈良県官報販売所（啓林堂書店）	0742-20-8001	20-8002
水　戸	茨城県官報販売所	029-291-5676	302-3885	和歌山	和歌山県官報販売所（宮井平安堂内）	073-431-1331	431-7938
宇都宮	栃木県官報販売所（亀田書店）	028-651-0050	651-0051	鳥　取	鳥取県官報販売所（鳥取今井書店）	0857-51-1950	53-4395
前　橋	群馬県官報販売所（煥乎堂）	027-235-8111	235-9119	松　江	島根県官報販売所（今井書店）	0852-24-2230	27-8191
さいたま	埼玉県官報販売所（須原屋）	048-822-5321	822-5328	岡　山	岡山県官報販売所（有文堂）	086-222-2646	225-7704
千　葉	千葉県官報販売所	043-222-7635	222-6045	広　島	広島県官報販売所	082-962-3590	511-1590
横　浜	神奈川県官報販売所（横浜日経社）	045-681-2661	664-6736	山　口	山口県官報販売所（文栄堂）	083-922-5611	922-5658
東　京	東京都官報販売所（東京官書普及）	03-3292-3701	3292-1604	徳　島	徳島県官報販売所（小山助学館）	088-654-2135	623-3744
新　潟	新潟県官報販売所（北越書館）	025-271-2188	271-1990	高　松	香川県官報販売所	087-851-6055	851-6059
富　山	富山県官報販売所（Booksなかだ掛尾本店）	076-492-1192	492-1195	松　山	愛媛県官報販売所	089-941-7879	941-3969
金　沢	石川県官報販売所（うつのみや）	076-234-8111	234-8131	高　知	高知県官報販売所	088-872-5866	872-6813
福　井	福井県官報販売所（勝木書店）	0776-27-4678	27-3133	福　岡	福岡県官報販売所	092-721-4846	751-0385
甲　府	山梨県官報販売所（柳正堂書店）	055-268-2213	268-2214		・福岡県庁内	092-641-7838	641-7838
長　野	長野県官報販売所（長野西沢書店）	026-233-3187	233-3186		・福岡市役所内	092-722-4861	722-4861
岐　阜	岐阜県官報販売所（郁文堂書店）	058-262-9897	262-9895	佐　賀	佐賀県官報販売所	0952-23-3722	23-3733
静　岡	静岡県官報販売所	054-253-2661	255-6311	長　崎	長崎県官報販売所	095-822-1413	822-1749
名古屋	愛知県第一官報販売所	052-961-9011	961-9022	熊　本	熊本県官報販売所	096-354-5963	352-5665
豊　橋	・豊川堂内	0532-54-6688	54-6691	大　分	大分県官報販売所（大分図書）	097-532-4308	536-3416
						097-553-1220	551-0711
				宮　崎	宮崎県官報販売所（田中書店）	0985-24-0386	22-9056
				鹿児島	鹿児島県官報販売所	099-285-0015	285-0017
				那　覇	沖縄県官報販売所（リウボウ）	098-867-1726	869-4831

◎政府刊行物センター（全国官報販売協同組合）

	〈電話番号〉	〈FAX番号〉
霞が関	03-3504-3885	3504-3889
仙　台	022-261-8320	261-8321

各販売所の所在地は、コチラから→ https://www.gov-book.or.jp/portal/shop/